Éric **COUTARD**

50 RIVALITÉS SPORTIVES

qui ont marqué l'histoire

AMPHORA

SOMMAIRE

LES INCONTOURNABLES 08

1 - Football : Celtic de Glasgow / Glasgow Rangers 10
2 - Automobile : Ayrton Senna / Alain Prost 16
3 - Tennis : Chris Evert / Martina Navratilova 24
4 - Athlétisme Handisport : Marie-Amélie Le Fur / Marlou van Rhijn 28
5 - Boxe : Mohamed Ali / George Foreman / Joe Frazier 32
6 - Football : Real Madrid / FC Barcelone 38
7 - Basket-ball : Michael Jordan / Isiah Thomas 46
8 - Sumo : Konishiki / Kirishima 50
9 - Automobile : Niki Lauda / James Hunt 56
10 - Football : OM / PSG 62
11 - Tennis : Jimmy Connors / Björn Borg / John McEnroe / Ivan Lendl 66
12 - Cyclisme : Fausto Coppi / Gino Bartali 72
13 - Moto : Max Biaggi / Valentino Rossi 78
14 - Boxe : Marvin Hagler / Ray Sugar Leonard / Roberto Duran / Thomas Hearns 84
15 - Football : Christiano Ronaldo / Lionel Messi 92

LES LÉGENDAIRES 96

1 - Athlétisme : Carl Lewis / Ben Johnson 98
2 - Tennis : Roger Federer / Rafael Nadal 104
3 - Biathlon : Martin Fourcade / Norvège 108
4 - Patinage Artistique : Debi Thomas / Katarina Witt 112
5 - Canoë-Kayak : Tony Estanguet / Michal Martikan 116
6 - Natation : France / États-Unis (relais 4 x 100 m) 120
7 - Judo : France / Japon lourds 124
8 - Patinage Artistique : Brian Boitano / Brian Orser 128
9 - Tennis : Serena Williams / Venus Williams 132
10 - Natation : Alexander Popov / Gary Hall Junior 138
11 - Athlétisme : Sebastian Coe / Steve Ovett 142

LES HISTORIQUES 148

1 - Football : RDA / RFA 150
2 - Golf : Ryder Cup Europe / États-Unis 156
3 - Échecs : Anatoli Karpov / Garry Kasparov 160
4 - Athlétisme : Éthiopie / Kenya 166
5 - Basket-ball : URSS / États-Unis (1972) 170
6 - Rugby : France / Angleterre 174
7 - Cricket : Inde / Pakistan 180
8 - Hockey sur glace : URSS / États-Unis (1980) 184
9 - Voile Coupe de l'America : Australie / États-Unis (1983) 188
10 - Athlétisme : Emil Zatopek / Alain Mimoun 192
11- Water-Polo : Hongrie / URSS 198
12 - Rugby : France / Nouvelle-Zélande 202
13 - Aviron : Oxford / Cambridge 208
14 - Gymnastique : Roumanie / URSS 212

LES EXCEPTIONNELLES 216

1 - Cyclisme : Laurent Fignon / Greg LeMond 218
2 - Tennis : Nicolas Mahut / John Isner 224
3 - Boxe : Mike Tyson / Evander Holyfield / Riddick Bowe 230
4 - Patinage Artistique : Nancy Kerrigan / Tonya Harding 236
5 - Automobile : Dakar Ari Vatanen / Jacky Ickx 242
6 - Basket-ball : France de Tony Parker / Espagne de Pau Gasol 246
7 - Football : France / Allemagne (1982 - 1986 - 2014) 250
8 - Voile : Grant Dalton / Peter Blake 256
9 - Cyclisme : Lance Armstrong / Alberto Contador 260
10 - Football : Angleterre / Argentine (1986) 266

AVANT-PROPOS

Le sport nous offre des émotions uniques. Des scénarios imprévisibles, des rebondissements extraordinaires, des joies ou des déceptions qui font entrer l'athlète au cœur de nos vies. Mais lorsque la victoire est trop facilement acquise, elle déchaîne moins de passions. « À vaincre sans péril, on triomphe sans gloire », la citation de Pierre Corneille dans Le Cid prend toute sa force. L'amateur de sport exige une part de suspense et d'incertitude. Il a besoin de vibrer au rythme des exploits sportifs de son favori. Même si l'athlète s'économiserait bien une concurrence incertaine dans sa quête d'absolu, il dépasse ses limites à travers la rivalité qui lui ouvrira les portes du Panthéon de son sport, et peut-être de l'histoire du sport. Quelles traces auraient laissé, dans l'Histoire, Gino Bartali sans Fausto Coppi, Alain Prost sans Ayrton Senna, Chris Evert sans Martina Navratilova ou encore le FC Barcelone sans le Real Madrid ? Le sport se construit sur le parcours d'icônes mais aussi sur la vie de leur double. Car le Paris Saint-Germain sans concurrent en Ligue 1, Lance Armstrong durant sa stupéfiante carrière sur le Tour de France ou encore Michael Schumacher au temps de sa splendeur en Formule 1 n'ont pas la même empreinte dans les annales du sport à cause de leur écrasante domination.

Ces rivalités sportives délivrent des verdicts construits sur des stratégies, des anecdotes, des échecs et des réussites, ainsi que sur l'incertitude. Les légendes se façonnent sur des histoires communes, celles qui unissent les plus grands rivaux et qui déchaînent bien souvent

les passions. Celles qui décuplent la motivation. Elles sont source de belles histoires, de respect mutuel mais aussi bien souvent de haine.
La sélection de rivalités que nous proposons s'appuie sur une passion viscérale pour le sport, pour tous les sports. La passion pour les grandes championnes et pour les grands champions est au cœur de cette sélection de 50 grandes rivalités du sport. Il a d'abord fallu faire des choix, parfois douloureux, afin de construire un livre le plus proche possible du vrai visage du sport. Une sélection qui, forcément, nourrit des frustrations de ne pas pouvoir aborder toutes les rivalités possibles, les autres. Ces laissés-pour-compte pourraient être au cœur d'un prochain ouvrage qui serait le prolongement de celui-ci. Nous avons choisi de diversifier au maximum le nombre de sports, de mélanger les époques et de classifier de manière subjective toutes les rivalités sportives en quatre thèmes pour une meilleure lecture. Nous ne cherchons pas à être exhaustifs mais tout simplement à vous faire découvrir et vivre des histoires sportives hors du commun. Des rivalités historiques et politiques, éphémères, légendaires. Car le point commun à toutes ces histoires réside dans le droit à chaque athlète, à chaque équipe, de rentrer dans la légende du sport.

Ces rivalités deviennent des oppositions historiques à part entière avec une résonnance régionale, nationale voire mondiale. Elles devraient figurer dans tous les livres d'histoire.

50 RIVALITÉS SPORTIVES

QUI ONT MARQUÉ L'HISTOIRE

LES GRANDES RIVALITÉS DU SPORT PEUVENT DÉCHAÎNER LES PASSIONS DURANT UNE SAISON MAIS AUSSI DEPUIS PLUSIEURS DÉCENNIES. CES RIVALITÉS PRODUISENT DES AFFRONTEMENTS AU SOMMET ENTRE DES CLUBS OU DES ATHLÈTES. ELLES CRÉENT DES LIENS EMPREINTS DE HAINE ENTRE SUPPORTERS, MAIS AUSSI D'AMITIÉ ENTRE LES ATHLÈTES. IMPOSSIBLE D'ENVISAGER LES PLUS GRANDES RIVALITÉS DU SPORT SANS CES MONUMENTS INCONTOURNABLES.

LES INCONTOURNABLES

Celtic de Glasgow *versus* Glasgow Rangers

C'EST UN JOUR GRAVÉ À JAMAIS DANS LA MÉMOIRE DES SUPPORTERS DU CELTIC DE GLASGOW. LE 10 SEPTEMBRE 2016, POUR LA PREMIÈRE FOIS DEPUIS QUATRE LONGUES SAISONS, LEUR CLUB FAVORI RETROUVE SUR UN TERRAIN DE PREMIERSHIP, LA PREMIÈRE DIVISION ÉCOSSAISE, LEUR PLUS GRAND RIVAL : LE CLUB DES GLASGOW RANGERS. UNE SI LONGUE ATTENTE AVANT DE REVIVRE UN « OLD FIRM », UN MATCH OPPOSANT LES DEUX CLUBS RIVAUX DE GLASGOW. LES SUPPORTERS D'UN CLUB DE FOOTBALL PENSENT QUOTIDIENNEMENT À EFFACER DE LA SURFACE DE LA PLANÈTE LEURS PIRES ENNEMIS. C'EST CE QUI PEUT ANIMER UNE RIVALITÉ HISTORIQUE, UNE SORTE DE RÊVE ABSOLU. POURTANT, LORSQUE CE RÊVE SE RÉALISE, SES PARTISANS AFFIRMÉS SE TROUVENT DÉMUNIS ET SURTOUT BIEN SEULS.

En 2012, les Glasgow Rangers vivent la période la plus sombre de leur longue vie au plus haut niveau du football européen. Ils sont frappés de plein fouet par une liquidation judiciaire qui envoie le club le plus titré d'Écosse avec ses cinquante-quatre titres de champion, en quatrième division. Une gestion déplorable des différents dirigeants et des irrégularités financières ont provoqué un gouffre abyssal d'environ cent-trente-quatre millions de livres (l'équivalent de cent-soixante-six millions d'euros) dans les comptes du club. Une dette insurmontable ! Sanctionnés de dix points au classement du championnat d'Écosse, les Rangers sont contraints, dans un premier temps, de céder le titre de champion national à leur rival historique, le Celtic, à l'issue de la saison 2010-2011. Rétrogradés très loin de l'élite, les Rangers vont renaître de leurs cendres. Ils se remettent en ordre de marche pour retrouver, le plus vite possible, le haut niveau du football européen. Les saisons suivantes, ils remportent les championnats de quatrième division, puis de troisième division avant de redoubler en deuxième division. Grâce à une victoire 1 à 0 face à Dumbarton le 6 avril 2016, le plus grand club écossais valide enfin son retour en première division. Le 10 septembre 2016, le Celtic de Glasgow salue le retour des Rangers au stade du Celtic Park par une large victoire 5 buts à 1. Une manière de signifier à l'autre club de Glasgow que la place de leader du football écossais ne sera pas facile à obtenir après quatre années au purgatoire.

Pour comprendre cette rivalité écossaise considérée comme l'une des plus féroces du Royaume-Uni, terre d'illustres oppositions comme celles qui lient Everton et Liverpool, Chelsea et Arsenal ou encore Manchester United et Manchester City, il faut se plonger dans le passé des deux clubs. Au sein d'un championnat écossais d'un niveau général assez médiocre, deux équipes issues de la ville de Glasgow trustent les titres depuis plusieurs décennies : les Rangers avec leur maillot bleu foncé et le Celtic dont le maillot est rayé vert et blanc. Sur les cent-vingt-deux titres de champion d'Écosse décernés depuis la fin du XIXe siècle, ces deux clubs en ont remporté cent-trois : cinquante-quatre pour les Rangers et quarante-neuf pour le Celtic. Leurs confrontations directes déterminent bien souvent le vainqueur final de ce championnat composé de douze clubs. En marge de cette rivalité sportive, c'est aussi, et surtout, une rivalité politique et religieuse qui oppose ces deux clubs. Car les « Gers »

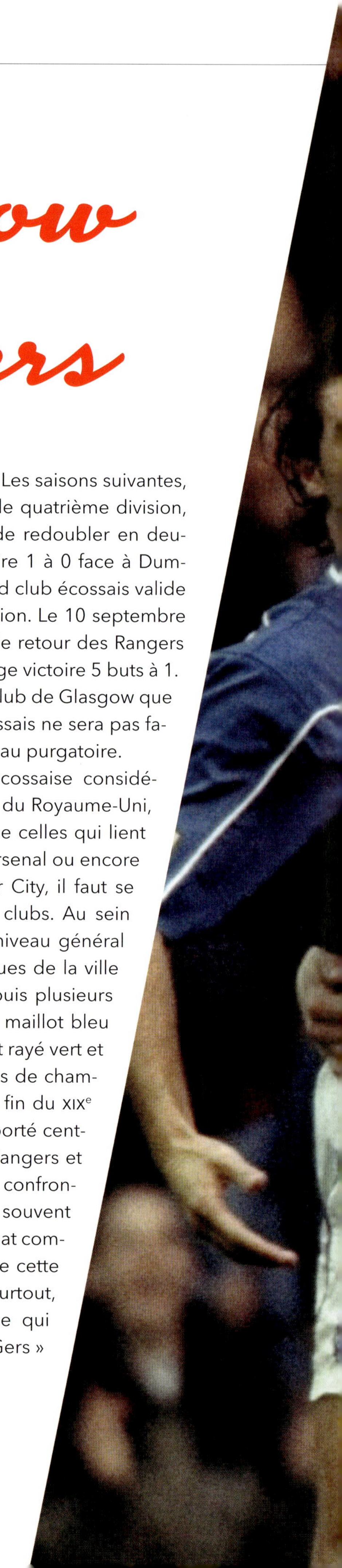

L'ÉQUIPE DES GLASGOW RANGERS EN 1999 LORS D'UN MATCH AU SOMMET FACE AU CELTIC GLASGOW.

sont composés à 90 % de protestants bien souvent loyalistes à l'égard de la couronne britannique. Alors que les « Bhoys » du Celtic, issus historiquement d'une communauté d'Irlandais immigrés, sont en grande majorité catholiques et revendiquent leurs origines irlandaises.
En mai 1888, le premier match entre ces deux clubs est organisé. La première confrontation directe d'une longue série que l'on peut estimer aujourd'hui à plus de cinq-cent-cinquante, toutes compétitions confondues. Un premier match soldé par une victoire du Celtic sur le score de 5 buts à 2. On ne peut pas encore parler de rivalité car la ville de Glasgow comprend à cette époque une dizaine de clubs et le grand concurrent du Celtic est alors le club des Queens Park. Il faut attendre le début du XXe siècle pour véritablement parler de rivalité. Depuis de très nombreuses décennies, des anecdotes et des événements ont contribué à alimenter le mythe de cette concurrence au sommet. En 1909, à Hampden Park, le match entre le Celtic et les Rangers est prétexte à des actes de violence : des supporters s'attaquent aux forces de l'ordre. Bilan de ces hostilités : une centaine de blessés. Un événement grave qui démontre la tension inhérente à cette rivalité, même si on ne peut pas parler d'une violence opposant les deux clubs de manière directe, sur le terrain. Ce qu'il faut comprendre, c'est que le Celtic est une véritable source de fierté pour la communauté irlandaise de Glasgow. Une communauté défavorisée qui a choisi le chemin de l'exil en Écosse. De l'autre côté, la communauté protestante et les ouvriers de souche écossaise voient en l'arrivée de la communauté irlandaise une concurrence déloyale à travers une main d'œuvre bon marché. Ces Écossais historiques trouvent ainsi leurs repères au sein du club des Glasgow Rangers et délaissent les Queens Park. En 1915, la volonté affichée des Irlandais de se détacher de la domination de l'empire britannique est une source de tensions, alors que le pouvoir écossais affiche sa loyauté à la couronne d'Angleterre. Un soulèvement irlandais est même réprimé à Dublin et à Enniscorthy, causant la mort de près de quatre-cents personnes et l'arrestation de cinq-mille personnes en Irlande, en Angleterre et au Pays de Galles. Un épisode intitulé les *Pâques sanglantes*. Les supporters du Celtic soutiennent leur île natale avec leurs chants. Les tribunes d'Ibrox Park, le stade des Rangers, vont donc se remplir de plus en plus de banderoles « anti-Celtic ». Si le clivage politique et religieux est présent dans la société écossaise depuis de nombreuses années, il connaît, pour la première fois, une résonnance sportive. La crise économique qui s'abat sur Glasgow dans les années 1930 provoque le déclin de l'empire britannique. Et il ne favorise pas l'entente entre les deux clubs de Glasgow. Mais ce qui va renforcer cette rivalité, c'est le fait que Glasgow est une ville violente, dans laquelle sont présents de nombreux gangs, dont certains sèment le désordre chez les supporters.
Les matchs opposant les deux clubs rivaux sont aussi au cœur de nombreux incidents tragiques. En septembre 1931, un drame se produit lors du *Old Firm* lorsque John Thomson, le gardien de but du Celtic, se brise le crâne en plongeant dans les pieds du nouvel attaquant des Rangers, Sam English. Âgé de vingt-deux ans seulement, le jeune gardien décède des suites de ses blessures. Sa disparition cause un émoi monumental à Glasgow. Thomson était un joueur très apprécié qui avait fait ses débuts en équipe nationale. Quarante-mille personnes assistent à ses obsèques, et l'on trouve, encore aujourd'hui, des écharpes du Celtic sur sa tombe.
Dans les années 1950, la rivalité entre les deux clubs ennemis et le mauvais climat gagnent du terrain. La fédération écossaise menace d'exclure le Celtic du championnat pour contraindre les verts et blancs à bannir les drapeaux celtes qui flottent dans les tribunes. Cette menace ne sera jamais mise à exécution, malgré le refus du club, soutenu par les Rangers ! Si le Celtic a toujours revendiqué son appartenance à la communauté catholique, le club a aussi accepté de présenter une équipe mixte, avec certains joueurs protestants dans son effectif. Des joueurs illustres comme Bertie Peacock entre 1949 et 1961, comme le célèbre Kenny Dalglish entre 1969 et 1977, ou encore Ronnie Simpson entre 1964 et 1970, ont intégré les rangs des verts et blancs. Entre 1970 et 1982, Danny McGrain fait les beaux jours du Celtic en disputant six-cent-cinquante-sept matchs toutes compétitions confondues. Ce protestant avait été refusé par les scouts des Rangers du fait d'un prénom à trop forte résonnance catholique. En 1965, le Celtic pousse la provocation encore plus loin en engageant Jock Stein, un protestant né à Cardiff au Pays de Galles, au poste de manager. Une décision que le président de l'époque, Bob Kelly, parvient à imposer au comité directeur du club. Un choix décisif, puisque sous la direction de Stein, le Celtic remporte la plus belle des compétitions européennes en 1967 : la

Coupe des Clubs Champions. Une consécration pour les supporters du Celtic, que les Rangers ne connaîtront jamais dans leur histoire. Le 25 mai 1967, le Celtic remporte la coupe « aux grandes oreilles » en s'imposant en finale à Lisbonne face à l'Inter de Milan grâce à des buts de Gemmel et Chalmers contre un but de Mazzola pour les Italiens. Au terme d'une épopée historique, les Écossais prennent le meilleur sur le FC Zurich, le FC Nantes, le FK Vojvodina Novi Sad et le Dukla de Prague. Les catholiques du Celtic écrasent leurs rivaux des Rangers en remportant, cette année-là, le plus beau des trophées européens mais aussi le championnat, la coupe d'Écosse, la coupe de la Ligue ainsi que la Glasgow Cup. 1966-1967 est la plus belle saison jamais réalisée par le Celtic. C'est aussi la plus belle saison du football écossais qui parvient à qualifier deux clubs en finale de coupe d'Europe. Cette année-là, les Rangers chutent en finale de la Coupe d'Europe des Vainqueurs de Coupe face au Bayern de Munich, 1 à 0. Une double peine pour les Rangers qui doivent également subir la suprématie européenne de leurs pires ennemis. Un nouvel échec après leur première finale européenne perdue en 1961 face à la Fiorentina.

Après avoir éliminé le FC Bâle, le Benfica de Lisbonne, la Fiorentina et Leeds, les hommes de Jock Stein s'inclinent en finale à Milan sur le score de 2 buts à 1 face aux Hollandais du Feyenoord Rotterdam. La fin d'une belle épopée continentale pour le Celtic.

En 1970, les verts et blancs retrouvent le sommet du football européen en se hissant une nouvelle fois en finale de la Coupe d'Europe des Clubs Champions. Après avoir éliminé le FC Bâle, le Benfica de Lisbonne, la Fiorentina et Leeds, les hommes de Jock Stein s'inclinent en finale à Milan sur le score de 2 buts à 1 face aux Hollandais du Feyenoord Rotterdam. La fin d'une belle épopée continentale pour le Celtic.

En janvier 1971, c'est une nouvelle tragédie, cette fois hors du terrain. Alors que les Rangers et le Celtic sont sur le point de se quitter sur un score nul et vierge de 0/0, Jimmy Johnstone marque à l'ultime minute pour les verts et blancs. Par dépit, les supporters des Rangers quittent le stade, mais une clameur leur fait comprendre que leur équipe vient d'égaliser quelques instants plus tard. Une émeute se produit alors chez ces supporters dépités, qui veulent revenir dans la tribune-est afin d'admirer la joie des leurs après cette égalisation. Le reflux provoque une bousculade énorme. Des centaines de spectateurs sont piétinés, provoquant la mort de soixante-six personnes à Ibrox. Cent-quarante sont blessées. Les morts sont amenés dans les vestiaires et les joueurs portent secours aux blessés. C'est le plus grand drame de l'histoire du football écossais.

Les Rangers devront attendre l'année 1975 pour reprendre leur marche en avant au sommet du football écossais en remportant un titre national qui le fuyait depuis onze saisons. Un graal écossais qui est ensuite remporté durant neuf saisons consécutives par le Celtic. À partir du milieu des années 1970, les deux clubs ne laisseront que des miettes aux autres clubs écossais. Trois titres seulement pour Aberdeen et un titre pour Dundee United. Le Celtic domine le football écossais et continental sous la houlette de Jock Stein qui quitte le club en 1976, fort de vingt-cinq trophées majeurs en treize ans à la tête du club. Il connaîtra une fin à la fois tragique et enviée par bon nombre de passionnés de football. À la tête de l'équipe nationale d'Écosse, le technicien décède sur un banc de touche en 1985 lors du match décisif pour la qualification en Coupe du monde entre le Pays de Galles et l'Écosse. Lorsque le joueur écossais Davie Cooper transforme un penalty et égalise pour l'Écosse, le technicien s'effondre. Le match nul 1 à 1 offrira, ce jour-là, l'opportunité à l'Écosse de disputer un barrage face à l'Australie pour se qualifier pour la Coupe du monde 1986 au Mexique. Face à une faible équipe d'Australie, l'Écosse n'aura aucune difficulté à se qualifier pour le mondial mexicain. Cooper vient donc de propulser Jock Stein et les siens au paradis. Sauf que Jock Stein ne redescendra jamais de son nuage.

En janvier 1988, Graeme Souness, l'ancienne gloire de Liverpool devenue manager des Rangers, recrute Mark Walters. C'est le premier joueur noir de l'histoire du club. Cette arrivée déchaîne la colère des supporters des Rangers qui brûlent des écharpes et des cartes d'abonnement. Le manager écossais renouvellera « la provocation » en engageant Maurice Johnston, un catholique, qui après un passage de deux saisons à Nantes, souhaitait retourner au Celtic. En 1976, les Rangers avaient annoncé mettre fin à une politique de ségrégation religieuse pour attirer les meilleurs joueurs. Peu importe qu'ils soient catholiques ou protestants. Il faudra attendre 1988 et David Murray, un nouveau président, pour que le club s'ouvre au premier joueur catholique. Johnston signe finalement aux Rangers, le 10 juillet 1989. En proie à des difficultés financières et poursuivi par le fisc écossais, Mo Johnston ne pouvait laisser passer l'occasion de « se refaire financièrement » et choisit le meilleur contrat et la meilleure rémunération alors qu'il avait posé pour une photographie avec le maillot vert et blanc du Celtic quelques jours auparavant. Le joueur prendra le surnom de « Judas » de la part de ses anciens supporters. Lors du derby qui suit la signature du joueur chez les Rangers, Mo Johnston subira les foudres du public du Celtic. Pour le Celtic comme pour les Rangers, Johnston est considéré comme un traître. Un supporter des Rangers confiera un jour à un journaliste : « *J'ai appelé mon frère en Amérique, il était 5 heures du matin là-bas. Il pensait que notre père était mort. Je lui ai dit que c'était pire que ça, que Johnston venait de signer aux Rangers.* » Mo Johnston se réconciliera, l'espace d'une soirée, avec l'ensemble de son pays, en inscrivant les deux buts de la victoire de l'Écosse face aux Bleus de Michel Platini le 11 octobre 1989. Une victoire qui contribuera à la qualification des Écossais pour le mondial italien de 1990, au détriment de l'équipe de France. Le Celtic de Glasgow, quant à lui, se sauvera de la faillite en 1999, malgré des difficultés financières. Il faut reconnaître que les grands bénéficiaires de cette rivalité historique demeurent les deux clubs de Glasgow qui peuvent tirer de très jolis revenus de leurs matchs au sommet disputés à guichet fermé devant des dizaines de milliers de spectateurs, mais aussi plusieurs dizaines de millions de téléspectateurs. C'est pour cette raison que l'appellation *Old Firm* signifie « vieille entente ». Une dénomination qui rappelle que les deux clubs sont les grands gagnants de cette rivalité en dépit du résultat du terrain. Cette rivalité est source de revenus pour les deux meilleurs clubs écossais. Ces matchs au sommet sont disputés le dimanche après 12h30 car une loi interdit de vendre ou servir de l'alcool avant cet horaire.

Il faut reconnaître que les grands bénéficiaires de cette rivalité historique demeurent les deux clubs de Glasgow qui peuvent tirer de très jolis revenus de leurs matchs au sommet disputés à guichet fermé devant des dizaines de milliers de spectateurs, mais aussi plusieurs dizaines de millions de téléspectateurs. C'est pour cette raison que l'appellation Old Firm signifie « vieille entente ».

LES SUPPORTERS DU CELTIC GLASGOW LORS D'UN OLD FIRM.

Ayrton Senna versus Alain Prost

Le dimanche 1er mai 1994, TF1 diffuse une séquence enregistrée la veille lors des essais libres du Grand Prix de San Marin, grâce à une caméra embarquée dans la monoplace d'Ayrton Senna. Avant de commenter le circuit d'Imola, l'immense champion brésilien s'adresse à Alain Prost : « Et pour commencer, un bonjour à notre ami Alain. Tu me manques Alain. » Un message en forme d'adieu pour Senna qui décédera quelques heures plus tard, pendant la course. Surpris par ce message chaleureux de son ancien rival, Alain Prost commente en direct ce clin d'œil du Brésilien pour TF1.

Le champion français est devenu consultant de la chaîne après l'arrêt de sa carrière en novembre 1993 sur un quatrième titre de champion du monde de Formule 1. « *C'est sympa, c'est inattendu. On vient de se saluer, de se serrer la main. Mais je crois, comme on l'a dit en fin d'année, qu'à partir du moment où l'on n'est plus vraiment rivaux sur la piste, il n'y a aucune raison que l'on ne soit pas copains. Peut-être même amis dans le futur, on ne sait jamais.* » Alain Prost semble gêné par ce geste de sympathie de son ancien ennemi. Quand il prend connaissance de cette vidéo avant la course, Prost semble ému et souhaite aller voir le Brésilien. Pour le champion français retiré des circuits, Ayrton Senna n'est pas en forme et semble perturbé.

Comme les autres pilotes, Senna est effectivement tourmenté après le violent crash subi le vendredi par son ami brésilien Rubens Barrichello et surtout par l'accident qui a coûté la vie au

ALAIN PROST (À GAUCHE) ET AYRTON SENNA (À DROITE) EN 1993 LORS DE LA DERNIÈRE SAISON EN COMPÉTITION D'ALAIN PROST.

pilote autrichien Roland Ratzenberger lors des qualifications. Ayrton Senna est allé saluer son compatriote le matin même à l'hôpital et doit se concentrer sur une course à laquelle il ne souhaite pas participer. Ce week-end-là, Prost s'entretient à deux reprises avec Senna. Lors du déjeuner d'abord, puis dans le *motorhome* de l'écurie Williams. Le Brésilien ne souhaite pas prendre le départ de ce Grand Prix. Comme si un mauvais pressentiment annonçait une possible fin tragique de l'un des plus grands pilotes automobiles de l'histoire de la Formule 1. Quelques heures plus tard, ces mots prononcés par Ayrton Senna da Silva résonneront comme un cadeau en forme d'héritage qui scellera la réconciliation entre Senna et Prost aux yeux de la planète. Alors que Senna vit ses dernières heures.

À plus de 300 km/h, la Williams du champion brésilien part tout droit dans la courbe de Tamburello puis percute un mur en béton. Sous la violence du choc, le triangle supérieur de suspension avant de sa monoplace se brise et frappe la visière du casque du Brésilien. Un grand champion quitte la scène, laissant la planète sport orpheline. Car, que l'on ait choisi de supporter Ayrton Senna ou Alain Prost durant de nombreuses saisons, cette mort accidentelle ne laisse personne indifférent.

À L'ISSUE DU GRAND PRIX DE SAINT MARIN EN 1989, PROST ACCUSE SENNA DE NE PAS AVOIR RESPECTÉ UN PACTE AU DÉPART DE LA COURSE : NE PAS S'ATTAQUER AU PREMIER VIRAGE AFIN DE NE PAS RISQUER UN ACCROCHAGE.

Lorsque Alain Prost remporte, sur McLaren, son premier titre de champion du monde de Formule 1 en 1985 après deux secondes places au classement général, il est loin de penser que le jeune brésilien, qui vient de boucler sa première saison complète chez Lotus-Renault, sera son plus farouche adversaire les saisons suivantes. Malgré cinq pole positions et deux victoires au Portugal et en Belgique, Senna est considéré par le Français comme un pilote qui doit encore confirmer son potentiel au plus haut niveau. Pourtant, le Brésilien rivalise en 1984 avec « le Professeur » sur le circuit de Monaco au volant d'une modeste Toleman. Senna passe tout près d'une retentissante victoire sur un circuit en ville qui le consacrera à six reprises, les années suivantes. Après deux saisons au volant d'une Lotus, Ayrton Senna signe chez McLaren-Honda et devient le coéquipier d'Alain Prost, victorieux d'un second titre mondial en 1986. Ce rapprochement est le fruit de la stratégie de Ron Dennis, le team manager de l'écurie McLaren. Dennis n'est pas satisfait du moteur TAG-Porsche de la McLaren et souhaite signer avec Honda qui équipe la Lotus de Senna. L'homme d'affaires britannique fait ainsi coup double en recrutant Ayrton Senna et en signant avec le motoriste japonais pour bénéficier du meilleur moteur disponible.

En 1988, la rivalité entre les deux hommes est encore marquée par une solide amitié. Le Brésilien remporte huit grands prix contre sept pour le Français. McLaren se hisse tout en haut de la hiérarchie des constructeurs et gagne ainsi quinze des seize grands prix disputés lors de cette saison. Ron Dennis a réussi son pari et McLaren écrase le championnat du monde des constructeurs. Seul le Grand Prix d'Italie est remporté par une Ferrari, en signe d'hommage, un mois après la mort d'Enzo Ferrari. Côté pilote, Alain Prost remporte cent-cinq points contre quatre-vingt-quatorze pour Ayrton Senna, mais le nouveau règlement, qui prévoit un calcul de points sur les onze meilleures courses de la saison, offre son premier titre de champion du monde à Ayrton Senna. Une petite trouvaille réglementaire destinée à assurer le suspense dans la course au titre de champion du monde, au détriment du pilote français.

En 1989, Alain Prost prend sa revanche sur Ayrton Senna en lui ravissant le titre mondial des pilotes. Si 1988 était une saison d'entente cordiale, puis d'une complicité de façade et de respect mutuel entre les deux équipiers, 1989 est la saison de la polémique. Une cohabitation forcée qui les oblige à faire preuve d'une qualité exceptionnelle de pilotage pour prendre le dessus sur son rival. Au fur et à mesure des courses, cette relation devient froide et distante pour devenir une forme de haine discrète. À la fin de la saison 1989, Senna et Prost ne s'adressent déjà plus la parole. L'une des sources de tension évidente semble être alors le sentiment de Prost d'être défavorisé au sein de l'écurie McLaren, au profit de Senna. Pour le Français, le Brésilien bénéficie d'un traitement de faveur orchestré par Ron Dennis, mais aussi d'un meilleur moteur. Selon Prost, le moteur Honda est réglé exclusivement pour Senna. D'ailleurs le Brésilien est accompagné par une trentaine d'ingénieurs alors que le Français n'en bénéficie seulement que de trois ou quatre. Déjà, en 1988, Honda semblait favoriser le pilote brésilien concernant la qualité de préparation et de réglages de sa monoplace. Une manœuvre litigieuse de Senna lors du second tour du Grand Prix du Portugal, où ce dernier avait nettement tassé Prost contre le muret des stands, avait quelque peu entaché les rapports entre les deux hommes. À l'issue du Grand Prix de Saint Marin en 1989, Prost accuse Senna de ne pas avoir respecté un pacte au départ de la course : ne pas s'attaquer au premier virage afin de ne pas risquer un accrochage. Senna n'a pas respecté cet accord. Prost est fou de rage et demande des excuses à son coéquipier. Ron Dennis supplie alors Senna de présenter ses excuses au Français. Le Brésilien éclate en sanglot et pleure de rage face à cette situation, trahissant son désaccord. Pour celles et ceux qui connaissaient Senna, il était impossible que le Brésilien respecte ce pacte, de par sa fougue et sa soif de victoires. Peu après, c'est Alain Prost qui confie à la presse française que Senna a pleuré lors de cette réunion, sermonné par Ron Dennis. « *Même en ce qui concerne l'aveu du manquement à l'engagement pris à Imola, Senna a manqué de franchise. Il a fallu que Ron Dennis exerce une terrible pression sur lui pour qu'il dise la vérité. Ayrton s'est effondré d'un coup. Il a même pleuré. Incroyable, non ?* » Cette révélation aux yeux du monde provoque la fureur du Brésilien qui justifie son action à Imola en considérant que le pacte de non-agression était prévu pour le premier départ du Grand Prix, et non pour le second, donné à la suite du grave accident de Gerhard Berger au cinquième tour. La guerre psychologique explose désormais au grand jour. Prost, depuis longtemps installé dans l'écurie, insiste sur le fait qu'il a lui-même donné son accord pour la venue de Senna et considère que la réputation du Brésilien est surfaite. Jouant de son influence, le pilote français veut montrer qu'il est le meilleur. Senna n'a plus de remords à enfreindre le pacte de non-agression. Le Brésilien prend la décision de débaucher, pour son propre compte, l'homme d'affaires de Prost, Julian Jakobi. La guerre est déclarée. Une rivalité violente et permanente.

Moins rapide en qualifications, Prost préfère régler lui-même sa monoplace pour la course car il pense que Senna est prêt à tout pour décrocher la pole position. Cette vélocité du Brésilien lui attire non seulement les faveurs de Honda, mais aussi celles du personnel de l'écurie McLaren. Si le débat perdure pour savoir si les moteurs Honda de Senna étaient plus performants que ceux de Prost, les fiches techniques confirment que Prost a fait une bonne partie de la saison avec un châssis MP4/5, utilisé également en essais privés, tandis que Senna bénéficiait d'un châssis réservé à la course. Une petite faveur octroyée au Brésilien au détriment du Français.

À Monza, Senna bénéficie d'une évolution moteur mais celui-ci explose à quelques tours de l'arrivée et Prost remporte le Grand Prix. Senna déclare alors que « la victoire de Prost est un péché ».

En 1990, la guerre s'intensifie. Alain Prost quitte l'écurie McLaren et part chez Ferrari. Plus rien ne peut empêcher ces deux grands rivaux de se livrer une lutte sans merci. Le paroxysme de cette rivalité se joue au Japon en toute fin de saison. Malgré sa rapidité, Senna connaît une saison malchanceuse, abandonnant à quatre reprises lors des huit premières courses de la saison, alors que Prost collectionne les places sur le podium et les points au classement général. À Monza, Senna bénéficie d'une évolution moteur mais celui-ci explose à quelques tours de l'arrivée et Prost remporte le Grand Prix. Senna déclare alors que « *la victoire de Prost est un péché* ».

Les rapports entre les deux hommes s'enveniment et aboutissent à l'accrochage du Grand Prix du Japon, lors de l'avant-dernière épreuve de la saison.

À Suzuka, Ayrton Senna qui a marqué soixante-dix-huit points au classement du championnat du monde des pilotes, possède son destin entre les mains. Il peut quitter le Japon avec un deuxième titre en poche. Pour Prost, la situation est plus compliquée. Avec soixante-neuf points marqués, il est encore mathématiquement dans la course pour remporter un nouveau titre de champion du monde. Mais Prost a marqué des points à onze reprises durant la saison. Il devra donc retrancher les points de son plus mauvais résultat. Il a tout intérêt à réaliser une performance lors du Grand Prix du Japon comme l'exige le règlement de l'époque. Qualifié en pole position, Senna se fait pourtant déborder par Prost au départ. Au quarante-septième tour, le Français résiste à une tentative de dépassement du Brésilien à l'entrée d'une chicane, ce qui provoque un accrochage entre les deux monoplaces. Senna repart en court-circuitant cette chicane et remporte la course. Mais le Brésilien est disqualifié pour avoir été poussé par les commissaires et pour sa manœuvre dans la chicane. Prost décroche son troisième titre mondial grâce à la disqualification de son rival. Cet accrochage porte à discussion, car si Senna part de trop loin pour effectuer un dépassement régulier, Prost ferme quant à lui nettement la porte. Le pilote Brésilien, qui attaquait, écope d'une amende et d'une mise à l'épreuve concernant le renouvellement de sa super-licence de pilote pour avoir critiqué la décision des commissaires. Selon Senna, cette disqualification est une manœuvre complotée par le président de la FIA, la Fédération Internationale Automobile, le Français Jean-Marie Balestre, dans le but de favoriser la victoire en championnat du monde de son compatriote Alain Prost. Senna déclare en effet à Adélaïde, cadre du dernier Grand Prix de la saison : « What we see today is the true manipulation of the World Championship » (« *Ce que nous voyons aujourd'hui est une vraie manipulation du championnat du monde* »).

Selon Senna, cette disqualification est une manœuvre complotée par le président de la FIA, la Fédération Internationale Automobile, le Français Jean-Marie Balestre, dans le but de favoriser la victoire en championnat du monde de son compatriote Alain Prost.

Lors des qualifications, le Brésilien confirme une nouvelle fois sa réputation de « *roi de la pole* » en réalisant le meilleur temps pour la neuvième fois de la saison. Paradoxalement, cette performance ne réjouit pas totalement le pilote McLaren-Honda qui semble contrarié. Ayrton Senna, un brin méticuleux, n'est pas satisfait par l'emplacement de la pole position sur la grille de départ. Selon lui, la première place de la grille est située du côté poussiéreux de la piste. Il demande un changement dans l'organisation de la grille car il est convaincu que le pilote le plus rapide doit bénéficier des conditions les plus favorables pour le départ de la course. Ce qui n'est pas le cas, selon lui. Le Brésilien décide de plaider sa cause auprès des officiels de la FIA, conscient de l'importance du départ lors du Grand Prix du Japon. Malheureusement pour lui et pour le spectacle, sa requête est rejetée par les plus hautes instances de la Formule 1. Le dimanche 21 octobre 1990, la McLaren de Ayrton Senna vient se placer sur la première place de la grille. À ses côtés, la Ferrari d'Alain Prost. À l'extinction des feux, Senna patine alors que Prost profite de la gomme collée sur la trajectoire pour devancer son rival à l'amorce de la première courbe. Prost prend le meilleur départ et devance le Brésilien. Le Français a besoin d'une victoire pour espérer remporter un nouveau titre de champion du monde. Prost avait pour objectif de partir en tête. La puissance de sa Ferrari semble être suffisante pour gagner la course devant les McLaren. C'est à cet instant que la McLaren de Senna vient harponner la Ferrari du Français par la droite, emmenant les deux monoplaces dans le décor. La course des deux hommes n'aura duré que quelques secondes et c'est à pied que Senna conquiert son deuxième titre mondial. Cette manœuvre particulièrement discutable du Brésilien provoque une immense polémique dans les médias du monde entier. Prost est fou de rage : « *Il y a différentes manières de perdre un championnat. On peut accepter de le perdre sportivement, sur la piste. Mais certainement pas de cette façon-là. Avant le départ, j'avais dit que Ayrton était un adversaire tout à fait correct. Depuis que l'on se rencontre, après plusieurs années de lutte, il a toujours fait preuve de correction. Je ne pensais pas qu'il allait tenter une manœuvre comme celle-là. Je pensais sincèrement que la course allait être arrêtée. Mais non, alors que se joue le championnat et qu'il vient de se produire une manœuvre aussi scandaleuse. Lui mettre mon poing dans la figure m'a traversé l'esprit. Mais j'étais tellement dégoûté que je n'en avais même plus envie* ».

D'un côté, il y a les pro-Senna qui pensent que le pauliste a tout simplement rendu la monnaie de sa pièce à Prost qu'ils jugent responsable de leur accrochage sur ce même circuit de Suzuka, l'année précédente. De l'autre, les pro-Prost estiment que Senna a tout simplement commis un attentat contre son rival qui aurait pu très mal se terminer. La vérité, les observateurs de la Formule 1 la connaîtront un an plus tard, toujours à Suzuka, de la bouche même de Senna. Lors de la conférence de presse organisée après l'arrivée de la course qui l'a vu remporter son troisième titre de champion du monde, Senna avoue avoir intentionnellement provoqué cet accrochage. Convaincu que le Français était favorisé par le président de la FIA, Jean-Marie Balestre, le Brésilien avait voulu, en quelque sorte, se venger de son refus d'inverser les positions de la grille de départ.

« JE N'AI JAMAIS PILOTÉ UNE VOITURE AUSSI MAUVAISE DE TOUTE MA CARRIÈRE. UN BON CHAUFFEUR DE CAMION AVEC DE GROS BRAS AURAIT PU FAIRE AUSSI BIEN QUE MOI AUJOURD'HUI ».

En 1991, Ayrton Senna décroche le titre de champion du monde sans trop de difficultés car ses adversaires ne sont pas assez compétitifs pour lui contester le titre suprême sur l'ensemble d'une saison. Parmi ses concurrents, Alain Prost ne remporte aucune victoire et termine cinquième du championnat du monde avec trente-quatre points contre quatre-vingt-seize pour Senna. Le Français est amer et critique ouvertement la qualité de sa monoplace. Ses déclarations sont très mal appréciées par la direction de l'écurie Ferrari : « Je n'ai jamais piloté une voiture aussi mauvaise de toute ma carrière. Un bon chauffeur *de camion avec de gros bras aurait pu faire aussi bien que moi aujourd'hui* ». Viré par l'écurie Ferrari après avoir qualifié sa monoplace de camion, la rivalité entre Prost et Senna prend une année sabbatique après le retrait des circuits du Français. Une pause profitable à l'Anglais Nigel Mansell qui remporte le championnat du monde des pilotes sur Williams-Renault, la meilleure voiture des paddocks. En 1993, Prost signe au sein de l'écurie Williams-Renault, ce qui provoque une violente réaction chez Senna, prêt pour une guerre à outrance. Cette année-là, la rivalité entre les deux champions célèbre Alain Prost. « Le Professeur » remporte un quatrième titre de champion du monde des pilotes avec vingt-six points d'avance sur Ayrton Senna et sa McLaren-Ford. Les deux champions enterreront définitivement la hache de guerre sur le podium du Grand Prix d'Australie en 1993, dernière course de la carrière d'Alain Prost. Les deux hommes tombent alors dans les bras l'un de l'autre sur le podium. Deuxième de la course, Alain Prost tend la main au Brésilien qui vient de remporter ce dernier rendez-vous de la saison. Le Brésilien la prend chaleureusement et tire son rival vers la première marche du podium. Deux grands champions au sommet de la Formule 1 mondiale. L'image est chaleureuse et désormais historique. Cette chaleur entre les deux hommes se poursuivra quelques instants plus tard en conférence de presse. La réconciliation semble scellée entre eux au moment où Prost tire sa révérence. La fin d'une rivalité entre deux légendes du sport automobile.

GOODYEAR
Marlbo
URTAULDS
Sh
GOODYEAR

AYRTON SENNA DEVANT ALAIN PROST EN 1991. UNE LUTTE FÉROCE ENTRE LES DEUX PILOTES.

Chris Evert *versus* Martina Navratilova

Comment imaginer une rivalité de quatre-vingts matchs au sommet du tennis mondial dont soixante en finale ? Quinze années de concurrence entre deux des plus grandes joueuses de l'histoire. Souvent têtes de série numéro une ou têtes de série numéro deux dans les tableaux des plus grands tournois, Martina Navratilova et Chris Evert ont enflammé leur sport entre 1973 et 1988.

Au moment où Chris Evert prend sa retraite en 1989, à l'issue de l'US Open, les deux championnes ont chacune remporté dix-huit titres du Grand Chelem en simple et se sont souvent retrouvées en finale. En dehors de quelques miettes parsemées afin d'alimenter les autres joueuses du circuit, Navratilova et Evert ont grandi ensemble, l'une contre l'autre, l'une avec l'autre.

Dans un contexte de Guerre Froide opposant l'URSS, et ses pays frères, aux États-Unis, et ses pays amis, la rivalité entre l'Américaine Chris Evert et la Tchécoslovaque Martina Navratilova prend d'abord une dimension politique, dès leur première rencontre en 1973. Le 22 mars 1973, Martina Navratilova est envoyée aux États-Unis par les hautes instances de son pays, afin de se tester face aux meilleures joueuses du monde. La jeune femme est née à Prague, de l'autre côté du rideau de fer. Ses parents sont séparés et elle est élevée par sa grand-mère. À Akron, dans l'Ohio, la Tchécoslovaque de seize ans débute une rivalité historique avec l'Américaine Chris Evert âgée de dix-huit ans, par une défaite en deux sets 7/6 6/3. Evert est issue d'un milieu social strict et catholique, mais aussi d'une famille aisée qui la soutient dans son rêve de grandeur avec une raquette à la main. Il faut reconnaître qu'en 1973, Chris Evert est déjà tout en haut de la hiérarchie mondiale du tennis. Elle est parvenue à se hisser en demi-finale à Wimbledon en 1971 et à réaliser une série de quarante-six victoires consécutives sur le circuit. En 1973, l'Américaine accède à la finale de Roland-Garros et de Wimbledon. Elle s'affirme l'année suivante comme l'une des meilleures joueuses du monde en atteignant la finale de l'Open d'Australie et en remportant Roland-Garros et Wimbledon. Entre 1974 et 1986, Chris Evert remportera au moins un tournoi du Grand Chelem par an, voire deux.

Finaliste à l'Open d'Australie et à Roland-Garros en 1975, Martina Navratilova remporte une première victoire face à sa future grande rivale à Washington. En septembre 1975, à l'issue de leur quatorzième face-à-face, un match perdu par la Tchécoslovaque en finale de l'US Open, cette dernière demande l'asile politique aux États-Unis. Une manière de se rapprocher de sa plus grande rivale qui devient progressivement son amie. Elle parvient à gagner un premier titre du Grand Chelem en 1978 avec un succès à Wimbledon. Comme sa grande rivale américaine, la joueuse de l'Est se forge un palmarès hors du commun en simple mais aussi en double et en double mixte.

Au total, la Tchécoslovaque, qui deviendra définitivement Américaine en 1981, accumule dix-huit titres du Grand Chelem en simple, trente-et-un titres en double et dix en double mixte. Elle domine le tennis mondial avec son ennemie intime. Une statistique est édifiante : entre 1982 et 1984, Navratilova remporte deux-cent-cinquante matchs en simple et ne concède que six défaites.

Après dix-huit années de confrontation au sommet du tennis mondial, Martina Navratilova remporte plus de victoires en simple que Chris Evert. Navratilova a gagné quarante-trois victoires contre trente-sept pour sa rivale. Si l'Américaine domine les premiers affrontements face à sa future compatriote, Navratilova prend le dessus au milieu des années 1980. Sur

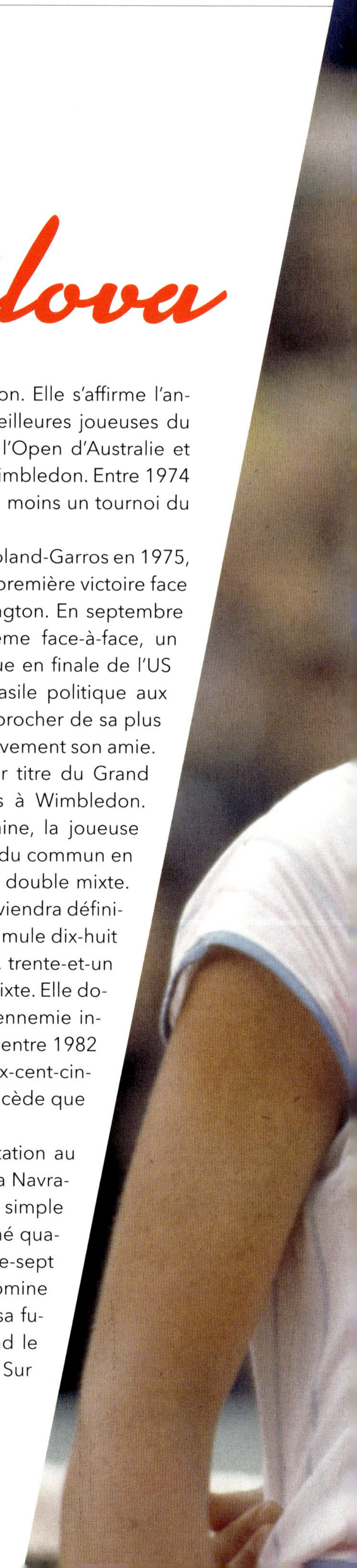

CHRIS EVERT (À GAUCHE) ET MARTINA NAVRATILOVA (À DROITE) EN 1986 À ROLAND-GARROS. VICTOIRE DE CHRIS EVERT 2/6 6/3 6/3.

les quatorze finales de Grand Chelem disputées face à Navratilova, Evert n'en gagne que quatre, toutes à Roland-Garros, son jardin favori.
Amies dans la vie, les deux championnes se livrent d'incroyables combats sur le court. Tout au long de leur carrière, les deux joueuses sont animées par un sentiment de respect mutuel, voire de camaraderie. Deux grandes championnes qui auront l'honneur de jouer ensemble sous les couleurs des États-Unis pour remporter la Fed Cup, la Coupe Davis féminine, en 1982, 1986 et en 1989. Lors d'un talk-show célèbre animé par Oprah Winfrey à la télévision américaine, Chris Evert révélera après sa retraite sportive le degré d'amitié qui unissait les deux femmes. « *Après une finale, nous allions dans les vestiaires. Soit je pleurais et son bras était autour de moi, soit elle pleurait et mon bras était autour d'elle. Et nous n'avons jamais perdu ce respect et cette attention.* »
Leur rivalité ne dépasse pas le cadre du terrain sportif. Les deux championnes s'unissent et profitent de leur notoriété pour faire entendre leur voix dans des combats plus grands qu'un match de tennis. Elles luttent ensemble pour l'émancipation des femmes, pour le mouvement de défense des droits des homosexuels et pour la parité hommes-femmes.
En 1988, pour leur soixante-dix-huitième opposition en simple, les deux championnes se retrouvent en demi-finale du tournoi de Wimbledon. Martina Navratilova remporte largement le premier set 6/1. Le match semble alors promis assez facilement à la meilleure joueuse sur gazon de l'histoire du tennis. Mais dans le deuxième set, Chris Evert bataille pour l'emporter 6/4. Lors de la dernière manche, Evert s'estime victime d'une erreur d'arbitrage. Une fin de rencontre houleuse remportée 7/5 par Navratilova qui valide sa qualification pour une neuvième finale de Wimbledon. Evert aurait tant apprécié retrouver l'Allemande Steffi Graf en finale et tenter de remporter un quatrième titre à Londres. Chris Evert a aussi perdu sept finales à Wimbledon. Vexée, elle refuse dans un premier temps la décision de l'arbitre, puis se dirige lentement vers le filet pour saluer très mollement sa grande rivale. Une poignée de main froide avant de jeter sa raquette par dépit. Un geste qui traduit la rage d'une légende du tennis. La championne américaine ne remportera plus jamais de match en simple face à Martina Navratilova. À Filderstadt, puis à Chicago en 1988, les deux joueuses bouclent leur rivalité légendaire par deux victoires en faveur de Navratilova en deux petits sets à chaque fois. La fin d'une grande rivalité qui laissera un vide abyssal sur le circuit mondial du tennis.

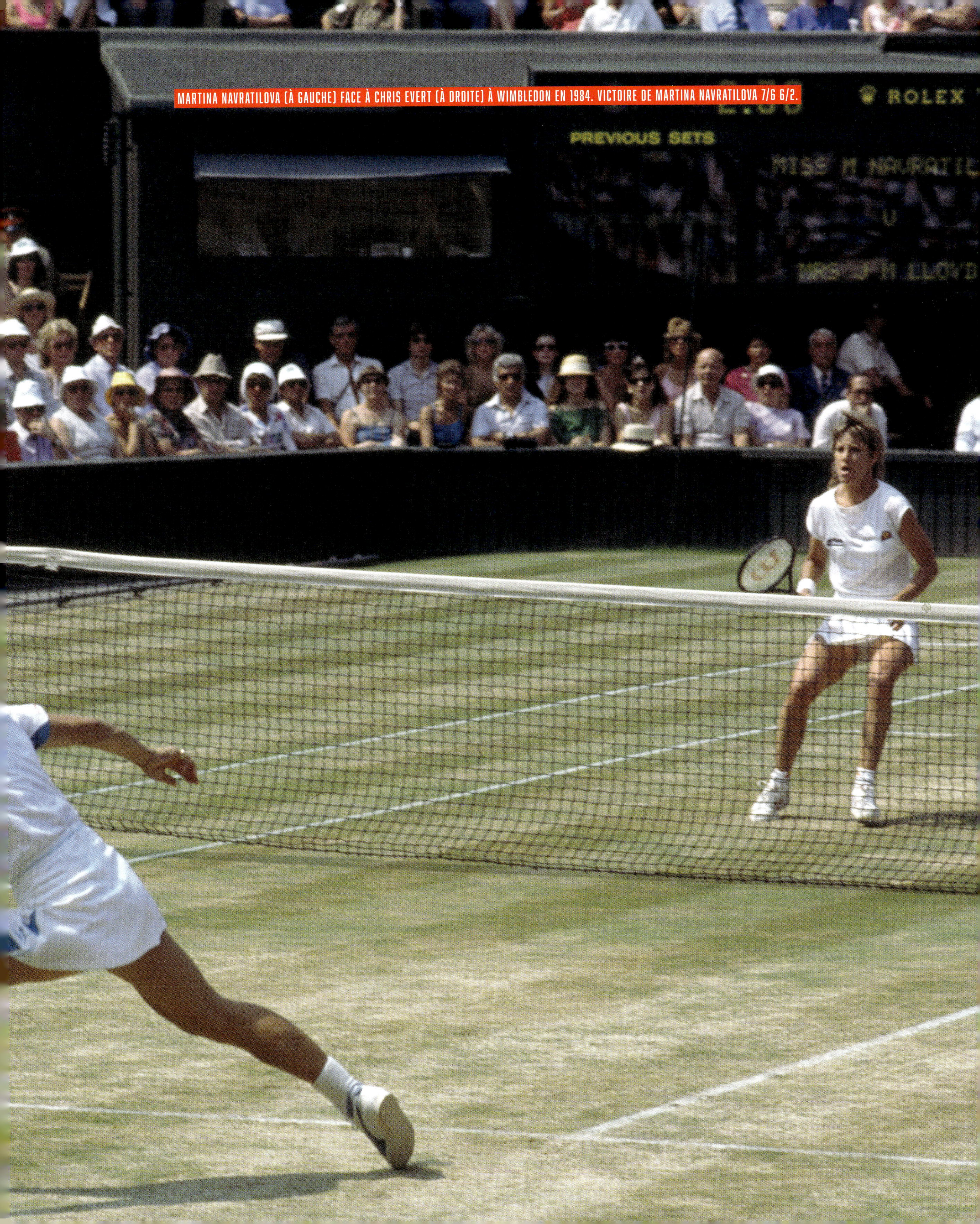

MARTINA NAVRATILOVA (À GAUCHE) FACE À CHRIS EVERT (À DROITE) À WIMBLEDON EN 1984. VICTOIRE DE MARTINA NAVRATILOVA 7/6 6/2.

Marie-Amélie Le Fur *versus* Marlou Van Rhijn

Longtemps, l'or olympique s'est refusé à Marie-Amélie Le Fur. La sprinteuse a très patiemment attendu la victoire lors de jeux paralympiques. Après plusieurs échecs, la Française, originaire de Vendôme dans le Loir-et-Cher, voit apparaître au plus haut niveau, et avec inquiétude, une concurrente néerlandaise, Marlou van Rhijn. Les deux championnes vont devenir les icônes de l'athlétisme handisport après la tragique fin du Sud-Africain Oscar Pistorius, incarcéré pour le meurtre de sa compagne. Le monde du handisport peut être fier de ses championnes et de ses champions. Et la France a la chance de grandir aux côtés de Marie-Amélie Le Fur.

Née en 1988, Marie-Amélie Le Fur pratique l'athlétisme dès l'âge de six ans et envisage de devenir pompier volontaire. Elle remporte plusieurs titres départementaux et régionaux en 2003 et détient même le quatrième meilleur temps français sur 1 000 m. Marie-Amélie brille aussi lors des compétitions nationales organisées par les pompiers. Elle devient championne de France du 100 m, toujours en 2003. Mais le 31 mars 2004, un accident de scooter la prive d'une partie de ses rêves. Le verdict des chirurgiens est sans appel : la jeune femme doit être amputée d'une jambe, sous le genou. Animée par une volonté hors du commun, Marie-Amélie Le Fur reprend l'athlétisme le 31 juillet 2004, soit quatre mois seulement après son accident. À l'issue une rééducation effectuée en grande partie en piscine, elle retrouve le chemin de l'entraînement. Une première lame lui est offerte lors du tournage d'un téléfilm. Puis en 2005, la jeune française participe à ses premières courses en handisport, sa nouvelle carrière sportive est lancée. Elle va la porter tout en haut de l'Olympe. Dès janvier 2005, Marie-Amélie remporte ses premières courses au niveau national et devient championne de France sur 200 m, mais aussi au niveau international, en s'adjugeant le titre mondial chez les jeunes sur 100 m et en saut en longueur. Son palmarès ne va pas cesser de s'étoffer avec trois médailles d'argent lors des championnats du monde de Assen en 2006, puis deux médailles d'argent lors des Jeux Paralympiques de Pékin en 2008. En 2011, Le Fur remporte ses premiers titres mondiaux chez les seniors sur 100 m et à la longueur. Elle ne le sait pas encore, mais sa future grande rivale néerlandaise a mis fin à sa carrière sportive en natation depuis plusieurs mois afin de se consacrer pleinement à l'athlétisme.

Marlou van Rhijn est née en 1991 avec une difformité des parties inférieures de ses deux jambes. À cinq ans, puis à douze ans, la Néerlandaise subit des amputations sous les genoux. Elle décide, en mai 2010, de se reconvertir dans l'athlétisme. Dès sa première compétition internationale, elle remporte les titres sur 100 et sur 200 m à Christchurch en Nouvelle-Zélande dans la catégorie T43, c'est-à-dire amputée des deux membres sous les genoux. Lors de ces championnats du monde, van Rhijn croise Marie-Amélie Le Fur sur la piste sans l'affronter directement. La Française concourt en catégorie T44, amputée des membres

MARIE-AMÉLIE LE FUR (À GAUCHE) ET MARLOU VAN RHIJN EN 2014 À SWANSEA À L'ISSUE DE LA FINALE DU 100 M.

inférieurs. Elle remporte également le titre mondial sur 100 et 200 m dans sa catégorie. En 2012, lors des Jeux Paralympiques de Londres, la rivalité entre la Française et la Néerlandaise éclate au grand jour et en Mondovision. Alignées toutes les deux dans les mêmes courses parce qu'il n'existe pas assez de concurrentes en T43, van Rhijn et Le Fur s'affrontent sur 100 m. La Française voit cette rivalité comme une grande chance car c'est avant tout une source de motivation. L'émulation avec sa rivale est désormais au centre de sa préparation et de son entraînement. Marie-Amélie reconnaît qu'une rivalité sportive doit d'abord être appréciée plutôt que redoutée. « *La rivalité avec une autre athlète comme Marlou van Rhijn est une chance car elle est saine et constructive. Elle s'appuie sur de belles valeurs. Elle crée de l'incertitude car je ne suis pas certaine de gagner la course sur laquelle je m'aligne. C'est très positif pour ma carrière sportive. Même si, lorsque je l'ai vue apparaître sur les rankings mondiaux, j'ai compris que je ne pourrais peut-être pas rivaliser. J'ai été contrainte de m'adapter. Nous produisons du spectacle ensemble.* »

Après huit années d'une magnifique carrière au plus haut niveau, Marie-Amélie Le Fur remporte son premier titre paralympique sur 100 m. Une première médaille d'or en forme de graal pour la Française. Sur 200 m, elle subit la loi de la Néerlandaise qui prend sa revanche et remporte le titre paralympique devant la Française, médaillée d'argent. Marie-Amélie Le Fur repart de Londres avec une troisième médaille, cette fois en bronze, remportée à la longueur.

En 2013, la rivalité entre les deux championnes tourne à l'avantage de van Rhijn. Lors des championnats du monde de Lyon, Marie-Amélie Le Fur est battue par la Néerlandaise sur 100 et 200 m. Elle remporte également l'argent à la longueur. Le Fur décide alors de tenter sa chance sur 400 m. Une solution risquée pour la championne française car les doubles amputées sont avantagées sur le tour de piste. Une décision qui l'éloigne de Marlou van Rhijn, mais une distance adaptée aux qualités de la Française. Le Fur remporte ainsi le titre sur 400 m lors des championnats d'Europe en 2014 à Swansea, au Pays de Galles, et l'argent à la longueur. Lors du 400 m, la Française prend le meilleur sur la Néerlandaise. Van Rhijn remporte le bronze sur le tour de piste puis elle gagne le titre européen sur 100 et 200 m. À l'issue de cette saison 2014, Marie-Amélie Le Fur prend un peu de distance avec la piste. Les Jeux Paralympiques de Rio en 2016 sont encore loin pour la championne française. Après quelques mois d'éloignement des pistes, elle reçoit une étonnant message. « *J'ai reçu un message de Marlou van Rhijn pour prendre de mes nouvelles. Ma rivale néerlandaise, avec laquelle j'entretiens de bonnes relations, me demande de revenir à la compétition car elle s'ennuie sans moi. Nos relations sont très respectueuses sans que nous soyons des amies. J'entretiens ce type de relations avec l'ensemble de mes adversaires. Nous échangeons beaucoup lorsque nous sommes rassemblées pour une compétition. Et parfois, nous nous envoyons des messages lorsque nous sommes éloignées. Elle me confie que ses victoires sont sans saveur sans sa rivale préférée. Elle avait besoin de me battre pour donner de la saveur à ses performances.* »

Marie-Amélie précipite alors son retour en compétition pour être performante en 2015 lors des championnats du monde de Doha au Qatar. La rivalité entre les deux femmes reprend ses droits. Van Rhijn l'emporte sur 100 et 200 m devant Le Fur. La Française remporte la longueur et le 400 m. Les deux athlètes se partagent les titres au sommet de la hiérarchie mondiale. C'est encore le cas une année plus tard lors des Jeux Paralympiques de Rio en 2016. Marie-Amélie Le Fur gagne la médaille d'or sur 400 m et à la longueur. Cette formidable championne repart de Rio avec le bronze sur 200 m et laisse les médailles d'or à la Néerlandaise sur 100 et 200 m.

En 2017, Marlou van Rhijn remporte l'or mondial sur 100 et 200 m. Seule et sans rivale, car Marie-Amélie Le Fur a décidé de quitter la piste après les Jeux olympiques de Rio, à l'issue d'une formidable carrière sportive.

Marie-Amélie Le Fur profite de sa notoriété pour être une porte-parole des questions de handicap. Parallèlement à sa carrière de sportive, elle travaille chez EDF comme chargée de communication. Elle met également son expérience au service des entreprises et des écoles. Elle y intervient régulièrement pour partager son histoire et sensibiliser les différentes générations à propos du handicap. Cette championne n'a pas abandonné définitivement les pistes car Marie-Amélie a décidé de reprendre le chemin de la compétition en vue des Jeux Paralympiques de Tokyo en 2020. Elle vise un podium à la longueur. Nul doute que du côté des Pays-Bas, une autre championne se réjouit déjà de retrouver sa plus grande rivale.

MARIE-AMÉLIE LE FUR CHAMPIONNE PARALYMPIQUE EN 2016 À RIO SUR 400 M ET EN SAUT EN LONGUEUR.

Mohamed Ali versus Joe Frazier et George Foreman

Et si finalement le seul vrai « combat du siècle » de l'histoire de la boxe avait été le premier combat organisé entre Joe Frazier et Mohamed Ali, le 8 mars 1971, au Madison Square Garden de New York ?

Professionnel depuis 1965, Joe Frazier n'est pas un inconnu lorsqu'il accepte de défier Mohamed Ali. Champion olympique en 1964 lors des Jeux de Tokyo dans la catégorie des lourds, « Smoking Joe » entame une phénoménale carrière professionnelle en exécutant presque tous ses adversaires avant la limite. Assez petit pour un poids lourd, Frazier est un frappeur doté d'un crochet du gauche exceptionnel. Le 16 février 1970, à New York, il remporte le titre officiel de champion du monde en battant par K.-O. un autre boxeur américain, Jimmy Elis. Ce vingt-cinquième combat victorieux consacre partiellement Joe Frazier comme le plus grand poids lourd de sa génération. Il ne le sera complètement que lorsqu'il aura battu sur un ring un certain Ali.

Car l'ombre de Mohamed Ali plane sur la catégorie des lourds depuis 1967. Celui qui n'était encore que Cassius Clay avant sa conversion à l'islam, était le champion du monde incontesté avant d'être suspendu, cette année-là, pour avoir refusé de servir dans l'armée des États-Unis lors de la Guerre du Vietnam. Champion olympique en 1960, puis vainqueur de Sony Liston par K.-O. au septième round le 25 février 1964 pour la ceinture mondiale, Ali domine la catégorie des lourds jusqu'au 28 avril 1967, date de sa destitution. Le 26 octobre 1970, il peut reprendre sa carrière sportive face à Jerry Quarry après plus de trois ans d'attente. « *Je vais débarrasser les lourds de toute cette racaille* » affirme Ali, lorsqu'il s'apprête à reprendre le chemin des rings.

Une victoire lors de ce combat de reprise face à Quarry, puis face à l'Argentin Oscar Bonavena, lui permettent de prétendre à une nouvelle chance mondiale. Le 8 mars 1971, il affronte Joe Frazier dans un Madison Square Garden tout neuf. Avec l'accord des Black Muslims qui prélèvent 30% des bourses de leur frère musulman, l'ex-Cassius Clay repart au combat pour une ceinture planétaire. Celle qu'il considère comme sa ceinture. C'est le grand retour au sommet de Mohamed Ali, invaincu en trente-et-un combats professionnels pour vingt-quatre victoires par K.-O. Il doit affronter un Joe Frazier, invaincu en vingt-six combats dont vingt-trois victoires par K.-O., un combat rude et accroché entre deux très grands champions s'annonce. La vélocité et la précision de Mohamed Ali s'opposent aux coups lourds et à la résistance de Joe Frazier. Visiblement fatigué après six rounds, Ali est moins flamboyant et dominateur que par le passé. Il choisit de laisser Frazier s'user pour mieux le contrer et l'attaquer dans les dernières reprises. Mais les crochets

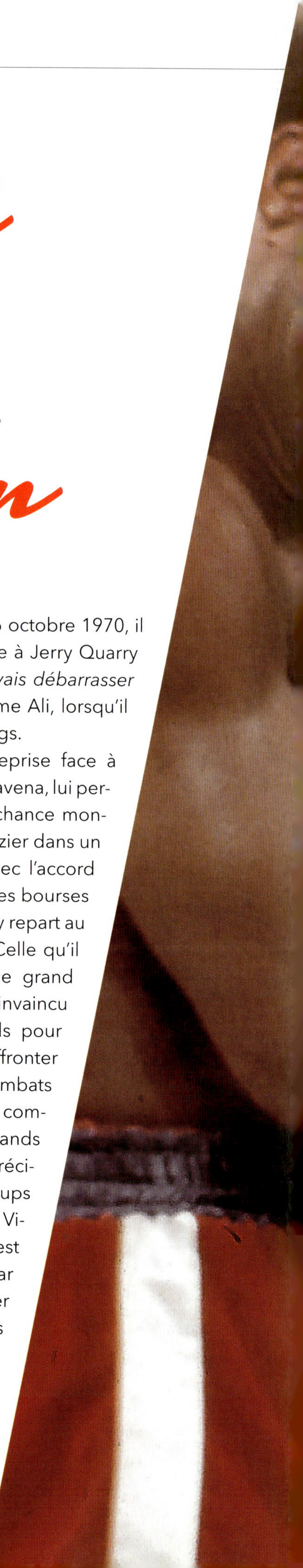

MOHAMED ALI (À DROITE) FACE À GEORGE FOREMAN (À GAUCHE) EN 1974 LORS DU COMBAT DU SIÈCLE DE KINSHASA.

de son adversaire ne faiblissent pas et font mal à Mohamed Ali. Dans la quinzième reprise, Ali est envoyé au tapis à la suite d'un crochet du gauche de son adversaire. Il se relève et attend le comptage de l'arbitre. Le combat se poursuit ensuite jusqu'à son terme. À l'issue de quinze rounds, Joe Frazier est déclaré vainqueur aux points et conserve son titre de champion du monde. Ali subit sa première défaite professionnelle. Un combat rude qui envoie Joe Frazier à l'hôpital pour une convalescence de douze jours.

Après deux défenses de titre victorieuses, Joe Frazier rencontre George Foreman le 22 janvier 1973 à Kingston en Jamaïque. Deux boxeurs invaincus qui vont offrir un combat rugueux et déséquilibré. Un combat d'une durée de quatre minutes et trente-cinq secondes. Foreman impose sa supériorité en envoyant son adversaire au tapis à trois reprises dès le premier round. À chaque fois, Frazier se relève, puis est compté par l'arbitre. Le champion du monde en titre subit la foudre de son challenger mais repart à chaque fois au combat lors de ce premier round. Sa détresse est visible. Sauvé par le gong, Frazier reprend le combat lors du deuxième round mais subit le même sort. Il est arrêté par l'arbitre à la suite de trois nouveaux knock-down. Foreman devient champion du monde des poids lourds dès sa première chance mondiale à l'occasion d'un combat très vite surnommé « le massacre de Joe Frazier ».

L'Américain défend son titre à deux reprises avant d'accepter de rencontrer Mohamed Ali, le 30 octobre 1974, à Kinshasa en Centre-Afrique. Depuis sa défaite face à Frazier, Ali a disputé quatorze combats en trois ans et trois mois. Il a concédé une nouvelle défaite aux points face à Ken Norton avant de prendre sa revanche face à ce très bon boxeur invaincu et issu des Marines, six mois plus tard. Lors de sa défaite face à Norton, Ali est blessé à la mâchoire dès le premier round mais parvient à atteindre la fin du combat.

À la suite de la revanche gagnée face à Norton, Ali rencontre Frazier le 28 janvier 1974, sans titre en jeu, pour une autre revanche. Il reproche à son ami d'avoir perdu la ceinture mondiale face à Foreman en Jamaïque « pour des haricots ». Ali obtient réparation face à Frazier et gagne ce combat aux points.

Mohamed Ali souhaite reconquérir une ceinture mondiale. Il doit donc affronter celui qui la détient : George Foreman. Un championnat du monde est signé par les deux champions américains. Organisé par Don King qui deviendra le plus grand promoteur de boxe de la planète, ce combat est immortalisé dans un film documentaire intitulé « *When We Were Kings* » et diffusé en 1996 au cinéma. Don King est passionné par Mohamed Ali depuis son premier combat face à Frazier. Depuis le pénitencier dans lequel il purge une peine de prison pour meurtre, King assiste devant sa télévision au combat qui va bouleverser sa vie. Il décide alors de se lancer dans la boxe. Il parvient à convaincre Ali de le suivre dans cette aventure avec des mots simples « Je veux juste te rendre ce que tu m'as offert sans le savoir. Avec les intérêts. » Mais aussi avec des arguments solides. Don King promet au champion la plus grande bourse de l'histoire de la boxe : cinq millions et demi de dollars. Il souhaite organiser ce combat en Afrique. « *Deux Noirs pour le titre mondial, au pays d'origine. On retourne chez nos ancêtres. Le plus grand truc depuis que l'homme a marché sur la lune.* » Le combat est d'abord programmé le 25 septembre 1974. Il sera reporté de plus d'un mois car Foreman se blesse à l'arcade sourcilière lors d'un entraînement. George Foreman est toujours invaincu mais le champion du monde en titre semble être tombé dans un « traquenard » en acceptant de disputer ce combat. Ali est un héros au Zaïre (devenu la République Démocratique du Congo) et ses apparitions en public sont accompagnées de « Ali, Boma ye ! » *(« Ali, tue-le ! »)* crié par la foule. Lorsque l'arbitre rassemble les deux champions au centre du ring avant le premier round, le 30 octobre 1974, Ali lance à Foreman : « *Tu as entendu parler de moi dès ton enfance. Tu as suivi ma carrière depuis que tu es un petit garçon. Maintenant, tu dois me rencontrer, moi ton maître !* » D'autres témoins racontent une scène moins policée où Ali aurait invectivé son adversaire avec des mots moins poétiques : « *Patate ! Je vais te bourrer le c… ! Te foutre une raclée devant tous ces Africains, devant le monde entier, pauvre con !* » Ali déteste Foreman depuis que ce dernier a brandi un drapeau américain sur le podium des Jeux olympiques de Mexico en 1968 en réponse patriotique aux poings gantés de Tommie Smith et

« TU AS ENTENDU PARLER DE MOI DÈS TON ENFANCE. TU AS SUIVI MA CARRIÈRE DEPUIS QUE TU ES UN PETIT GARÇON. MAINTENANT, TU DOIS ME RENCONTRER, MOI TON MAÎTRE ! »

de John Carlos sur le podium du 400 m en protestation à la pauvreté de la communauté noire aux États-Unis. Ali reproche à Foreman sa soumission au système de discrimination raciale aux États-Unis et le manque de solidarité avec la cause des Noirs américains. Dès le premier coup de gong, Ali avance sur Foreman et décroche un rapide direct du gauche en continuant à l'insulter et à le narguer. Foreman réplique et accepte la bagarre. Ce combat de titans voit Ali changer de tactique de manière surprenante, à l'issue du premier round. Malmené par George Foreman, il décide d'attendre son adversaire dans les cordes et ne tourne plus autour de lui. Le challenger comprend très vite la tactique de son adversaire : le champion en titre souhaite couper la route de son rival sans le suivre dans sa danse. George Foreman ne veut pas s'épuiser à suivre Ali dans ses mouvements et lui donner des coups qui n'atteindraient pas leur cible. Le champion du monde en titre bloque son challenger pour le fixer dans un angle du ring sans dépenser d'énergie. Ali décide alors de s'adapter. Moins mobile car fatigué, il attend les coups de Foreman pour les contrer. Il confiera plusieurs années plus tard : « *C'est à ce moment-là que j'ai compris comment des types aussi forts que Frazier et Norton s'étaient fait écrabouiller par Foreman. C'est à ce moment-là que j'ai décidé seul, sans l'avis de mes hommes de coin, de changer de tactique. À trente secondes de la fin du round, Foreman m'a touché d'une gauche à la tête. J'ai vu des lumières clignotantes orange et vertes, des masques bizarres, des chauves-souris qui jouaient de la trompette ! En regardant mon coin, j'ai vu pour la première fois la peur dans les yeux des hommes de mon camp. Moi aussi. J'avais senti l'haleine du monstre. J'ai décidé de jouer un coup de dés : George a vingt-trois victoires de suite par K.-O. Depuis cinq ans, il n'a jamais dépassé le troisième round. Il va m'attaquer comme une bête. Si je tiens quatre rounds, je peux l'avoir.* » Ali est dominé par la puissance de son adversaire qui essaie de le mettre K.-O. Il invite Foreman à frapper sur lui comme pour le narguer, puis riposte en faisant parler son talent. Dans le cinquième round, les deux hommes sont au bord de la rupture mais ne tombent pas. George Foreman s'épuise à frapper Mohamed Ali dans les cordes. La tactique du challenger fonctionne.

Dans la huitième reprise, Foreman subit la foudre. Au lieu de se protéger et d'attendre une belle victoire aux points, le champion du monde reçoit un direct du droit de Mohamed Ali qui entame ses ressources. Il encaisse ensuite une série de coups dont un crochet au menton qui l'envoient au tapis. Foreman ne se relèvera pas. Ali vient de réussir son pari et redevient champion du monde des lourds. Sept ans après sa destitution, Mohamed Ali retrouve les sommets planétaires. Il reconnaîtra plus tard l'importance de ce combat dans l'ensemble de sa carrière : « *C'est le genre de truc qu'on ne fait qu'une fois dans sa vie. On ne descend pas deux fois de tels fleuves d'épuisement. On ne franchit pas deux fois une telle montagne de souffrance.* »

Il défend ensuite sa ceinture mondiale à trois reprises avant de retrouver Joe Frazier le 1er octobre 1975 à Manille aux Philippines. Les deux boxeurs s'invectivent dès la présentation des règles par l'arbitre et leur premier face-à-face de la soirée. Ali semble être mieux préparé qu'à Kinshasa. Il impose son allonge supérieure et provoque des blessures décisives chez son adversaire. L'œil gauche de Frazier se ferme progressivement au fil des rounds. Son œil droit est enflé. Il ne voit plus les coups arriver avec la même réactivité. Joe Frazier abandonne à la fin du quatorzième round sur le conseil de son coach, Eddie Futch. À l'autre bout du ring, Ali s'est évanoui. Aurait-il pu continuer le combat ? Nul ne le sait ! Ali et Frazier ne s'apprécient pas et Frazier sera toujours fier d'affirmer sa part de responsabilité dans la maladie de Parkinson qui affectera Ali durant de très nombreuses années jusqu'à son décès en juin 2016. Ces deux champions ne se recroiseront plus jamais sur un ring. Frazier perdra par K.-O. en juin 2016 face à George Foreman avant de disputer un dernier combat en décembre 1981.

Mohamed Ali défendra victorieusement son titre de champion du monde à plusieurs reprises avant de connaître une triste fin de carrière avec des défaites face à Leonard Spinks, Larry Holmes et Trevor Berbick. Mike Tyson exécutera ces trois boxeurs quelques années plus tard.

George Foreman quitte les rings en 1977 à la suite d'une défaite face à Jimmy Young avant de revenir dix années plus tard. Un retour gagnant, puisque Foreman reconquiert une ceinture mondiale en battant Michael Moorer par K.-O. en novembre 1994, après trente combats et deux défaites. Le 22 novembre 1997, le grand George quitte les rings après une ultime défaite face à Shannon Briggs, vingt-trois ans après l'autre « combat du siècle » de Kinshasa face à Ali.

MOHAMED ALI (À DROITE) FACE À JOE FRAZIER (À GAUCHE) LE 1ER OCTOBRE 1975 À CUBA.

Real Madrid versus FC Barcelone

RIEN NE PEUT ÉGALER, SUR LA PLANÈTE FOOTBALL, UN MATCH ENTRE LE REAL MADRID ET LE FC BARCELONE. EL CLÁSICO ESPAGNOL EST DEVENU, DEPUIS PLUSIEURS DÉCENNIES, UN RENDEZ-VOUS INCONTOURNABLE DANS LE CALENDRIER DU FOOTBALL MONDIAL. UN MATCH SUIVI PAR PLUS DE SIX-CENT-CINQUANTE-MILLIONS DE TÉLÉSPECTATEURS À TRAVERS LE MONDE. BIEN PLUS QUE LE DERBY DE MANCHESTER, OU QU'UN OM-PSG QUI PERD DE SA VALEUR EN DEHORS DE NOS FRONTIÈRES. MÊME SI LES PLUS GRANDS SPÉCIALISTES DU FOOTBALL ESPAGNOL RANGENT PARFOIS CETTE RIVALITÉ DERRIÈRE CELLE QUI OPPOSE LE REAL MADRID À L'ATLETICO MADRID.

Au-delà du contexte sportif, c'est une réalité politique qui est mise en exergue l'espace de quatre-vingt-dix minutes entre Madrid et Barcelone. Cette rencontre constitue un témoignage de la dimension politique du football. Real Madrid contre le FC Barcelone, c'est aussi l'opposition entre l'Espagne et la Catalogne qui se traduit lors de cette rencontre. Une rivalité que les événements politiques ont ravivée en 2017 et 2018 à travers l'élan indépendantiste catalan. Cette forte opposition est révélatrice de solides antagonismes politiques et permet d'accélérer les revendications nationalistes. Sur le plan footballistique, le Real Madrid et le Barça trustent l'essentiel des trophées en Espagne, mais aussi sur la scène internationale en accédant régulièrement au sommet de la prestigieuse Ligue des Champions. Une encyclopédie de plusieurs tomes ne suffirait pas

LE REAL MADRID VAINQUEUR DE LA LIGUE DES CHAMPIONS EN 2018 FACE À LIVERPOOL 3-0.

pour raconter l'histoire de ces deux institutions. Mais il est utile de s'attarder sur ce qui provoque des tensions entre Madrilènes et Barcelonais. Bien entendu, la défaite lors d'un *Clásico* nourrit la rancœur des supporters des deux clubs, la victoire du concurrent dans le championnat d'Espagne de première division provoque la jalousie des *socios* du club déchu. La réussite en Ligue des Champions du rival exacerbe les élans d'amour à l'égard de l'adversaire étranger de leur grand rival espagnol. Vainqueur de trois Ligues des Champions d'affilée, le Real Madrid a pris l'avantage sur son rival catalan avec treize trophées contre cinq pour les Barcelonais. La bataille entre le FC Barcelone et le Real Madrid se situe aussi sur le terrain des transferts. Pour poursuivre leur existence au sommet du football mondial, les deux clubs sont parvenus à construire des centres de formation efficaces qui captent les meilleurs jeunes en les faisant espérer intégrer la prestigieuse équipe première. Le meilleur exemple est le parcours de Lionel Messi, pur produit du club catalan, ou encore celui d'Emilio Butragueño, formé au début des années 1980 au Real Madrid. Mais cela ne suffit pas. Il est essentiel de recruter les meilleurs joueurs du monde pour se maintenir au plus haut niveau mondial. Une stratégie assez simple à suivre, puisque les deux clubs figurent parmi les plus attractifs et les plus riches de la planète. Un pacte existe d'ailleurs entre ces deux clubs de légende. Aucun joueur de ces deux institutions ne doit pouvoir revêtir un jour le maillot du grand rival. En tout cas, les transferts directs entre les deux clubs sont officiellement proscrits. Un accord bien respecté, à quelques rares exceptions. La rivalité entre le FC Barcelone et le Real Madrid peut ainsi s'analyser au regard des « traitres » qui sont passés chez l'ennemi. Le transfert de la légende merengue Alfredo Di Stefano en atteste. L'un des plus grands joueurs de l'histoire du football, Ballon d'or en 1957 et 1959, signe un contrat avec le Barça et dispute trois matchs amicaux avec les blaugranas avant de se retrouver à Madrid. Barcelone domine alors le football espagnol grâce au Hongrois László Kubala. Un duo Kubala-Di Stefano aurait installé durablement le FC Barcelone tout en haut de la hiérarchie ibérique. Mais le club madrilène revendique la propriété du joueur argentin qui aurait signé un contrat avec le Real Madrid avant celui signé avec le FC Barcelone. Cette affaire provoque la démission du président du Barça de l'époque, Enric Martí. Di Stefano fera par la suite les beaux jours du Real Madrid et deviendra président d'honneur du club jusqu'à sa mort en 2014, à l'âge de quatre-vingt-huit ans. Di Stefano n'est pas le premier joueur au cœur d'une polémique entre les deux clubs. Avant lui, le gardien de but Ricardo Zamora avait quitté Barcelone pour Madrid en 1930. Mais aussi l'attaquant Josep Samitier en 1933. D'autres noms sont aujourd'hui associés à la traîtrise sportive entre les deux clubs. Après huit saisons en Catalogne, l'Allemand Bernd Schuster signe directement à Madrid en 1988. Son nom demeurera à jamais associé à la rivalité entre les deux clubs. Tout comme Luis Figo, Michael Laudrup, Ronaldo, Javier Saviola et Albert Celades. Seul le Camerounais Samuel Eto'o accomplit le voyage inverse vers le FC Barcelone. Formé au Real, il ne porte le maillot merengue qu'à sept reprises. Des transferts qui constituent l'histoire de la rivalité sportive entre le FC Barcelone et le Real Madrid. Forcément, l'essence de cette rivalité se situe sur le terrain depuis le tout début du XXe siècle. La première rencontre entre les deux clubs est organisée le 13 mai 1902. Un match entre le tout nouveau FC Madrid et Barcelone en demi-finale de la *Copa de la Coronación* (la Coupe du Couronnement qui deviendra ensuite la Coupe du Roi), un tournoi joué à Madrid devant quelques centaines de spectateurs. Barcelone

VAINQUEUR DE TROIS LIGUES DES CHAMPIONS D'AFFILÉE, LE REAL MADRID A PRIS L'AVANTAGE SUR SON RIVAL CATALAN AVEC TREIZE TROPHÉES CONTRE CINQ POUR LES BARCELONAIS.

s'impose sur le score de 3 buts à 1, grâce notamment à un but signé Hans Gamper, le fondateur du club en 1899. À noter que le premier buteur d'un *Clásico* est un Allemand dénommé Udo Steinberg Werle. Il ouvre le score pour le Barça. L'histoire du Real Madrid soulève un paradoxe dont les fans du club se seraient bien passés. Le club de la capitale est créé par deux Catalans. Deux frères dénommés Juan et Carlos Padrós. Juan est devenu le premier président du club blanc avant le changement d'appellation royale. Quelques événements entre le Real et le Barça peuvent être mis en lumière de manière non exhaustive. Les deux clubs ne se rencontrent plus pendant près de quatre années. En 1906, un match amical permet aux Catalans de s'imposer une nouvelle fois face aux Madrilènes sur la marque de 5 buts à 2. La rivalité entre les deux clubs est encore embryonnaire. Elle est à la hauteur du faible impact du football lors de la première partie du XXe siècle. Mais certaines rencontres commencent à déchaîner les passions. Comme ce match d'appui en demi-finale de Coupe du Roi organisé en 1916. Madrilènes et Barcelonais se neutralisent sur le score très offensif de 6 à 6. La belle est le théâtre du premier scandale entre les deux clubs. Mené de deux buts et estimant que l'arbitrage favorise le Real Madrid, l'entraîneur de Barcelone impose à ses joueurs de quitter la pelouse un quart d'heure avant la fin du match. Le FC Madrid s'impose alors sur le score de 4 à 2.

En 1920, le FC Madrid devient le Real Madrid (Real pour Royal) sous l'impulsion du roi Alphonse XIII d'Espagne. Il peut ainsi incarner la grandeur du centralisme espagnol.

En 1920, le FC Madrid devient le Real Madrid (Real pour Royal) sous l'impulsion du roi Alphonse XIII d'Espagne. Il peut ainsi incarner la grandeur du centralisme espagnol. Lors de la première saison officielle du championnat d'Espagne, en 1928-1929, les Madrilènes l'emportent 2 buts à 1 à Barcelone. Les Catalans se vengent quelques mois plus tard à Madrid au match retour en l'emportant sur la marque de 1 à 0. Dans les années 1930, au moment où éclate la guerre civile espagnole, le Barça agit en réaction au centralisme du Real. Il est clairement identifié au nationalisme catalan et antifranquiste. Joan Gamper décide d'ouvrir les salles du stade aux réunions des nationalistes catalans. La rivalité entre les deux clubs prend une autre dimension à l'issue de la guerre civile qui ensanglante l'Espagne entre 1936 et 1939.

L'histoire du FC Barcelone tourne au drame le 6 août 1936 lorsque Josep Suñol, alors président du Barça et homme politique catalan, est fusillé par les troupes du Général Franco. Le Barça avait alors été défini par un journaliste comme « l'armée démilitarisée de Catalogne ».

Contrairement aux régimes fascistes et nazis, le franquisme n'apprécie pas beaucoup les grands rassemblements sociaux. L'Espagne sort divisée de la guerre civile en 1939 et le football est essentiellement un moyen de propagande utilisé par la République qui organise des tournées internationales. Enfin, le terrain du Barça avait été, dans le passé, un lieu de manifestations « catalanistes » contre l'administration centrale. Le club avait d'ailleurs été suspendu six mois car l'hymne espagnol avait été sifflé par les Catalans lors d'un match. La victoire de Franco tente d'écraser l'identité catalane. Le pouvoir franquiste utilise ensuite le Real Madrid comme outil de communication. Le club devient un emblème. La rivalité entre les deux clubs prend alors de l'ampleur lors de la période de dictature sous Franco. Les enjeux deviennent politiques. Les séquelles de la guerre civile sont omniprésentes. Le Barça est alors considéré comme l'armée symbolique de la Catalogne sans armes.

Le 13 juin 1943, le Real Madrid écrase Barcelone sur le score de 11 à 1 en demi-finale de Coupe du Roi, alors appelée Coupe du Généralissime. Ce match est un « guet-apens » pour les Barcelonais : but valable refusé par l'arbitre, hors-jeu à chaque fois que les Catalans dépassent la ligne médiane, expulsion d'un défenseur catalan sans raison apparente, puis blessure d'un autre défenseur. À l'issue de la mi-temps, les Catalans refusent de revenir sur le terrain. Menacés par la police d'être incarcérés s'ils ne retournent pas sur la pelouse, les joueurs barcelonais reprennent le match et subissent une humiliation orchestrée par le pouvoir central de Madrid.

Dans les années 1940, le régime impose des dirigeants dans les différents clubs afin de garantir leur épuration politique et leur soumission au pouvoir. Le football, et le sport en général, ont longtemps été placés sous la tutelle des militaires. Le patron du Real parvient à construire un stade de soixante-dix mille places en 1947, en pleine période de restriction. Il est inauguré par le Général Franco. Le stade Chamartin devient le stade Santiago Bernabéu en 1955, du vivant du président madrilène.

Dès le milieu des années 1950 jusqu'au début des années 1960, plusieurs facteurs atténuent l'importance du régime franquiste sur le football. Tout d'abord, le football a conservé intacte sa popularité. Ce sport joue alors le rôle de remède social auprès de la population appauvrie. À cette époque, le football traduit l'émancipation des loisirs, et les grands stades symbolisent la vitalité d'une société urbaine. De plus, le football permet à l'Espagne de se rapprocher de l'Europe occidentale, alors que les liens du pays avec les régimes nazis et fascistes l'en avaient éloignée. L'Espagne est réadmise à l'ONU en 1955. L'organisation d'une coupe européenne de football cette année-là représente une opportunité unique pour confirmer les meilleures relations de l'Espagne avec le bloc occidental. Avec des joueurs comme Alfredo Di Stefano ou Ferenc Puskas, le Real devient le meilleur ambassadeur du pays. En remportant les cinq premières coupes d'Europe, le club affirme une réputation de vainqueur qui satisfait le régime en place. Le 24 septembre 1950, le Barça prend sa revanche sur le Real Madrid et remporte sa victoire la plus large sur la marque de 6 buts à 2. En 1956, le Real Madrid remporte la première coupe d'Europe de l'histoire face au Stade de Reims. Les Madrilènes vont longtemps dominer leurs rivaux barcelonais sur le terrain européen en gagnant de nombreux trophées continentaux et les cinq premières coupes d'Europe des clubs champions entre 1956 et 1960. Le FC Barcelone de Johan Cruyff attendra la saison 1991-1992 pour gagner pour la première fois cette prestigieuse coupe d'Europe en l'emportant 1 à 0 face à la Sampdoria de Gênes.

Les Catalans connaissent la période la plus sombre de leur histoire durant les années 1960. Entre 1960 et 1974, le FC Barcelone ne remporte aucun titre de champion d'Espagne et laisse le Real Madrid dominer le football espagnol. C'est l'arrivée d'un certain Johan Cruyff qui va redonner vie au FC Barcelone. Le 17 février 1974, Barcelone remporte le *Clásico* avec un score de 5 à 0 sur le terrain du Real Madrid, grâce au « Néerlandais volant ».

LES CATALANS CONNAISSENT LA PÉRIODE LA PLUS SOMBRE DE LEUR HISTOIRE DURANT LES ANNÉES 1960. ENTRE 1960 ET 1974, LE FC BARCELONE NE REMPORTE AUCUN TITRE DE CHAMPION D'ESPAGNE ET LAISSE LE REAL MADRID DOMINER LE FOOTBALL ESPAGNOL.

Les *Clásicos* sont parfois tellement chauds que même les arbitres n'en sortent pas indemnes ! Lors de la finale de la Supercoupe d'Espagne en 1990, le Madrilène Miguel Chendo effectue une grosse faute sur le Bulgare Hristo Stoichkov, juste devant le banc catalan. Johan Cruyff est pris d'une colère noire, puis fait irruption sur la pelouse pour exprimer sa consternation. Il écope d'un carton jaune. Stoichkov, qui proteste alors auprès de l'arbitre, reçoit un carton jaune, puis est expulsé pour contestations répétées. Le Bulgare piétine alors le pied de l'arbitre central, et sera ensuite suspendu durant deux mois. Le Real s'impose ce soir-là 1 à 0 au Camp Nou grâce à un but sublime de Michel. À la fin du match, le Madrilène Hugo Sanchez fera un geste obscène devant les supporters catalans. Des faits qui alimentent la légende de la rivalité qui oppose les deux clubs. Le 21 octobre 2000, le Portugais Luis Figo, transféré pendant l'été du Barça au Real Madrid, est accueilli comme un traître par le Camp Nou. Sifflé, hué, le premier des « Galactiques » est même dans l'impossibilité de tirer un corner, évitant une pluie d'objets venant des tribunes, dont une tête de cochon de lait ! Le match est interrompu pendant plusieurs minutes par l'arbitre avant de reprendre. Le score est presque anecdotique : victoire 2 à 0 du Barça. En mars 2014, le *Clásico* devient fou. Le Barça se présente à Santiago Bernabeu avec l'obligation de gagner pour recoller dans la course au titre en Liga. Après l'ouverture du score d'Iniesta, le match s'emballe : un doublé de Benzema redonne l'avantage au Real. Messi égalise, puis Cristiano Ronaldo remet Madrid devant au score grâce à un penalty transformé. Et finalement, deux penalties de Lionel Messi offrent à Barcelone une victoire acquise dans la douleur 4 buts à 3.

LE CLÁSICO EST SURTOUT LE THÉÂTRE D'UN FOOTBALL TOTAL, PARFOIS VIOLENT MAIS TOUJOURS L'ŒUVRE DE JOUEURS « HORS NORMES » COMME MESSI, CRUYFF, CRISTIANO RONALDO, ZIDANE, INIESTA, KOPA, PUSKAS, MARADONA, RONALDINHO...

La rivalité entre les deux clubs de légende est parfois aussi virulente entre les coaches. Au plus fort de la rivalité entre Pep Guardiola pour Barcelone et José Mourinho pour Madrid, le club de la capitale espagnole enchaîne sept matchs sans victoire contre Barcelone, toutes compétitions confondues, entre avril 2011 et avril 2012. Et finalement, la « Maison Blanche » s'impose 2 buts à 1 en Liga à Barcelone et prend un avantage définitif pour le titre de champion d'Espagne en 2012. En conférence de presse, José Mourinho traite les Barcelonais de « *philosophes* » qui croient que le football « *ne doit se jouer que d'une seule façon* ». Pep Guardiola perd alors son sang-froid en affirmant que Mourinho est un « *p..... de chef* ». Quelques mois auparavant, José Mourinho avait mimé le fait d'avoir senti une mauvaise odeur au passage de Lionel Messi devant son banc.

Cette ambiance délétère s'affranchit des salles de presse pour conquérir le terrain. Elle est communiquée aux joueurs qui la traduisent dans le stade par des actes de violence. Lors du quart de finale aller de la Coupe du Roi, le Madrilène Pepe est dépassé par sa fougue et écrase la main de Lionel Messi : victime d'une première faute, l'Argentin est assis sur la pelouse afin de reprendre ses esprits. Pepe se dirige alors vers l'arbitre, passe devant Messi et essuie ses crampons sur sa main. L'arbitre n'a rien vu alors que l'attaquant argentin se tord de douleur. Pepe présentera ses excuses à Lionel Messi d'une façon peu sincère en affirmant que « *c'était un acte involontaire. Mais si Messi se sent offensé, je lui présente mes excuses.* » Cette affaire fait alors grand bruit en Espagne.

Mais le plus mauvais geste, le coup le plus bas, n'est pas l'apanage du public et n'a pas été commis dans l'enceinte d'un stade. Joaquim Rifé, capitaine du Barça dans les années 1960 (puis entraîneur du club catalan), est arrêté par la police espagnole qui l'aurait surpris en train de tenter de mettre un maillot du Barça sur la statue de la Diocesa de Cibeles, haut lieu du « madridisme ». L'endroit symbolique où le Real célèbre ses titres depuis toujours.

Le *Clásico* est surtout le théâtre d'un football total, parfois violent mais toujours l'œuvre de joueurs « hors normes » comme Messi, Cruyff, Cristiano Ronaldo, Zidane, Iniesta, Kopa, Puskas, Maradona, Ronaldinho... Des joueurs qui ont parfois remporté le célèbre Ballon d'or sous le maillot de l'un de ces illustres clubs. Cette rivalité entre le Real Madrid et le FC Barcelone s'est aussi externalisée dans d'autres sports que le football comme le Basket-ball. Mais à la question : qui est meilleur entre le Real Madrid et le Barça ? La réponse est le *Clásico* !

unicef
ROMA FINALE 2009
FCB
UNITE AGAINST RACISM

LE FC BARCELONE VAINQUEUR DE LA LIGUE DES CHAMPIONS EN 2009 FACE À MANCHESTER UNITED 2-0.

Michael Jordan versus Isiah Thomas

SUR LA PHOTO DE LA DREAM TEAM EN 1992, IL NE MANQUAIT QUE LUI. AUX CÔTÉS DE MICHAEL JORDAN, LARRY BIRD, MAGIC JOHNSON OU ENCORE PATRICK EWING ET CHARLES BARKLEY, L'ABSENCE DE ISIAH THOMAS N'EST PAS PASSÉE INAPERÇUE. LE LEADER DES DETROIT PISTONS A ÉTÉ OUBLIÉ DE LA LISTE DES DOUZE STARS AMÉRICAINES DE LA NBA APPELÉES À DÉFENDRE LES COULEURS DE LA BANNIÈRE ÉTOILÉE LORS DES JEUX OLYMPIQUES DE BARCELONE.

Pour la première fois dans l'histoire des Jeux olympiques, des professionnels de la NBA, le championnat professionnel américain, sont autorisés à disputer le tournoi de basket-ball. Cette équipe de rêve va illuminer le tournoi olympique durant deux semaines en infligeant de lourdes défaites à ses adversaires, tout en assurant le spectacle. La Dream Team demeure dans l'histoire du basket-ball comme la plus belle équipe jamais alignée sur un parquet. Sans Isiah Thomas, l'un des meilleurs meneurs de la NBA, pourtant sélectionné au All Star Game chaque année. Il fallait donc faire un choix entre Michael Jordan, considéré aujourd'hui comme le meilleur joueur de basket-ball de tous les temps, et Isiah Thomas, le meilleur meneur de jeu de la NBA de cette époque. Les deux joueurs ne s'apprécient guère. Et Michael Jordan n'est pas la seule star américaine à refuser la présence du leader des Pistons. D'autres vedettes de la NBA ont refusé de traverser l'Atlantique avec Isiah Thomas. Lors d'un documentaire diffusé aux États-Unis en 2012, Scottie Pippen, le principal lieutenant de Michael Jordan aux Chicago Bulls, révèle son inimitié pour Thomas. « *Je méprisais sa vision du jeu. C'était le mec qui aboyait à ses coéquipiers : "Foutez-les par terre. Faites tout ce qu'il faudra." Non, je n'en voulais pas dans l'équipe.* »

Pour compenser la non-sélection de Thomas, c'est le coach des Detroit Pistons, Chuck Daly, qui est choisi pour diriger cette équipe composée d'étoiles. Une mince consolation pour une franchise qui a disputé trois finales NBA entre 1988 et 1990 et qui a remporté deux titres NBA, avec Isiah Thomas à la baguette. Alors pourquoi cette éviction ? En 1991, les Chicago Bulls de Michael Jordan prennent enfin leur revanche sur les Detroit Pistons emmenés par un certain Isiah Thomas. La rivalité entre les Bulls de Chicago et les Pistons de Detroit déteint sur les relations entre Thomas et Jordan. Michael Jordan subit la loi des Pistons trois saisons de suite en play-off et n'apprécie pas l'esprit de ces adversaires sans élégance. Trois éliminations consécutives en 1988 sur le score de 4 victoires à 1, puis en en 1989, 4 victoires à 2 et enfin 4 victoires à 3 en 1990 lors de la finale de Conférence Est, aux portes de la finale NBA, alimentent la rivalité entre les Bulls et les Pistons. Malheureusement pour Jordan, le vent de la victoire souffle chaque saison en faveur de ses adversaires. En 1991, les Bulls mettent fin à cette mauvaise série et gagnent enfin le droit de disputer une finale NBA. Une confrontation musclée face à leur bête noire qui laisse des traces. Lors des matchs face aux Bulls, les Pistons mettent en place une tactique spéciale pour bloquer Michael Jordan. Une stratégie dénommée « *la Jordan Rule* ». Une tactique à l'image de la réputation des « *Bad Boys* » de Detroit qui étaient détestés par la moitié de la NBA. Cette tactique défensive était basée sur une grande discipline collective

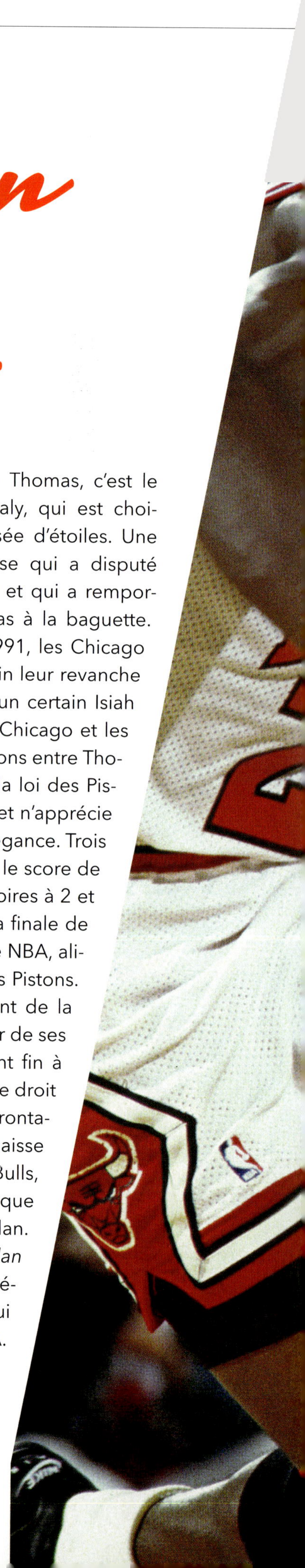

ISIAH THOMAS (À DROITE) FACE À MICHAEL JORDAN (À GAUCHE) EN 1992 LORS DES PLAY-OFF ENTRE LES BULLS DE CHICAGO ET LES PISTONS DE DETROIT.

pour limiter la production en points de Jordan. Le leader des Bulls devait être au contact en permanence avec un joueur des Pistons comme Joe Dumars ou Dennis Rodman. L'objectif était de l'obliger à dépenser un maximum d'énergie pour se démarquer et à transmettre très vite la balle à un partenaire, et l'empêcher de shooter. Une manière souvent rugueuse de bloquer le meilleur joueur de la NBA. Selon Chuck Daly, l'autre règle était de le toucher ou de le retenir un peu à chaque fois qu'il passait à côté d'un joueur des Pistons. Jordan était en permanence sous pression avec des adversaires très physiques qui le gênaient de manière continuelle. En vain. Face aux joueurs des Pistons, les Bulls remportent les deux premiers matchs de la série à domicile. Jordan et ses partenaires poursuivent leur suprématie en remportant le troisième match au Palace sur le parquet des Pistons. Il ne manque qu'une victoire aux Bulls pour gagner le droit de défier les Lakers de Los Angeles de Magic Johnson en finale NBA. Lors du quatrième match de la série, les Bulls écrasent les Pistons 115 à 94 et mettent fin à deux saisons victorieuses en finale NBA pour Thomas et ses partenaires. Une suprématie prend fin. Quelques instants avant la fin du match, Isiah Thomas demande à ses quatre partenaires du cinq majeur des Pistons de quitter le terrain sans saluer leurs adversaires. Une manière de snober les joueurs de Chicago qui se qualifient pour la finale NBA et qui remporteront le titre NBA 4/1 face aux Lakers. Un manque de respect évident de la part des Pistons. La tradition veut que les joueurs se saluent à l'issue des rencontres et à la fin d'une série de matchs. Mauvais perdants, cette sortie sans élégance de ces joueurs des Pistons alimentera l'inimitié entre Thomas et Jordan.

MICHAEL JORDAN S'EST OPPOSÉ À L'INTÉGRATION DE THOMAS AU SEIN DE LA DREAM TEAM. MAIS IL N'ÉTAIT PAS LE SEUL…

Cela n'est plus un secret : Michael Jordan s'est opposé à l'intégration de Thomas au sein de la Dream Team. Mais il n'était pas le seul. L'ancien ami de Thomas, un certain Magic Johnson, s'opposera, lui aussi, à sa sélection au sein de la plus grande équipe jamais alignée de l'histoire du basket-ball. Dans le livre intitulé « *When the Game Was Ours* » dont Magic Johnson est l'auteur avec Larry Bird et le journaliste Jackie MacMullan, l'ancien meneur des Lakers révèle qu'il a aussi joué un rôle majeur dans l'éviction de son ancien ami. Car Thomas s'est mis, selon lui, à l'écart de la Dream Team par sa faute. Peu de joueurs appréciaient les méthodes du génial meneur des Detroit Pistons. En décembre 1991, Thomas avait subi les foudres de Karl Malone, un membre de la Dream Team, après avoir asséné un violent coup de coude à l'ailier des Utah Jazz. Un coup qui avait valu à Malone un petit détour par l'hôpital et quarante points de suture autour d'un œil. Bagarreur sur le terrain et « grande gueule » en dehors, Thomas ne laisse personne indifférent.

Pourtant, Johnson et Thomas ont longtemps été liés par une profonde amitié bien que n'évoluant pas dans la même équipe. Dans les années 1980, Johnson considère Thomas comme un frère. Une amitié qui prend fin lors de la saison 1987-1988. À l'occasion de la finale NBA en 1988, les deux joueurs se souhaitent bonne chance par une bise amicale avant la première rencontre de la série. Durant le match, les contacts entre les deux hommes deviennent rugueux et les échanges quittent le registre de l'amitié. La tension est à son comble. Johnson assène même un coup de coude à Thomas sur une action. Les Lakers de Los Angeles s'imposent en sept rencontres. L'amitié entre les deux hommes s'éclipse pour laisser la place à une brouille qui durera jusqu'en décembre 2017, à l'occasion d'une émission diffusée aux États-Unis. Johnson reprochait à Thomas d'avoir colporté des rumeurs selon lesquelles le meneur des Lakers était gay ou bisexuel. Une rumeur répandue à la suite de l'annonce, par Magic Johnson, de sa séropositivité. En 2017, Isiah Thomas, en larmes, se réconcilie avec Johnson sur un plateau de télévision. Vingt-cinq ans après l'épopée de la Dream Team à Barcelone dont il a été privé par sa faute.

Du côté de Michael Jordan, la rancœur est bien plus tenace. Le leader des Bulls remporte le championnat NBA à six reprises entre 1991 et 1998. En 1995, Jordan accepte dans son équipe un ancien « *Bad Boy* » en la personne de Dennis Rodman. Le meilleur rebondeur de la NBA entre 1996 et 1998 est intégré au sein du cinq majeur des Bulls. Pour valider son intégration au sein de la meilleure équipe de NBA des années 1990, Rodman doit présenter ses excuses à Scottie Pippen dès son arrivée pour le traitement qu'il lui avait infligé lors des matchs de 1991. Thomas n'a jamais présenté ses excuses à Michael Jordan.

MICHAEL JORDAN EN 1993 AVEC LES CHICAGO BULLS.

Konishiki versus Kirishima

C'est l'histoire d'un sumo d'origine américaine qui faisait tout pour grossir. C'est aussi l'histoire d'un autre sumo japonais qui faisait tout pour ne pas grossir. Pour comprendre l'impact de la rivalité qui a réuni les légendes Konishiki Yasokishi et Kirishima Kazuhiro, il est essentiel de se plonger dans l'univers du sumo ainsi que dans la culture ancestrale de ce sport. Une discipline prestigieuse qui a longtemps été réservée aux lutteurs japonais et très rarement aux étrangers. Un cercle très fermé constitué de lutteurs considérés comme des demi-dieux par le public au pays du Soleil levant. Pourtant, un lutteur originaire de l'île de Hawaï aux États-Unis va parvenir à se hisser tout en haut de la hiérarchie des Ōzeki, littéralement en français, la hiérarchie des « Grands Champions ».

Saleva'a Fuauli Atisano'e, dit Sale, n'était pas prédestiné à traverser l'océan Pacifique pour devenir un sumo. Au sein de l'université de Hawaï, cet Américain d'origine Samoane exerce ses talents dans le football américain et la pratique des haltères de manière intensive. Il faut dire que ce jeune Américain est très gros. À l'issue de ses études, il espère tout simplement devenir magistrat et aider ses sept frères et sœurs. Son destin va prendre une toute autre orientation. Recruté sur une plage hawaïenne, le futur Konishiki Yasokishi accepte la proposition d'un autre hawaïen, Jesse Kuhaulua, de partir au Japon et de tenter l'aventure du sumo. Jesse Kuhaulua n'est pas un inconnu. Il est davantage devenu célèbre sous le nom japonais de Takamiyama. Il fut le premier lutteur né à l'étranger à remporter la coupe de l'Empereur en 1972, l'une des plus prestigieuses compétitions de sumo. Lorsqu'il croise le chemin de Sale au début des années 1980, il voit en ce jeune Hawaïen le prolongement de sa formidable carrière. En 1982, Sale part au Japon et devient Konishiki. Un nom illustre porté par le passé par un Yokozuna, c'est-à-dire un des maîtres du sumo. Loin de son île natale, Konishiki s'entraîne durement et progresse très vite dans la hiérarchie du sumo. D'un poids dépassant les deux-cents kilos pour 1,84 mètre, il traverse comme un éclair toutes les divisions hiérarchiques de ce sport. Pourtant, lors de son premier combat, en juillet 1982, il se sent complexé et mal à l'aise devant le public. Il est fébrile à l'idée de se produire peu vêtu devant des inconnus. De plus, il

KONISHIKI (À DROITE) FACE À KIRISHIMA (À GAUCHE) EN 1991 LORS D'UN GRAND TOURNOI.

est gêné par une ceinture qui lui couvre les fesses en public et il a peur de ce que les spectateurs pensent de lui. Face à un lutteur du nom de Kagihara, ses débuts en compétition sont difficiles. Il se sent seul et ne comprend pas encore le Japonais. Il remporte pourtant ce premier combat très facilement.

En novembre 1983, il est déjà Juryo, c'est-à-dire membre de la deuxième division des lutteurs, puis il fait son entrée en Makuuchi en 1984. Le Makuuchi est la première division des sumotoris, l'élite composée des quarante-deux meilleurs lutteurs. Pour changer de catégorie et progresser dans les différentes divisions, il suffit de remporter le maximum de combats et de tournois. Six tournois sont organisés chaque année, d'une durée de quinze jours. Chaque lutteur dispute un combat par jour. Soixante-dix lutteurs professionnels sont répartis en dix grades. Pour progresser, il suffit de remporter plus de victoires que de défaites dans un tournoi. Dans le cas inverse, le lutteur est rétrogradé dans la hiérarchie, même s'il a atteint le rang de Ōzeki, le plus haut rang possible avant le graal : la hiérarchie des Yokozunas. Seuls les Yokozunas ne peuvent être rétrogradés dans une catégorie inférieure. Mais en cas de bilan « victoires-défaites » négatif, ils doivent prendre leur retraite. Konishiki va bientôt croiser le chemin d'un certain Kirishima.

SELON CERTAINS OBSERVATEURS, KONISHIKI NE SERAIT PAS ASSEZ ÉLÉGANT. IL MANQUERAIT DE « RAFFINEMENT ET DE GRÂCE ». SA TRÈS FORTE CORPULENCE NE SERVIRAIT PAS L'IMAGE DES YOKOZUNAS. LA POLÉMIQUE AUTOUR DE CE REFUS DE PROMOTION ET SURTOUT SA DÉCEPTION LE PERTURBENT. « SI J'ÉTAIS JAPONAIS, JE SERAIS DÉJÀ YOKOZUNA. »

De son vrai nom Kazumi Yoshinaga, celui qui devient Kirishima pour la pratique du sumo débute sa carrière en mars 1975. Il ne connaît pas un parcours aussi éclair que son futur grand rival Konishiki. Le Japonais accède à la première division de Makuushi en juillet 1984 après sept années de pratique. Sa silhouette élancée le distingue des autres lutteurs. Son charme et sa « minceur » sont un atout auprès des fans féminines. Il est surnommé le « Alain Delon » du Japon. Sa ligne est aussi son point faible sur le plan sportif. S'il est rapide et mobile, il ne parvient que très difficilement à prendre du poids. Face à des lutteurs spécialistes de la poussée, il éprouve des difficultés à remporter ses oppositions et accumule les défaites pour peu de victoires. Il pense arrêter sa carrière mais son épouse l'en dissuade. Il entame alors un régime alimentaire pour prendre du poids. Des aliments riches en graisses et de la bouillie à base de protéines lui permettent de s'alourdir. À vingt-trois ans, il dépasse enfin les cent kilos pour 1,87 mètre. En quelques mois, il prend onze kilos de muscles. Le 8 mai 1984, Kirishima affronte Konishiki pour la première fois. C'est le point de départ de leur histoire commune. Une rivalité amicale entre deux lutteurs très différents. Konishiki est un adversaire très difficile pour Kirishima car il deviendra, par la suite, le lutteur le plus lourd de tous les temps. Kirishima est impressionné par la masse qu'il doit affronter. Il subit une défaite très rapide lors de cette première opposition. Kirishima doit choisir une autre stratégie s'il veut poursuivre sa carrière en sumo. Il décide de tenter de grossir par un entraînement ciblé. Il se lève chaque jour à trois heures du matin et rajoute un volume important de musculation pour grossir et prendre de la masse musculaire. Il se force aussi à manger jusqu'à en vomir.

Deux ans après son premier combat en public, Konishiki remporte deux combats face à des Yokozunas dans un même tournoi et notamment une victoire de prestige face au plus grand lutteur des cinquante dernières années, un dénommé Chiyonofuji, vainqueur de trente-et-un tournois. Konishiki gagne en huit secondes. Un exploit ! Le 10 mars 1985, Konishiki retrouve Kirishima pour la neuvième fois. Les deux lutteurs sont alors à égalité quatre victoires partout. Konishiki remporte une cinquième victoire et prend l'avantage dans le bilan des face-à-face avec le Japonais. Kirishima est un technicien mais aussi un tacticien. Il progresse et remporte l'essentiel de ses nombreuses victoires en soulevant ses adversaires grâce à une prise à la ceinture. Mais il éprouve encore de grandes difficultés face à des adversaires lourds et face aux Yokozunas. Konishiki profite de sa force et de son poids qui lui offrent la puissance nécessaire à la victoire avec une technique de mains ou avec le corps. Konishiki remporte toujours plus de victoires que de défaites depuis le début de sa carrière et poursuit sa progression de manière fulgurante dans la hiérarchie des lutteurs. Mais il se blesse au genou. Son inactivité le fait encore grossir. Il décide alors de modifier son style pour passer du corps à corps à la poussée. Un sumo d'attaque qui nécessite beaucoup d'explosivité. En 1989, une nouvelle carrière s'offre à Kirishima. Il parvient enfin à dominer les « éléphants » du sumo, ces illustres lutteurs beaucoup plus lourds que lui. Le 6 mars 1990, Kirishima remporte à son tour une prestigieuse victoire face au célèbre Yokozuna Chiyonofuji. Après onze défaites de rang, Kirishima prive ce grand champion d'une millième victoire. Il enchaîne ensuite les victoires et s'offre un succès face à Konishiki. Kirishima s'adapte à son adversaire et décide d'attaquer Konishiki systématiquement de côté car, d'après lui, il lui est impossible de gagner en face-à-face. Il accède enfin au rang d'Ōzeki. Malgré une grave blessure, il revient vite pour se présenter en janvier 1991 avec un poids optimal de cent-trente-deux kilos. Il remporte alors le tournoi avec quatorze victoires pour une seule défaite. Au bout de quinze années d'efforts et quatre-vingt-onze tournois, il remporte son premier Grand Prix. Il est au sommet de sa carrière.

Le 15 novembre 1991, les deux lutteurs se retrouvent en finale d'un Grand Prix. Ils sont parvenus à se hisser tout en haut de la hiérarchie du sumo. Chacun à son rythme et avec ses propres qualités. Une victoire sur Kirishima permet à Konishiki de remporter cette prestigieuse compétition avec treize victoires pour deux défaites. Quelques mois plus tard, les deux rivaux se rencontrent à nouveau en finale d'un illustre tournoi. À deux reprises, Konishiki s'impose face à celui qui est devenu un ami. Entre novembre 1991 et mars 1992, Konishiki remporte trente-huit victoires et ne concède que sept défaites. Le lutteur d'origine hawaïenne est tellement populaire qu'il obtient sa naturalisation japonaise. Malheureusement, il ne parvient pas à accéder au statut de Yokozuna. Peut-être parce qu'il est encore considéré comme un étranger dans l'esprit des décideurs japonais qui sont très conservateurs. Selon certains observateurs, Konishiki ne serait pas assez élégant. Il manquerait de « raffinement et de grâce ». Sa très forte corpulence ne servirait pas l'image des Yokozunas. La polémique autour de ce refus de promotion et surtout sa déception le perturbent. « Si j'étais Japonais, je serais déjà Yokozuna. » Il est contraint de démentir, en larmes, avoir tenu de tels propos. Même si l'ensemble du monde du sumo est persuadé que ses origines étrangères sont un frein à sa promotion.

Les carrières respectives des deux lutteurs vont ensuite connaître le déclin à cause de blessures qui les handicapent. En novembre 1993, Konishiki perd contre un autre lutteur originaire de Hawaï, un certain Akebono. Il est alors rétrogradé après s'être maintenu durant trente-neuf tournois consécutifs disputés en six ans. Puis c'est au tour de Kirishima de vivre une rétrogradation dans la hiérarchie des sumos. Une blessure au coude puis une rupture des ligaments d'une cheville le contraignent à abandonner le tournoi de novembre 1992 lors du huitième combat. Il perd ainsi son statut d'Ōzeki. Alors que dans la tradition, une rétrogradation contraint bien souvent un lutteur à prendre sa retraite sportive, les deux champions décident de poursuivre leur parcours sportif avec l'espoir de relancer leur carrière vers le plus haut niveau. Ils s'affrontent désormais dans des catégories inférieures. En 1996, Kirishima et Konishiki se rencontrent une dernière fois, la quarantième. La victoire de Kirishima permet au lutteur d'égaliser au nombre de victoires : vingt victoires chacun. Une manière de préserver une amitié sincère entre les deux champions.

Kirishima prend sa retraite en 1996 à l'âge de trente-six-ans. Il est aujourd'hui à la tête d'une confrérie de lutteurs. Peut-être raconte-t-il à ses jeunes athlètes, comment il a pu gagner sept-cent-cinquante-quatre victoires en mille-quatre-cent-cinquante combats professionnels. Son plus grand exploit est d'avoir atteint un poids de cent-trente kilos. Il est imité quelques mois plus tard par Konishiki. À trente-quatre ans et après quinze années de carrière, il prend sa retraite sportive, contraint par de nombreuses blessures. Il est aujourd'hui reconverti dans la restauration, la publicité et les affaires. Sur mille-cent-vingt-cinq combats, il a remporté sept-cent-trente-trois victoires. Il pèse deux-cent-quatre-vingt-treize kilos et, pendant les dernières années de sa carrière, il tente de perdre du poids. Pour le public, cette rivalité était une lutte entre David et Goliath. Leurs rencontres étaient considérées comme un match dans le match, un tournoi au cœur même du tournoi. Une opposition qui déchaînait les passions.

KONISHIKI (À DROITE) FACE À KIRISHIMA (À GAUCHE) LORS D'UN GRAND TOURNOI.

James Hunt *versus* Niki Lauda

Nous sommes le 1er août 1976 sur le circuit du Nürburgring. Le départ du Grand Prix de Formule 1 d'Allemagne de l'Ouest est donné sous une pluie battante. Après une large courbe à gauche, la Ferrari 312T2 de Niki Lauda quitte la piste à plus de 240 km/h dans le virage de Bergwerk. Lancée à pleine vitesse, la monoplace de l'Autrichien heurte un talus et un rocher. L'accident se produit dès le deuxième tour de ce Grand Prix. Sa voiture se retrouve en plein milieu de la piste. Une première monoplace pilotée par un autre concurrent l'évite de justesse mais deux autres pilotes le percutent de plein fouet. La Formule 1 de Lauda disparaît au milieu des flammes. Lors de l'accident, l'Autrichien perd son casque. Plusieurs pilotes accourent pour le sauver d'une mort certaine. Il faudra quarante secondes aux pilotes Harald Ertl, Brett Lunger, Guy Edwards, Arturo Merzario et à un commissaire de piste, pour le sortir de sa monoplace.

La Formule 1 est l'un des sports les plus dangereux au monde. En moyenne, un pilote trouve la mort chaque année. Lauda souffre d'une fracture du sternum. Il est surtout gravement brûlé et il a inhalé des gaz nocifs. Ses poumons ont beaucoup souffert de la fumée. Lauda doit attendre près de huit minutes l'arrivée d'une ambulance, puis il est héliporté vers l'hôpital d'Adenau. Son état est jugé critique. Il est ensuite transféré dans le service des grands brûlés de Ludwigshafen, près de Mannheim. Lors de son arrivée à l'hôpital, un prêtre est appelé pour lui prodiguer les derniers sacrements par crainte d'une nouvelle crise qui pourrait causer son étouffement et son décès. Niki Lauda survit à ce tragique accident et revient en compétition six semaines plus tard lors du Grand Prix d'Italie à Monza. Il est défiguré et méconnaissable. L'Autrichien surprend le monde entier par ce retour précipité. Ce n'est pas un champion comme un autre. C'est le champion du monde en titre. Si la rivalité avec le Britannique James Hunt est entrée dans la postérité, force est de reconnaître que les deux hommes ne jouent pas dans la même cour. Lauda est le pilote numéro un au sein de la prestigieuse écurie Ferrari. Lors de la saison 1975, Lauda écrase le championnat du monde des pilotes en inscrivant soixante-quatre

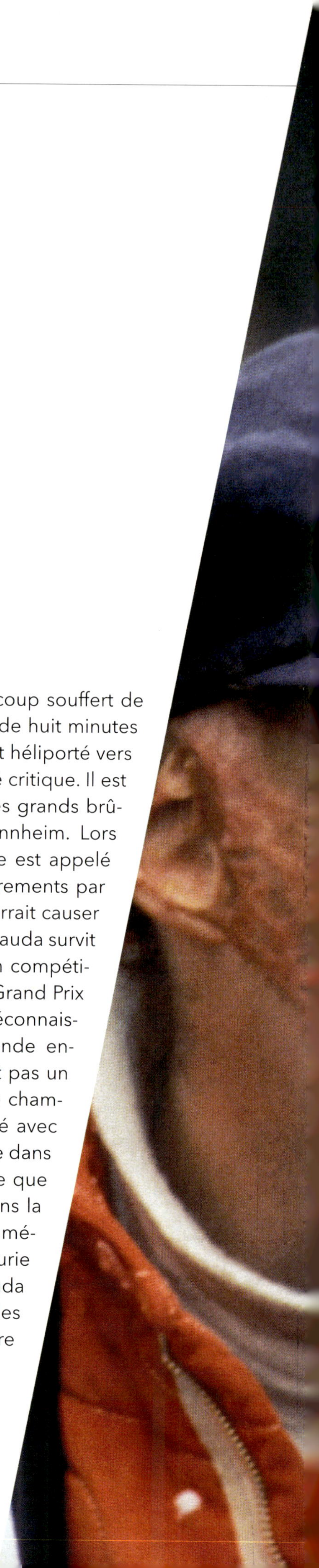

NIKI LAUDA (À GAUCHE) ET JAMES HUNT EN 1977. UNE BELLE AMITIÉ ENTRE DEUX PILOTES RIVAUX.

points et demi au classement. Durant la saison, il remporte cinq victoires, une seconde place et une troisième place en Grand Prix. Loin devant son rival James Hunt. Le Britannique n'accède qu'à la quatrième place du classement général final avec trente-trois points et une seule petite victoire. À Zandvoort, le 22 juin 1975, lors du Grand Prix des Pays-Bas, la lutte acharnée entre Hunt et Lauda dure trente-et-un tours. Le Britannique gagne le premier Grand Prix de sa carrière avec quelques mètres et une seule petite seconde d'avance sur Niki Lauda. Une course formidable qui propulse la rivalité entre les deux hommes sur le devant de la scène médiatique.

Lauda et Hunt vivent une réelle rivalité mais ressentent énormément de respect voire d'amitié l'un pour l'autre. Après une première prise de contact en Formule 3000, Hunt et Lauda se retrouvent en 1973 en Formule 1. Il faut attendre la saison 1976 pour assister à une réelle confrontation sportive entre les deux hommes. Une saison que Hunt a bien failli ne jamais disputer. À la suite de l'arrêt de son écurie Hesketh, James Hunt se retrouve sans volant à quelques semaines du début de la saison. Il parvient à trouver un baquet in extremis chez McLaren, en remplacement d'Emerson Fittipaldi parti rejoindre son frère au sein de sa propre écurie Copersucar-Fittipaldi. En concurrence avec le Belge Jacky Ickx, Hunt réussit à convaincre la direction de l'écurie McLaren de l'embaucher. Le Britannique peut ainsi nourrir de sérieux espoirs de victoires au volant de l'une des meilleures voitures du championnat du monde de Formule 1.

Dès le début de la saison 1976, Niki Lauda domine le championnat avec cinq victoires, deux secondes places et une troisième place en Grand Prix. Huit podiums en neuf courses. À l'issue de sa victoire au Grand Prix de Monaco, l'Autrichien compte quarante-cinq points d'avance sur Hunt. Le titre de champion du monde lui est promis au départ de la dixième course de la saison, en Allemagne de l'Ouest. Le tragique accident de l'Autrichien fait tout basculer. Avant ce grand prix, Lauda compte soixante-et-un points contre vingt-six pour son rival britannique et pour le Français Patrick Depailler. Son principal concurrent pour le titre est le Sud-Africain Jody Scheckter qui compte trente points. Il ne reste que six courses avant la fin de saison. Pendant que Lauda est transporté à l'hôpital, James Hunt gagne une première course et reprend neuf points à son concurrent autrichien. Mais faut-il conserver Lauda au classement général du championnat du monde alors qu'il semble incapable de retrouver le chemin des circuits de Formule 1 ? C'est Niki Lauda qui apporte la réponse en précipitant son retour. Pendant son hospitalisation, l'Autrichien manque les Grand Prix d'Autriche, chez lui, et des Pays-Bas. Avec le Grand Prix d'Allemagne de l'Ouest, théâtre du terrible accident de Lauda, James Hunt inscrit vingt-et-un points en championnat du monde et comble une partie de son retard. Cette progression magistrale du Britannique contraint Lauda à revenir le plus vite possible dans le baquet d'une Formule 1. Lors de son retour en course au Grand Prix d'Italie, quarante-deux jours se sont écoulés depuis son terrible accident. Il ne reste que quatre courses à disputer au calendrier de la saison.

« Dans ma tête, c'était décidé : l'accident était derrière moi, comme oublié. Sans quoi je n'aurais jamais retouché un volant. Le vendredi précédant le départ du Grand Prix d'Italie, je fais des essais à Maranello, le circuit privé Ferrari. Je quitte le stand et me rends compte que je suis incapable de passer la deuxième vitesse. J'ai tout lâché dans mon pantalon… »

Niki Lauda expliquera plus tard les conditions de son retour en compétition. « *Dans ma tête, c'était décidé : l'accident était derrière moi, comme oublié. Sans quoi je n'aurais jamais retouché un volant. Le vendredi précédant le départ du Grand Prix d'Italie, je fais des essais à Maranello, le circuit privé Ferrari. Je quitte le stand et me rends compte que je suis incapable de passer la deuxième vitesse. J'ai tout lâché dans mon pantalon…* » Le lendemain, il est le plus rapide des pilotes Ferrari aux essais. Un exploit pour l'autrichien qui le place en cinquième position sur la grille de départ. Le dimanche, il termine la course à la quatrième place du Grand Prix d'Italie. Il profite de l'abandon de Hunt pour lui reprendre trois points au classement général du championnat du monde. Avec soixante-quatre points au compteur, Lauda en compte dix-sept de plus que le Britannique et peut donc être sacré lors de chacune des trois dernières courses en cas de victoire, ou s'il remporte quelques points pendant que Hunt abandonne ou termine en dehors des six premières places. Le Britannique n'a plus rien à perdre face à l'Autrichien qui est encore très affaibli physiquement. Hunt gagne les Grand Prix du Canada et des États-Unis. Il inscrit dix-huit points pendant que Lauda n'en marque que quatre. Le Britannique peut encore devenir champion du monde. Hunt ne compte plus que trois points de retard sur Lauda. Cette saison de Formule 1 est l'une des plus extraordinaires de l'histoire de ce sport. Imprégnée par la concurrence entre Ferrari et McLaren, elle est truffée de réclamations à l'issue des Grands Prix. Hunt remporte le Grand Prix de Grande-Bretagne avant d'être déclassé, puis reclassé. Tout se joue lors du dernier Grand Prix au Japon. Sous le déluge et dans des conditions dantesques, Hunt prend le meilleur départ. Niki Lauda abandonne la course dès le premier tour car il estime que la piste est trop dangereuse. Enzo Ferrari, le grand patron de la Scuderia, ne lui pardonnera jamais cette décision qu'il juge d'une grande faiblesse. James Hunt a le champ libre pour remporter le titre mondial. Pour cela, il lui faut terminer à l'une des trois premières places de la course. Il domine, puis est dépassé par Patrick Depailler et Mario Andretti. Troisième de la course, il est toujours virtuellement champion du monde des pilotes. Il reprend la seconde place au bénéfice de la crevaison de Depailler. Mais il est victime à son tour d'une crevaison en fin de course qui le contraint à repasser par les stands, puis à prendre de nombreux risques pour assurer sa place sur le podium. Reparti en huitième position, James Hunt termine la course en étant convaincu d'avoir échoué. « *J'ai bien cru que tout était perdu lorsque je suis retombé à la cinquième place en raison de mon changement de roue. J'ai vraiment eu de la chance de devenir champion.* » Le panneau d'affichage l'annonce : Hunt est cinquième. Le Britannique est furieux d'avoir laissé filer le titre. Mais il se trompe car c'est une erreur d'affichage. Hunt est déclaré troisième au classement de la course et remporte le titre de champion du monde pour un tout petit point d'avance sur Lauda : soixante-neuf contre soixante-huit. La rivalité entre les deux champions vient de basculer au profit de l'Anglais. Tout les oppose. James Hunt, vingt-neuf ans, est un play-boy fêtard alors que Lauda, vingt-sept ans, est froid et peut paraître arrogant. Mais cette rivalité est marquée par un profond respect mutuel. Lors de la saison 1977, Niki Lauda retrouve sa couronne mondiale. Il remporte trois grands prix et termine à six reprises à la deuxième place. Très tôt dans la saison, il est assuré de remporter le titre devant Jody Schekter. L'Autrichien prétexte un problème physique pour ne pas disputer les derniers Grands Prix de la saison. Une petite vengeance à l'égard de son écurie et de son grand patron Enzo Ferrari. Fatigué par les querelles intestines au sein de la Scuderia et déçu d'avoir perdu la confiance du *Commendatore* à la suite de son abandon lors du Grand Prix du Japon en 1976, Lauda quitte l'écurie italienne sans élégance. Son départ devient une affaire dans une Italie divisée entre ceux qui en veulent à l'écurie Ferrari d'avoir laissé partir le meilleur pilote du monde et une autre frange qui menace violemment l'Autrichien. James Hunt termine la saison 1977 à la cinquième place du championnat du monde des pilotes avec trois victoires et à trente-deux points de Lauda. En 1978, Niki Lauda part chez Brabham et passe deux saisons. S'il termine cinquième au classement des pilotes en 1978 avec sept podiums dont deux victoires, il se noie en 1979 en se classant quatorzième avec seulement quatorze petits points au compteur. James Hunt quitte la Formule 1 et l'écurie Walter Wolf Racing après le Grand Prix de Monaco. Quelques semaines auparavant, lors du Grand Prix d'Italie, un carambolage dans lequel il est impliqué provoque la mort de son ami Ronnie Peterson, le 11 septembre 1978. Hunt considérera Ricardo Patrese comme l'unique responsable de cet accident mortel.

Quelques années plus tard, Niki Lauda reprend du service en Formule 1 et remporte le titre de champion du monde en 1984 devant Alain Prost, son coéquipier chez McLaren. L'Autrichien remporte huit courses entre 1982 et 1985, portant à cinquante-quatre podiums et vingt-cinq victoires son bilan en Grand Prix.

En 2013, « Rush » sort au cinéma. Ce film retrace pour le grand écran cette rivalité entre deux des plus grands pilotes de l'histoire de la Formule 1. Niki Lauda a contribué à la réalisation du film en l'absence de son ami James Hunt, mort en 1993 d'une crise cardiaque.

OODYEAR

NIKI LAUDA DEVANT JAMES HUNT EN 1976.

PSG *versus* OM

C'est peut-être l'acte de naissance de l'une des plus grandes rivalités footballistiques en France. Ce 5 mai 1989, pour la première fois de leur histoire respective, le Paris-Saint-Germain et l'Olympique de Marseille s'affrontent pour un match au sommet de la Division 1. Le titre de champion de France est en jeu. Deuxième du championnat à un point du PSG, Marseille a besoin d'une victoire pour passer en tête à trois journées de la fin de la saison.

Jusque-là stérile, l'attaque olympienne emmenée par Jean-Pierre Papin, Klaus Allofs et Philippe Vercruysse ne trouve pas la faille dans la défense parisienne. Dans les buts du PSG, le gardien international, Joël Bats, veille afin de préserver le match nul synonyme de petite victoire pour le club de la capitale. À la quatre-vingt-onzième minute de jeu, tout bascule. Une frappe de loin du Marseillais Franck Sauzée donne la victoire à l'OM. Marseille l'emporte in extremis sur le score de 1 à 0 et prend la tête du classement de la division 1. C'est le tournant de la saison. Malgré une victoire face à Metz et un nul à Lens sans son stratège Safet Susic, laissé au repos (pour des raisons tactiques selon son entraîneur Tomislav Ivic qui deviendra par la suite l'entraîneur de Marseille !), le PSG laisse filer le titre de champion de France au profit de son rival marseillais. Ce rendez-vous qui deviendra le « *Classico* » vient de livrer son premier verdict.

La rivalité entre le PSG et l'OM va très vite s'enflammer. Le rachat du Paris-Saint-Germain par le groupe Canal+ va jouer un rôle majeur dans le développement de cette rivalité qui dépasse le cadre du sport. Canal+ a besoin d'abonnés et notamment de téléspectateurs devant les matchs de la première division française pour accroître son audience et ses revenus. Bernard Tapie, le président de l'OM, a besoin de rivaux à la hauteur de son club pour le faire progresser en coupe d'Europe. L'OM est sur le toit de l'Europe du football et domine le championnat de France. Orphelins des duels au sommet avec les Girondins de Bordeaux qui ont perdu de leur superbe, les Marseillais vont se trouver un nouveau grand rival grâce au club de la capitale. Quoi de mieux qu'une belle opposition entre Paris et Marseille, entre le Nord et le Sud, entre la capitale et la province, entre les riches et les pauvres ? Tout oppose ces deux villes, même la météo ! Les amateurs de football vont se passionner pour cette rivalité artificielle génératrice de revenus en tous genres. À l'image des matchs au sommet dans l'Europe toute entière comme les affrontements Real Madrid-FC Barcelone en Espagne, Juventus de Turin-Milan AC ou Inter de Milan en Italie, Porto-Benfica au Portugal ou encore Manchester United-Arsenal en Angleterre, le PSG et l'OM offrent enfin des matchs qui font parler les observateurs. Des duels au sommet comme dans les différents championnats européens qui passionnent les foules avant de s'exporter partout dans le monde et de se monnayer sous la forme de droits TV. Un bon moyen de gonfler les recettes des deux clubs et les audiences de Canal+, détenteur des droits de retransmission du championnat de France de Division 1. Car avant cette rivalité naissante, la ferveur footballistique en France était incarnée par les oppositions entre Saint-Étienne et Lyon ou encore entre Marseille et Bordeaux. La planète football, dans sa globalité, va jouer le jeu. Les supporters de Paris et de Marseille vont suivre cet antagonisme footballistique et provincial. Des affrontements ont lieu aux abords du Parc des Princes ou du Stade Vélodrome entre des supporters haineux.

Le match entre Paris et Marseille est devenu un spectacle. La réussite est totale lorsque la haine exprimée depuis les tribunes par les dirigeants et les supporters transpire sur le terrain. Le paroxysme de la violence est atteint le 18 décembre 1992, lors du match PSG-OM disputé au Parc des Princes. Un match remporté 1 à 0 par Marseille grâce à un but de Alen Boksic. Durant quatre-vingt-dix minutes, les deux équipes produisent un match marqué par de nombreux actes de violence qui enverraient aujourd'hui plusieurs joueurs aux vestiaires avant la fin de la rencontre. Le

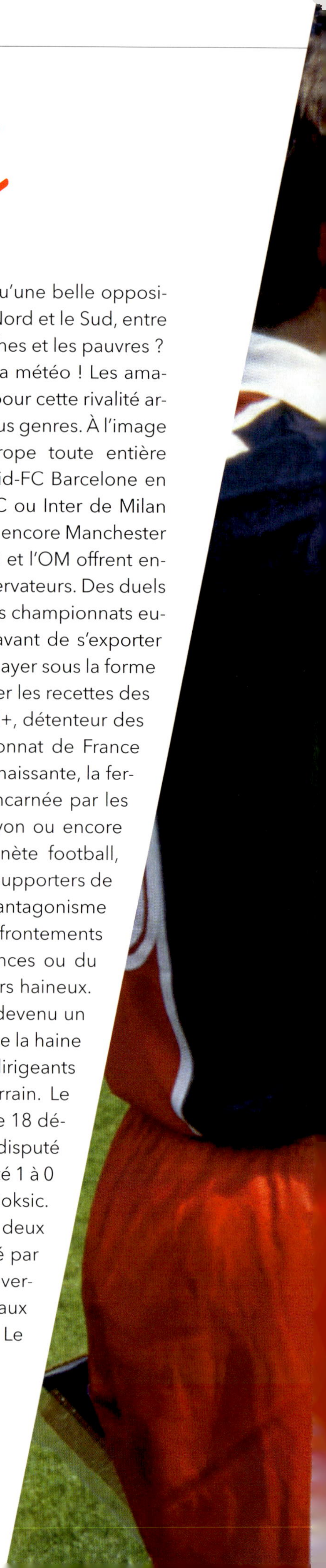

SAFET SUSIC (À GAUCHE) FACE À JEAN-PIERRE PAPIN (À DROITE) EN 1991 AVANT UN MATCH PSG-OM (0-2) EN COUPE DE FRANCE AU PARC DES PRINCES.

championnat de France est alors entré dans une nouvelle ère.

Lorsque les ancêtres du PSG et de l'OM disputent leur premier match durant la saison 1971-1972, Marseille, champion de France en titre, se prépare à réaliser le doublé coupe et championnat. Dans une ambiance sans chaleur en plein mois de décembre, le meilleur club de France gagne à domicile 4 buts à 2 face au Paris-Saint-Germain. Les olympiens s'imposeront aussi au retour sur la pelouse des Parisiens 2 buts à 1. Excepté une défaite 2 à 0 en quarts de finale de la coupe de France en 1975, Marseille demeure longtemps invaincu sur le territoire hexagonal face au club parisien. Il faut attendre le 8 janvier 1978 pour voir Paris l'emporter pour la première fois en Division 1 sur le lourd score de 5 buts à 1. Mustapha Dahleb et Carlos Bianchi sont alors alignés à la pointe de l'attaque parisienne. Mise à part une défaite 4 buts à 1 en septembre 1978 à Marseille, Paris enchaîne six victoires consécutives entre avril 1979 et août 1985. Relégué en deuxième division, l'OM s'éloigne des sommets du championnat de France durant quelques saisons avant de retrouver l'élite en 1984 grâce à une équipe de minots marseillais. Le Paris-Saint-Germain emmené par Safet Susic et Luis Fernandez remporte un premier titre de champion de France en 1986 et deux coupes de France en 1982 et 1983.

Après le 5 mai 1989, l'OM prend les commandes du football français au détriment du PSG. Excepté un revers 2 buts à 1 en avril 1990 au Parc des Princes, Marseille aligne une série de neuf matchs sans défaite en championnat et en coupe de France face à Paris. Une fin de série matérialisée par une défaite au Parc des Princes en avril 1995 en demi-finale de la coupe de France. Les oppositions entre Paris et Marseille sont de véritables événements. Le match à ne pas perdre pour les deux clubs afin de satisfaire les supporters. Des matchs à haut risque. Les rencontres durant cette période semblent déséquilibrées au profit de l'OM, champion d'Europe en mai 1993 après une victoire en finale face au Milan AC sur le score de 1 à 0. Cette année 1993 est une année charnière dans la guerre que se livrent les deux clubs. Vainqueurs de la Ligue des Champions quelques jours auparavant, les Marseillais humilient leurs grands rivaux en championnat sur le score de 3 buts à 1. Rarement les olympiens auront autant dominé leurs adversaires de la capitale. Dans l'euphorie de leur sacre européen de Munich face au Milan AC, les Olympiens emmenés par un Basile Boli évoluant sur une autre planète, écrasent les Parisiens qui avaient pourtant ouvert la marque. Premiers vainqueurs français en coupe d'Europe, les Marseillais pourront rappeler à leurs rivaux parisiens qu'ils seront « à jamais les premiers » à avoir gagné la plus belle des compétitions continentales. En 1996, le PSG gagne l'autre trophée européen, la Coupe d'Europe des Vainqueurs de Coupe, en battant le Rapid de Vienne en finale 1 à 0, avant de perdre l'année suivante face au FC Barcelone de Ronaldo, toujours en finale.

VAINQUEURS DE LA LIGUE DES CHAMPIONS QUELQUES JOURS AUPARAVANT, LES MARSEILLAIS HUMILIENT LEURS GRANDS RIVAUX EN CHAMPIONNAT SUR LE SCORE DE 3 BUTS À 1.

Une rivalité entre deux clubs est souvent marquée par des périodes dominées successivement par l'un ou par l'autre. Entre 1990 et 2000, les Parisiens ne remportent que trois rencontres sur les dix-neuf disputées face aux Marseillais. Le PSG retrouvera ensuite des couleurs en remportant dix des treize rencontres disputées sur le plan national par les deux clubs. L'OM reprend ensuite la main alors que le PSG plonge dans les entrailles du classement de la Ligue 1 après la cession du club par le Groupe Canal+ à un fond d'investissement américain, Colony Capital, en juin 2006. Racheté en mars 2012 par le Qatar, le PSG et ses stars comme Zlatan Ibrahimovic, Cavani ou encore Neymar alignent une longue série de succès face à l'OM. Entre 2012 et 2018, le PSG remporte quatorze des dix-sept matchs disputés face à leurs rivaux en ne concédant que trois matchs nuls. Pire encore pour les Marseillais, les Parisiens l'emportent 4 buts à 2 en finale de la coupe de France 2016 et surtout 5 buts à 1 à Marseille le 26 février 2017. La pire humiliation infligée par le PSG à son ennemi historique.

Fort heureusement, les rencontres entre les deux clubs sont aujourd'hui apaisées, loin des guerres intestines qui produisaient des effets néfastes en équipe de France. Lorsque les Bleus s'inclinent, le 17 novembre 1993, face à la Bulgarie au Parc des Princes, ils le doivent essentiellement au doublé d'Emil Kostadinov, mais aussi à l'ambiance qui régnait au sein même des Bleus. Une guerre interne entre Parisiens et Marseillais qui privera l'équipe de France de football d'une qualification pour une belle Coupe du Monde en 1994 aux États-Unis. Une guerre bien éloignée de la cohésion qui a mené nos bleus au

LA JOIE DE ZLATAN IBRAHIMOVIC LORS D'UN MATCH OM-PSG EN 2016 (1-2) AU STADE VÉLODROME.

John McEnroe versus Bjorn Borg Jimmy Connors et Ivan Lendl

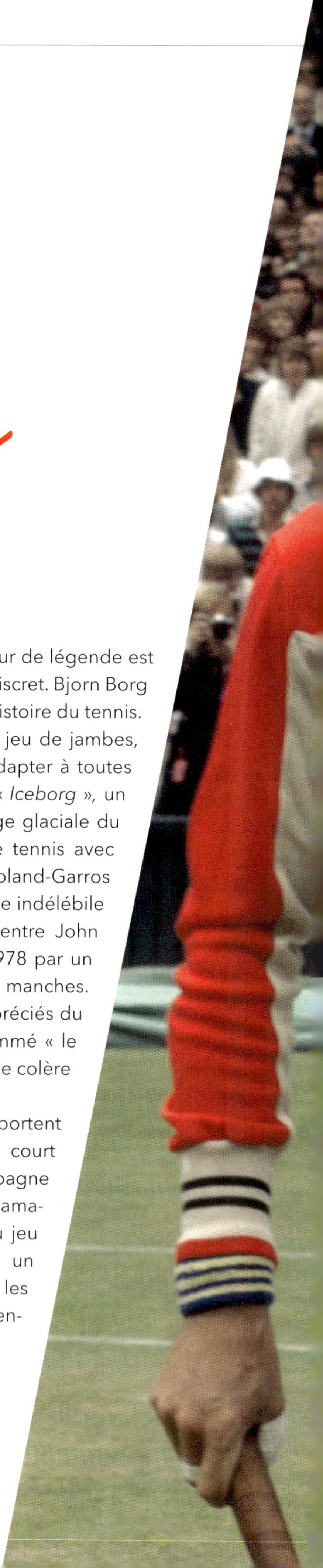

C'est une époque qui a marqué l'histoire du tennis mondial. Une période caractérisée par de grandes rivalités sur le circuit ATP. Pas une seule, mais plusieurs et en même temps. Contrairement au duel entre Roger Federer et Rafael Nadal, ces grands joueurs ne nourrissaient que très peu de respect les uns envers les autres. Une ère qui fait rentrer le tennis dans une autre dimension. Ce sport quitte son costume bien propre de divertissement pour gens de la haute société pour enfiler le survêtement d'un sport populaire à résonnance mondiale.

Tout commence par une rivalité entre le Suédois Bjorn Borg et l'Américain John McEnroe. Une concurrence portée au cinéma en 2017 dans un film intitulé « Borg/McEnroe ». Une grande rivalité entre deux hommes qui n'ont absolument rien en commun. L'un est Américain originaire de New York. Il est capricieux et très difficile à arbitrer sur un court de tennis. McEnroe est un étudiant de la prestigieuse université de Stanford. Il se fait connaître au plus haut niveau en atteignant les demi-finales du tournoi de Wimbledon en 1977 alors qu'il n'est que deux-cent-soixante-dixième au classement mondial. Ce gamin irrévérencieux perd face à son compatriote Jimmy Connors. Mais son nom est déjà diffusé dans les médias du monde entier. L'autre joueur de légende est suédois, charismatique, introverti et discret. Bjorn Borg devient la première « rock star » de l'histoire du tennis. Un joueur admiré par tous pour son jeu de jambes, sa concentration et sa capacité à s'adapter à toutes les surfaces. Une icône surnommée « *Iceborg* », un jeu de mot qui en dit long sur l'image glaciale du champion suédois. Il révolutionne le tennis avec son lift. Vainqueur de son premier Roland-Garros à dix-huit ans, Borg va laisser une trace indélébile dans l'histoire du tennis. Le match entre John McEnroe et Bjorn Borg débute en 1978 par un succès du jeune Américain en deux manches. Borg est l'un des joueurs les plus appréciés du circuit alors que McEnroe est surnommé « le sale morveux » à cause de ses accès de colère à répétition.

Jusqu'en 1979, les deux joueurs remportent leurs confrontations directes sur le court à tour de rôle. Le suspense accompagne ces matchs au sommet et divise les amateurs de tennis, entre les adeptes du jeu d'attaque développé par McEnroe, un joueur spectaculaire et survolté, et les amateurs du jeu de fond de court défendu par Borg.

BJORN BORG (À GAUCHE) ET JOHN MCENROE (À DROITE) EN FINALE À WIMBLEDON EN 1981. VICTOIRE DE JOHN MCENROE 4/6 7/6 7/6 6/4.

En 1980, Bjorn Borg gagne une demi-finale de Masters face à l'Américain, puis enchaîne avec un succès en finale de Wimbledon, le 5 juillet 1980. Une finale de légende que le Suédois domine malgré une première manche trop vite perdue 6/1. Borg remporte les deux sets suivants. Il mène ainsi deux sets à un et 5/4 dans la quatrième manche. Il sert pour le match. À 40-15, il s'offre deux balles de match pour gagner un cinquième titre à Wimbledon. Rien ne peut l'empêcher de remporter un nouveau tournoi du Grand Chelem sur le gazon londonien. Première balle de match, McEnroe se rebelle et place un retour gagnant sur la ligne. L'Américain ne souhaite pas « mourir » tout de suite. Deuxième balle de match et le New-Yorkais se sauve d'une défaite prématurée cette fois sur une volée de revers. Il aligne alors six points d'affilée et revient dans le match pour gagner ensuite le quatrième set au tie-break 7/6. Un jeu décisif devenu historique, d'une durée de vingt-deux longues minutes, qui nécessite trente-quatre points pour départager les deux finalistes. Le match est relancé. Borg a craqué et n'est pas parvenu à mettre fin à la partie. « *Iceborg* » a fondu face à l'enjeu et prouvé qu'il n'était pas infaillible. Durant ce jeu décisif, le Suédois a l'esprit pollué par les deux balles de match gâchées à 5/4. Il se procure cinq nouvelles balles de match mais McEnroe ne craque pas et sait désormais qu'il peut se sauver d'une petite mort certaine en lâchant ses coups. Il lui faudra, à son tour, sept balles de set pour gagner cette quatrième manche. Borg se remet dans le match et reprend sa marche en avant. Le Suédois est intraitable au service et n'offre que trois points à McEnroe en sept mises en jeu. Il remporte ce dernier set sur le score de 8/6. Bjorn Borg gagne ce match de légende en cinq sets 1/6 7/5 6/3 6/7 8/6. L'une des plus belles finales de Wimbledon de l'Histoire. Quelques semaines après avoir remporté un cinquième Roland-Garros, Bjorn Borg gagne un cinquième Wimbledon d'affilée et s'affirme comme le plus grand tennisman de sa génération. Le Suédois prend le large dans sa rivalité directe avec McEnroe, cinq victoires à trois. John McEnroe ne se laisse pas abattre. Il va puiser dans ses ressources mentales hors du commun pour écrire sa légende, grâce à son jeu d'attaque explosif. Quelques semaines après cette finale épique disputée à Wimbledon, les deux champions se retrouvent en finale de l'US Open. Un nouveau marathon s'engage entre Borg et McEnroe, cette fois sur surface dure. L'Américain gagne les deux premiers sets 7/6 6/1. Puis il perd les deux manches suivantes 7/6 et 7/5. Le Suédois qui n'a jamais gagné à Flushing Meadows se remet en selle et peut espérer gagner un nouveau tournoi du Grand Chelem face à son grand rival. D'autant qu'il n'a pas perdu un match en cinq sets depuis 1973. Il n'était alors qu'un jeune junior prometteur. Pourtant, Borg perd son jeu de service à 3 partout et ne s'en remettra pas. McEnroe gagne le cinquième set 6/4 et s'impose pour la deuxième fois consécutive à domicile à l'US Open. Le Suédois s'incline pour la troisième fois en finale de l'US Open après ses revers en 1976 et 1978 face à Jimmy Connors. Bjorn Borg remporte ensuite les deux matchs suivants face à McEnroe en finale à Stockholm, sur ses terres, puis au Masters de New York en match de poule. John McEnroe remportera les trois derniers simples face à son grand rival. Trois matchs disputés en 1981. À Milan en deux sets, puis à Wimbledon en quatre manches, et enfin, une nouvelle fois à l'US Open toujours en quatre sets. Le Suédois échoue pour la quatrième fois en finale du tournoi du Grand Chelem américain. Le seul tournoi majeur qui manque encore à son palmarès. En quatorze rencontres en simple, les deux mythes du tennis mondial se quittent sur une égalité parfaite avec sept victoires chacun. Plus jeune de trois ans que son rival suédois, l'Américain poursuit sa carrière sur le circuit mondial après la retraite sportive de Bjorn Borg.

IMPOSSIBLE DE RÉDUIRE LES ANNÉES 1970 ET 1980 À UNE SIMPLE RIVALITÉ ENTRE JOHN MCENROE ET BJORN BORG. CAR, DANS LE MÊME TEMPS, UN AUTRE AMÉRICAIN DÉNOMMÉ JIMMY CONNORS PERTURBE LA SOIF DE VICTOIRES DE CES DEUX LÉGENDES.

Impossible de réduire les années 1970 et 1980 à une simple rivalité entre John McEnroe et Bjorn Borg. Car, dans le même temps, un autre Américain dénommé Jimmy Connors perturbe la soif de victoires de ces deux légendes. Le Suédois retrouve régulièrement Jimmy Connors sur sa route. Les deux joueurs se rencontrent à trente-deux reprises entre 1973 et 1983. Bjorn Borg l'emporte dix-huit fois dont cinq fois en Grand Chelem pour trois défaites. L'autre facette de ces rivalités multiples est l'omniprésence de John McEnroe. Face à Jimmy Connors en premier lieu. Les Américains John McEnroe et Jimmy Connors se rencontrent sur cette période à trente-quatre reprises entre 1977 et 1991 pour vingt victoires en faveur de McEnroe et quatorze victoires pour Connors. Lors de leur première rencontre à Wimbledon en 1977, Jimmy Connors, au sommet de son art, n'adresse pas la parole à son jeune adversaire. Il l'ignore avec arrogance. Puis il gagne ce premier duel face à ce jeune joueur au visage d'adolescent. Les matchs entre les deux Américains sont souvent acharnés. Ils sont le théâtre d'altercations voire de multiples insultes. Témoin de cette haine féroce entre les deux champions, la demi-finale de Roland-Garros en 1984 lorsque ces deux légendes vivantes s'invectivent à la suite d'une nouvelle contestation de McEnroe. Plus jeune de sept ans que Connors, John McEnroe avait la capacité de faire exploser en éclats la sérénité d'un match. Les deux joueurs se détestent et le monde se divise en deux catégories. Ceux qui supportent Connors et ceux qui supportent McEnroe. Une compétition aurait pu leur permettre d'enterrer la hache de guerre et d'apprendre à se connaître : la Coupe Davis. Cette compétition par équipes nationales aurait été un très bon moyen de rassembler ces deux caractères forts, tous deux américains. Malheureusement, Jimmy Connors n'a participé qu'à trois campagnes de Coupe Davis avec l'équipe des États-Unis. Alors que McEnroe a gagné cinq saladiers durant l'ensemble de sa carrière. Le New-Yorkais a toujours honoré le drapeau américain et a remporté quarante-et-une victoires en douze saisons. Alors que Connors n'a jamais compris le concept d'équipe selon certains spécialistes de tennis.

Avec un style entièrement tourné vers l'attaque, McEnroe offrait des matchs spectaculaires et offensifs contre des joueurs de fond de court parfois ennuyeux. C'était le cas face à une autre légende : Ivan Lendl. Cette rivalité agressive était encore davantage marquée avec le Tchécoslovaque. Dans un contexte de Guerre Froide, l'Américain a sans doute offert l'un des plus grands revirements de situation de l'histoire du tennis lors de la finale d'un tournoi du Grand Chelem face à Lendl. Opposé au Tchécoslovaque en finale de Roland-Garros en 1984, l'Américain est souverain durant deux sets. Il lamine son adversaire 6/3 et 6/2 sous un soleil de plomb et une chaleur étouffante. Alors que le public s'attend à une victoire expéditive de John McEnroe, celui-ci sort de son match et manque un coup droit facile à la volée. Il se dirige alors vers les photographes situés au niveau du filet et invective le réalisateur de la chaîne NBC dont la voix grésille, depuis le début du match, dans le casque de l'un de ses techniciens. Hué par une partie du public parisien, McEnroe lève le bras en forme de défi. L'Américain manque ensuite une balle de 5/3 dans la troisième manche sur une tentative de passing-shot qui semblait pourtant facile. Il ne le sait pas encore, mais il vient de perdre le match. Lendl remporte alors cette finale magnifique et historique en cinq sets : 3/6 2/6 6/4 7/5 7/5.

CONTRAIREMENT À SA RÉPUTATION QUI LE CONDUISAIT SOUVENT À LA DÉFAITE À CAUSE DE SON MENTAL FRAGILE, « IVAN LE TERRIBLE » BROUILLE LA RIVALITÉ AU PLUS HAUT NIVEAU MONDIAL AVEC MCENROE ET CONNORS. IL OUVRE UNE ÈRE QUI LUI EST CONSACRÉE.

John McEnroe ne remportera jamais Roland-Garros. Capable d'accès de violence verbale et physique avec sa raquette, l'Américain est incapable de s'amuser sur un court. Lendl ne semble pas plus ouvert et chaleureux. Contrairement à sa réputation qui le conduisait souvent à la défaite à cause de son mental fragile, « Ivan le terrible » brouille la rivalité au plus haut niveau mondial avec McEnroe et Connors. Il ouvre une ère qui lui est consacrée. À Paris, le Tchécoslovaque met fin à une série de cinq défaites consécutives face à McEnroe. Ivan Lendl remporte vingt-et-une des trente-six rencontres disputées face à son rival américain. Le Tchécoslovaque, qui deviendra Américain en 1992, remporte huit titres du Grand Chelem en simple contre sept pour son grand rival. Numéro un mondial tous les deux à tour de rôle, McEnroe était aussi un formidable joueur de double.

L'arrivée au plus haut niveau de deux autres Américains, André Agassi et Pete Sampras, mettra fin à cette rivalité entre des joueurs hors du commun. Le point commun à tous ces grands joueurs est qu'ils ont été, un jour, numéro un mondial et qu'ils ont tout fait pour le demeurer le plus longtemps possible. À vie s'ils avaient pu !

JIMMY CONNORS (À GAUCHE) ET IVAN LENDL (À DROITE) EN DEMI-FINALE À WIMBLEDON EN 1984.

Gino Bartali *versus* Fausto Coppi

LES ATHLÈTES ONT TOUJOURS RÊVÉ DE CONNAÎTRE LE POINT FAIBLE DE LEURS ADVERSAIRES. POUVOIR DÉCELER LES SIGNES DE DÉFAILLANCE EST UN AVANTAGE LORSQUE DEUX COUREURS CYCLISTES SE DISPUTENT LA VICTOIRE. FAUT-IL ATTAQUER SON ADVERSAIRE QUI SEMBLE ÉPROUVÉ AU RISQUE DE PERDRE LA COURSE EN CAS DE CONTRE-ATTAQUE ? COMMENT ATTAQUER AU BON MOMENT ?

Ce jour-là, un coéquipier de Gino Bartali cria : « La veine ! La veine ! » C'était un code précis pour son leader qui signifiait que Fausto Coppi n'était pas dans un grand jour. « *Je l'étudiais, le regardais, le scrutais, le passais au crible, longtemps, sans me lasser, avec la volonté forcenée de trouver quelque chose* », expliquera plus tard le Toscan Gino Bartali. « *Tandis que nous roulions dans le peloton, mes yeux, irrésistiblement attirés par ses mollets, ne pouvaient s'en détacher, guettant le moindre indice de ce qui pouvait révéler une faiblesse. Et puis, un jour, ma ténacité reçut sa récompense. Dans le creux de son genou droit, une veine se gonflait et apparaissait sur cinq à six centimètres dès que le prenait la toxémie musculaire à laquelle est soumis tout coureur pendant l'effort. À ce moment, Fausto devenait vulnérable et sa plastique s'altérait.* »

Dès lors, Gino Bartali impose à son coéquipier Giovanni Corrieri de se placer en permanence dans la roue de Coppi afin de surveiller cette fameuse veine. Quand le « *gregario* » voyait une meurtrissure au genou droit, il hurlait « *La veine, la veine !* », un nom de code pour annoncer à Bartali qu'il pouvait attaquer ! L'une des plus grandes rivalités de l'histoire du cyclisme se résumera alors à une veine bien cachée dans l'anatomie du *Campionissimo*. Coppi était devenu une sorte d'obsession pour Bartali. Agacé par la supériorité sportive que son plus grand rival Fausto Coppi tire de l'utilisation « des progrès de la médecine sportive » et « des perfectionnements du vélo », Bartali ne trouve pas d'autres moyens pour le battre que de tenter de découvrir les « secrets » de son adversaire. Gino utilise des moyens qui feraient sourire aujourd'hui. Il descend dans les mêmes hôtels que Coppi et fouille sa chambre une fois que son concurrent l'a quittée, au risque d'arriver en retard au départ. « *Je raflais tous les flacons, bouteilles, fioles, tubes, cartons, boîtes, suppositoires [...] J'étais devenu si expert dans l'interprétation de toute cette pharmacie que je devinais à l'avance le comportement que Fausto allait avoir au cours de l'étape.* » Lors du Tour d'Italie en 1946, Bartali voit Coppi boire dans une fiole et s'en débarrasser en la lançant dans un pré. Il revient la chercher quelques semaines après le Giro et la fait analyser : son contenu se révèle être un reconstituant de marque française que l'on pouvait couramment acheter sans ordonnance médicale. Bartali traque donc également les faiblesses de Coppi.

L'histoire de la grande rivalité entre Gino Bartali et Fausto Coppi ne commencera que dans un deuxième temps. Tout d'abord, Gino Bartali domine en solo. Né en 1914 près de Florence en Toscane cinq ans avant Coppi, Bartali choisit très jeune le cyclisme contre l'avis de son père. Victorieux de plusieurs courses, il convainc celui-ci de le laisser poursuivre sa carrière sur les routes italiennes. Très vite, son nom résonne dans toute l'Italie. Une Italie fasciste à la recherche de héros. En 1935, le Toscan passe professionnel au sein de l'équipe Frejus. Quatrième de

FAUSTO COPPI (À GAUCHE) ET GINO BARTALI (À DROITE) EN 1951.

Milan-San-Remo, Bartali aurait pu prétendre à la victoire finale sans un problème technique sur son vélo. À cause d'un dérailleur bloqué, il est rattrapé par trois coureurs à huit kilomètres de l'arrivée et ne peut disputer le sprint pour la victoire. Cette performance lui permet d'être sélectionné pour le Tour d'Italie en mai. Son rôle est simple : il sera l'un des porteurs d'eau de son leader Giuseppe Martano. Bartali découvre le Giro et démontre toutes ses qualités en remportant la sixième étape et le classement final de la montagne. Septième du classement général final, le Toscan doit progresser dans les courses « contre-la-montre » car il perd trop de temps dans les étapes chronométrées. En fin de saison, il devient champion d'Italie et change d'équipe. Il est nommé leader de sa nouvelle formation, considéré comme l'un des coureurs les plus prometteurs du peloton. En 1936, Gino Bartali s'impose sur le Tour d'Italie et remporte le classement de la montagne. Malgré une forte concurrence italienne, le Toscan remporte sa première grande course à étapes. Une saison 1936 marquée aussi par un drame. Son frère Giulio, coureur amateur, est victime d'un accident en juin. Il heurte une voiture lors d'une descente sur une route glissante. Il décède des suites de ses blessures. Marqué par le chagrin, Gino décide de mettre fin à sa carrière de coureur. Une retraite motivée par la peine et la douleur. Heureusement, cette retraite sportive sera de courte durée. Il reprend son vélo quelques semaines plus tard et remporte le Tour de Lombardie en fin de saison. En 1937, il récidive sur le Giro en remportant le classement général, ainsi que le classement de la montagne et cinq étapes. En juillet, Bartali dispute son premier Tour de France. Figurant parmi les favoris, selon les observateurs, l'Italien remporte l'étape de Grenoble et s'empare du maillot jaune. Malheureusement, il perd beaucoup de temps durant les étapes suivantes à cause de problèmes techniques mais aussi de chutes qui laissent des traces chez le Transalpin. Il quitte la course à Marseille et ne termine pas son premier Tour de France. En dépit de cet abandon, Gino Bartali devient l'un des meilleurs coureurs du peloton mondial et s'impose désormais régulièrement dans les belles courses du circuit professionnel. En 1938, il renonce à participer au Giro afin de se préparer pour le Tour de France. Dix-huitième au classement général avant la première étape de montagne, Bartali écrase la course dès les premiers cols mais doit se contenter d'une troisième place de l'étape et d'une deuxième place au général. Lors de l'étape Digne-Briançon, l'Italien l'emporte avec une énorme avance sur ses concurrents. Il prend le maillot jaune à l'issue de l'étape avec dix-huit minutes d'avance sur le deuxième, le Luxembourgeois Mathias Clemens. Il devient intouchable et remporte son premier Tour de France.

Dans un deuxième temps démarre la concurrence entre deux des plus grands coureurs de l'histoire. Elle est caractérisée par l'apparition dans le peloton d'un jeune coureur prometteur, lui aussi Transalpin. La rivalité entre Coppi et Bartali débute par une collaboration. En 1939, Gino Bartali se classe deuxième du Giro et rencontre un certain Fausto Coppi. Fils de paysans de la province d'Alexandrie, le jeune Fausto est encore très éloigné de la renommée de son futur rival. Lors du Tour du Piémont qu'il dispute en indépendant, Coppi se retrouve seul en tête à quarante kilomètres de l'arrivée. Malheureusement, un saut de chaîne ruine ses espoirs de victoire. Repris par Bartali et deux autres coureurs, Coppi accepte de collaborer avec le Toscan, puis le voit s'envoler seul vers la victoire. Fausto Coppi termine troisième de la course et reçoit l'honneur d'être félicité par le grand Bartali. Le Toscan souhaite alors engager Coppi comme coéquipier en vue la saison suivante. Ce dernier accepte le contrat proposé par l'équipe Legnano. En 1940, Fausto Coppi assume son rôle de coéquipier auprès de son leader Bartali, notamment lors de la victoire du champion italien sur Milan-San-Remo. Si le jeune coureur conteste parfois la stratégie d'équipe, il reste loyal à sa mission d'équipier. Lors du Tour d'Italie, la chute de Bartali provoquée par un chien va progressivement éloigner le Toscan de la victoire finale. Blessé au fémur, Bartali ne peut disputer la victoire à son jeune équipier de près de vingt-et-un ans. Fausto Coppi réalise un Giro de haut vol et prend le maillot rose à l'issue de sa victoire à Modène. Éloigné au classement général, Bartali souhaite abandonner, puis accepte la proposition de son directeur sportif d'aider Coppi à gagner le Tour d'Italie. Lors de la dix-septième étape, les deux coureurs italiens s'échappent et passent les cols ensemble. Les deux champions ne sont

LORS DES CHAMPIONNATS DU MONDE SUR ROUTE À FAUQUEMONT AUX PAYS-BAS, BARTALI ET COPPI SE NEUTRALISENT À NOUVEAU. ILS LAISSENT AINSI PARTIR D'AUTRES COUREURS ÉTRANGERS. LEUR TACTIQUE INDIVIDUALISTE RÉVOLTE L'ITALIE. LES HAUTES INSTANCES DU CYCLISME ITALIEN LES PRIVENT DE COURSE PENDANT SIX MOIS POUR LES PUNIR.

pas des intimes et se testent mutuellement. Bartali remporte l'étape et Coppi conserve le maillot rose. Après un nouveau succès d'étape à Vérone, Bartali remporte le classement de la montagne mais doit laisser la victoire au général à son nouveau rival. Une première grande performance pour Fausto Coppi.

Durant la Seconde Guerre Mondiale, les courses deviennent rares. L'Italie fasciste s'engage aux côtés de l'Allemagne nazie. Mobilisés dans l'armée, les deux champions ont la possibilité de s'entraîner et bénéficient de permissions pour participer à plusieurs épreuves. Ils disputent quelques courses en 1940. En 1941, Bartali prend conscience que Coppi sera le coureur le plus difficile à battre à l'avenir. Durant les années de guerre, il dispute peu de courses. S'il remporte un Tour d'Italie jugé aux points sur quelques étapes seulement, il ne dispute que quatre courses en 1943. Gino Bartali est alors confronté directement à la guerre. Il devient un messager de la résistance face au pouvoir fasciste et transporte des missives. Au péril de sa vie, Gino profite de sa notoriété qui le protège pour transporter dans le cadre de son vélo des photos et des documents destinés à fabriquer des faux papiers. Une action qui permet aussi de sauver de nombreux juifs. Il recevra, à titre posthume, la distinction de *Juste parmi les Nations*, la plus haute distinction décernée par l'État d'Israël envers ceux qui ont sauvé la vie de juifs durant la Deuxième Guerre Mondiale. Celui qui est surnommé « *Gino le Pieux* » est entré dans l'histoire pour d'autres actions que ses performances sportives.

Envoyé en Tunisie, Fausto Coppi est fait prisonnier par les Anglais le 13 avril 1943, puis envoyé en Algérie. Il rentre en Italie pour reprendre sa carrière sportive et se marier. La rivalité entre les deux hommes va ensuite prendre une autre dimension. Celle de deux très grands leaders qui se disputent de grandes victoires. Parfois au bénéfice d'autres coureurs. En 1946, Coppi signe au sein de l'équipe Bianchi et quitte l'équipe Legnano. Il devient ainsi un concurrent de Gino Bartali. Dès le début de saison, il écrase ses concurrents sur Milan-San Remo au terme de deux-cent-soixante-dix kilomètres d'échappée dont cent-quarante en solitaire. Lors du championnat de Zurich en mai, il est trahi par Bartali qui lui avait assuré qu'il ne contesterait pas sa victoire et qui finalement le devance sur la ligne. Lorsque le Tour d'Italie débute, ils sont les deux grands favoris pour la victoire finale. Mais Coppi est victime d'une chute. Il souffre d'une côte fêlée qui le handicape. Coppi perd d'abord du temps sur Bartali, puis refait une grande partie de son retard et se classe finalement deuxième du Giro à quelques miettes de son rival. Les deux coureurs italiens deviennent inséparables dans le palmarès des grandes courses. Ils laissent peu de place aux autres coureurs, même si d'autres rivaux parviennent, aux forceps, à contester leur hégémonie, comme Fiorenzo Magni. En 1948, Bartali et Coppi se neutralisent sur le Tour d'Italie et laissent d'autres coureurs dominer la course. Fiorenzo Magni remporte la victoire finale.

Lors du Tour de France, Fausto Coppi laisse Gino Bartali prendre les commandes de l'équipe d'Italie. Gino prend le maillot jaune dès la première étape entre Paris et Trouville mais l'abandonne le lendemain à Dinard. Vainqueur à Lourdes, puis à Toulouse, le Transalpin s'impose aussi à Briançon, Aix-les-Bains, Lausanne et enfin à Liège en Belgique. Il reprend le maillot jaune à Louison Bobet dès la treizième étape et le conserve jusqu'à Paris. Bartali remporte ainsi sa deuxième Grande Boucle ainsi que sept étapes. Une victoire dédiée à l'ensemble de l'Italie, un pays en proie à une profonde perturbation à la suite de l'attentat qui a lourdement blessé le leader communiste Palmiro Togliatti. Face à cet acte terroriste et à l'instabilité grandissante du pays, le premier ministre italien Alcide de Gasperi demande à Gino Bartali de remporter le Tour de France pour calmer le feu qui couve en Italie. Ce qu'accomplira Bartali.

Parfois, l'image des deux champions paraît moins glorieuse. Lors des championnats du monde sur route à Fauquemont aux Pays-Bas, Bartali et Coppi se neutralisent à nouveau. Ils laissent ainsi partir d'autres coureurs étrangers. Leur tactique individualiste révolte l'Italie. Les hautes instances du cyclisme italien les privent de course pendant six mois pour les punir. En 1949, c'est au tour de Fausto Coppi de survoler le Tour d'Italie qu'il remporte avec 23 minutes d'avance sur Bartali. « Gino le Pieux » a quitté l'équipe Legnano pour courir sous son nom. Mais l'effectif de son équipe n'est pas à la hauteur sauf sur les courses italiennes avec une recrue de qualité en la personne de Ferdi Kubler. Sur le Tour de France, Coppi est le leader de l'équipe d'Italie accompagné par Gino Bartali. Le *Campionissimo* s'est d'abord opposé à la présence de son plus grand rival, mais les responsables de l'équipe d'Italie refusent que le tenant du titre ne soit pas présent sur la Grande Boucle. Les rôles sont alors clairement distribués. Coppi aurait-il pu remporter ce Tour de France sans la présence de Bartali cette année-là ? Certainement pas ! Les deux champions savent aussi s'entendre. Les deux hommes font équipe pour rattraper le retard de dix-huit minutes concédé par Coppi sur Ferdi Kubler entre Rouen et Saint-Malo. Il pointe alors à trente-sept minutes du leader au classement général, le Français Jacques Marinelli. Les deux champions écrasent ensuite la course dans les étapes de montagne ,puis Coppi remporte plusieurs étapes, entre Pau et Luchon, entre Cannes et Briançon, puis entre Briançon et Aoste, en Italie. Coppi fait aussi la différence lors du contre-la-montre qui relie Les Sables-d'Olonne à la Rochelle, puis entre Colmar et Nancy. Il remporte le Tour de France avec 10 min 55 s d'avance sur Bartali et 25 min 13 s sur Marinelli. Le *Campionissimo* est le premier coureur à réaliser le doublé Giro-Tour la même année. 1949 sera sa plus belle saison.

En 1950, Bartali remporte Milan-San-Remo. Battu par son rival, Coppi se « venge » en remportant Paris-Roubaix puis la Flèche Wallonne. Le *Campionissimo* savait puiser dans ses défaites la motivation pour remporter de grandes courses, juste par fierté. À l'arrivée de Paris-Roubaix cette année-là, Maurice Diot termine deuxième et déclare aux journalistes. « *Je suis content d'avoir remporté Paris-Roubaix.* » « *Et Coppi ?* » lui demande un journaliste. Diot répond alors : « *Oh lui, il est hors concours. Je considère que j'ai gagné.* » Sans Coppi blessé lors du Tour d'Italie et forfait pour le Tour de France, Bartali s'aligne au départ de la Grande Boucle. Lors de l'étape de Saint-Gaudens qu'il remporte, Bartali se plaint d'avoir été agressé par des spectateurs et décide de quitter la course. Sa décision s'applique à toute l'équipe d'Italie dont le maillot jaune porté par son compatriote Fiorenzo Magni. Ce dernier hésite longuement avant de prendre la décision de suivre son leader. « *Je pleure de ne pouvoir accepter de rester, moi, maillot jaune, parce que je ne puis me délier des promesses que j'ai faites* à Bartali avant le départ du Tour. *J'ai été engagé pour aider Bartali, non pour gagner le Tour de France. Je ne puis rester alors que Bartali s'est retiré, nullement battu encore. Pour qui me prendrait-on ? Pour un usurpateur ?* » En 1951, Coppi se remet d'une fracture de la clavicule. Lors du Tour du Piémont, son frère Serse décède à la suite d'une chute. L'un des grands malheurs de la vie du *Campionissimo*. Comme Bartali quelques années plus tôt, il perd son frère en course. Coppi participe au Tour de France pour penser à autre chose. Il se classe dixième à 46 min 51 s du Suisse Hugo Koblet et à 29 min 09 s de Bartali, quatrième du classement général final. Coppi gagne l'étape Gap-Briançon pendant que Bartali remporte deux étapes sur le Tour.

En 1952, Bartali accepte d'endosser le rôle d'équipier de Coppi. Il aide son rival lors de plusieurs étapes. Durant celle qui relie Sestrières en Italie à Monaco, Gino Bartali offre sa roue à Fausto Coppi qui vient de crever à trois reprises en moins de vingt kilomètres. Le *Campionissimo*, vainqueur du Giro, survole la Grande Boucle en 1952 et remporte le deuxième Tour de France de sa carrière ainsi que cinq étapes. Il avait pourtant refusé la présence de Bartali dans l'équipe car ayant peu confiance en sa loyauté. Sous la pression de la fédération italienne, il prend le départ de la Grande Boucle avec son rival qui se classe quatrième à 35 min 25 s. Une présence qui va l'aider à gagner le Tour. En revanche, les deux hommes ne sont pas avares de petites mesquineries pour ennuyer l'autre. Gino Bartali est champion d'Italie et arbore le maillot tricolore. Coppi demande alors à Donato Piazza de porter son maillot de champion d'Italie de poursuite pour ennuyer Bartali et pour que le public ne le reconnaisse pas. Piazza n'a pas le droit de le faire et Coppi décide de payer l'amende tous les jours du Giro où Piazza portera ce maillot. Il oblige aussi Piazza à rouler en tête. Pourtant, ce Tour de France marque la fin de la grande rivalité entre les deux hommes. Lors de l'ascension du Galibier, Coppi en jaune tend sa gourde à Bartali. Dans le col de Castillon, le Toscan renonce à s'échapper et fait demi-tour pour porter secours à son compatriote, victime d'une crevaison. En 1955, c'est la fin de carrière pour Bartali à la suite des séquelles d'un accident de la route survenu en 1953. Il reprend la compétition en 1954 puis arrête en 1955. Bartali construit une équipe en 1959 avec Coppi en capitaine pour aider les jeunes à se former, mais Coppi décède de la malaria le 2 janvier 1960, une maladie contractée lors de son voyage en Haute-Volta, aujourd'hui plus connue sous le nom de Burkina Faso.

Cette rivalité sportive n'empêche pas pour autant une certaine amitié en dehors de la course. À titre d'exemple, Fausto Coppi, accompagné de son épouse, rendit visite à Bartali lors d'une étape de repos sur le Tour de France 1948. Leur rivalité illustre la dualité de l'Italie d'après-guerre. Tandis que l'Italie du Nord, qui « aspire à une libération des mœurs » s'identifie à Coppi le laïque, engagé dans une relation adultérine et soutenu par une frange plus libérale de la population ; le Sud, où « *l'on se réfère au dogme de l'Église* », adopte Bartali « le pieux ». Deux immenses champions qui ont fait vibrer le cyclisme durant les nombreuses années de leur opposition. Une rivalité inscrite dans la légende du cyclisme.

FAUSTO COPPI (À GAUCHE) ET GINO BARTALI (À DROITE) EN 1959.

Max Biaggi *versus* Valentino Rossi

Valentino Rossi voulait certainement faire un peu d'humour. Visiblement, il trouvait cela très drôle. Le 18 mai 1997, le pilote italien de l'écurie Aprilia vient de remporter le Grand Prix de Mugello en Italie dans la catégorie 125 cm3. Heureux de sa victoire, le futur grand champion de Moto GP décide de célébrer son succès en réalisant un tour d'honneur du circuit avec une poupée gonflable sur son bolide. Un humour un peu potache justifié par la grande joie du pilote italien. Valentino Rossi avait auparavant inscrit sur cette poupée en plastique le nom de Claudia Schiffer, le mannequin d'origine allemande. Une idée qui aurait pu paraître anodine si son futur grand rival, Max Biaggi, un autre Italien, ne vivait pas une relation intime avec la célèbre mannequin Naomi Campbell. Une manière bien particulière de créer une relation avec son compatriote.

Max Biaggi vient de remporter le Grand Prix de Mugello dans la catégorie des 500 cm3. Les deux hommes ne courent pas encore dans la même catégorie mais une rivalité vient de naître. Et elle va alimenter les pages de nombreux quotidiens italiens durant plusieurs saisons. « *Notre rivalité a été voulue et cherchée essentiellement par lui, pour les médias, et ce dans les premières années, quand il avait besoin de construire son personnage* », expliquera un jour Max Biaggi au journal *Il Corriere dello Sport*. « *Il faut admettre qu'il a été très bon pour exploiter cette rivalité, sinon quel sens auraient eu certaines de ses petites phrases et de ses piques quand on courait encore dans des catégories différentes ?* » La rivalité entre les deux hommes n'est pas encore sportive. Rossi et Biaggi ne concourent pas dans la même

VALENTINO ROSSI (À GAUCHE) ET MAX BIAGGI (À DROITE) LORS DU GRAND PRIX D'ITALIE EN 2008.

catégorie. Max Biaggi est né en 1971 et Valentino Rossi en 1979. Huit années les séparent. Biaggi débute sa carrière sportive en 1991 par le championnat du monde en 250 cm3 sans passer par le 125 cm3. Après une saison sans victoire, l'Italien remporte un premier succès en Afrique du Sud en 1992. En 1994, Max Biaggi est sacré champion du monde dans cette catégorie de motorisation. L'Italien prend son temps avant d'accéder à la catégorie reine des 500 cm3, l'ancêtre de la Moto GP. Il remporte le titre mondial en 250 cm3 durant quatre saisons avant de tenter l'aventure en 1998. Biaggi abandonne les 250 cm3 après quatre-vingt-dix-sept Grands Prix et cinquante-trois podiums dont vingt-neuf victoires entre 1992 et 1997.

Valentino Rossi suit son compatriote à la trace. Au bout de deux saisons en 125 cm3 en 1996 et 1997, le Transalpin est sacré champion du monde sur une Aprillia en remportant douze victoires sur les trente courses disputées. En 1998, l'Italien débarque en 250 cm3 et termine deuxième du championnat dès sa première saison dans cette catégorie. L'année suivante, il devient champion du monde en 250 cm3 et se sent prêt à affronter Max Biaggi dans la catégorie supérieure. Ce dernier a réussi sa première saison en 500 cm3 en terminant deuxième au classement du championnat du monde et en remportant deux victoires sur Honda, au Japon et en République Tchèque. L'année suivante, Biaggi se classe quatrième du championnat du monde, cette fois sur Yamaha, en ne remportant qu'une victoire en Afrique du Sud. La grande explication transalpine va pouvoir avoir lieu. Valentino Rossi est un jeune pilote qui a réussi à s'imposer dans le cœur des tifosi par sa légèreté et ses excentricités. Il est ambitieux et ne vit que pour la victoire. Biaggi est plus réservé et plus distant. Dès la saison 2000, Biaggi et Rossi s'affrontent dans le même championnat en 500 cm3. Le premier Grand Prix, à Suzuka au Japon en 2001, plante le décor. Virage après virage, ils se cherchent, leur duel est intense, jusqu'à ce que Biaggi écarte le coude en ligne droite, poussant Rossi à un passage hors piste. Au tour suivant, Rossi trouve l'ouverture pour prendre l'avantage sur le Romain et le gratifie ostensiblement d'un doigt d'honneur. « *C'est vrai que je lui ai fait un doigt d'honneur* », reconnaît Valentino Rossi à l'issue de la course. « *Ce fut une bagarre vraiment dure. C'était très serré au freinage. On s'est touchés deux ou trois fois mais cela fait partie de la course. Dans la ligne droite, il me voit et il essaie de me toucher pour me sortir de la piste. C'est dangereux car nous sommes tous très nerveux durant la course et on peut se faire une frayeur assez facilement.* »

« CE FUT UNE BAGARRE VRAIMENT DURE. C'ÉTAIT TRÈS SERRÉ AU FREINAGE. ON S'EST TOUCHÉS DEUX OU TROIS FOIS MAIS CELA FAIT PARTIE DE LA COURSE. DANS LA LIGNE DROITE, IL ME VOIT ET IL ESSAIE DE ME TOUCHER POUR ME SORTIR DE LA PISTE. »

Le conflit entre les deux champions est évident. Rossi a grandi dans l'ombre de Biaggi. Il a attendu de nombreuses saisons avant d'en découdre sur la piste avec son aîné. Ce geste d'agressivité en appelle d'autres, et l'apogée est atteinte deux mois plus tard, à Barcelone, lors du Grand Prix de Catalogne. Dans l'escalier qui mène au podium, leur confrontation se fait plus musclée car l'entourage s'en mêle et les noms d'oiseaux volent. Max Biaggi aurait frappé Gibo Badioli, le manager de Rossi, sur l'échelle qui mène au podium. Badioli aurait poussé Biaggi qui aurait réagi. Valentino Rossi serait intervenu, ce qui aurait provoqué une lutte entre les deux Italiens. Une marque sur le visage de Max Biaggi et quelques témoignages laissent penser que les deux Italiens en seraient venus aux mains. S'ils ne se sont confiés que du bout des lèvres sur ce qui s'est réellement passé à l'abri des regards, ils ont aussi parfois changé de version. Pour expliquer la trace sous son œil, Biaggi explique qu'il s'est fait piquer par un moustique. Un incident exploité par les médias italiens. À l'issue de cette saison, Valentino Rossi termine devant son compatriote au classement du championnat du monde. Vainqueur en Angleterre et au Brésil, le « *rookie* » réalise une formidable première saison en 500 cm3 en montant sur le podium à dix reprises. Max Biaggi se contente de la troisième place au général avec quatre podiums pour deux victoires en République Tchèque et en Australie. Biaggi a chuté à plusieurs reprises durant la saison et n'a pu se battre pour le titre.

Rossi va poursuivre sa domination sur Biaggi en remportant le titre mondial en 500 cm3, puis en Moto GP lors des cinq saisons suivantes. Deux fois deuxième en 2001 et 2002, puis deux fois troisième en 2003 et 2004, puis cinquième en 2005, Max Biaggi subit la loi de la grande star du championnat du monde de Moto GP jusqu'à la fin de sa carrière sportive. Durant ces cinq saisons, Biaggi remporte dix Grands Prix alors que son grand rival en gagne cinquante et un. Pire encore, Biaggi ne sera jamais champion du monde en Moto GP. Il décroche au mieux deux victoires dans la saison, alors que Valentino Rossi oscille entre neuf et onze succès par championnat. Lors des conférences de presse d'après course, les deux pilotes italiens ne se regardent pas et ne s'adressent jamais la parole. Ils ne se serrent jamais la main. Biaggi ne parviendra jamais à trouver la clé pour battre Rossi. La saison 2005 est la plus décevante et aussi la dernière qu'il dispute en Moto GP. Il retrouve ensuite le chemin du succès en remportant deux titres en Superbike. Loin de Rossi !

« AU DÉBUT DE MA CARRIÈRE, TOUT SE PASSAIT TRÈS BIEN, ENSUITE VALENTINO ROSSI EST ARRIVÉ ET JE SUIS DEVENU LE MÉCHANT. NOTRE RIVALITÉ A PORTÉ LA MOTO EN DEHORS DU CERCLE DES PASSIONNÉS. MAIS C'ÉTAIT JUSTE UNE FAÇADE. QUI ME CONNAÎT SAIT QU'EN DEHORS DE LA PISTE, JE SUIS UNE AUTRE PERSONNE. »

En parallèle à cette rivalité sportive et italienne, c'est une rivalité industrielle qui anime les deux champions dès la saison 2001. Les constructeurs japonais qui les emploient, Yamaha et Honda, se livrent une lutte sans merci pendant plusieurs saisons. Max Biaggi se console parfois en se réjouissant d'être le meilleur pilote de l'écurie Yamaha. Une maigre consolation face à l'insolente réussite de Valentino Rossi sur Honda. En 2003, Biaggi signe chez Honda puis l'année suivante Rossi signe chez Yamaha. Le résultat du championnat du monde ne change pas. Rossi domine outrageusement Biaggi sur la piste. Pour Max Biaggi : « *Au début de ma carrière, tout se passait très bien, ensuite Valentino Rossi est arrivé et je suis devenu le méchant. Notre rivalité a porté la moto en dehors du cercle des passionnés. Mais c'était juste une façade. Qui me connaît sait qu'en dehors de la piste, je suis une autre personne. Nous ne nous sommes jamais cherchés, et je ne pense pas que ça arrivera. J'étais le diable et lui l'ange souriant. Mais maintenant que les choses ne vont plus si bien, il ne rigole plus comme avant. C'est alors qu'une idée me vient en tête : il est comme une fleur qui perd ses pétales. Moi en revanche, j'ai refleuri !* »

À partir de la saison 2005, les tensions s'atténuent entre les deux champions en même temps que Biaggi s'éloigne des premières places. S'il n'est jamais parvenu à remporter le titre mondial en Moto GP, Biaggi a marqué l'histoire de la catégorie. Un peu moins que son grand rival, champion du monde à sept reprises. Depuis ces dernières années, la rivalité entre les deux hommes s'est estompée. Rossi et Biaggi ont échangé des messages d'estime. La hache de guerre est enterrée.

YAMAHA
movistar
46
ENEOS
YAMALUBE
ENEOS

VALENTINO ROSSI EN COURSE LORS DU GRAND PRIX D'ESPAGNE EN 2016.

Marvin Hagler Ray Sugar Leonard Roberto Duran Thomas Hearns

C'est un temps que les moins de trente ans ne peuvent pas connaître. Dans les années 1970 et 1980, quatre champions légendaires ont alimenté les sommets de la boxe mondiale dans la catégorie des poids moyens puis des super-moyens. Quatre artistes qui ont fait vivre aux amateurs de boxe « des combats du siècle » comme jamais ils n'en avaient connus auparavant. Une époque unique dans l'histoire de la boxe. Les Américains Marvin Hagler, Ray Sugar Leonard, Thomas Hearns et le Panaméen Roberto Duran ont éclipsé, l'espace de quelques années, la catégorie reine des poids lourds avant l'avènement d'un certain Mike Tyson.

Chacun d'entre eux va construire sa légende de son côté durant plusieurs années avant d'affronter les autres membres de cet illustre quatuor. Ils étaient surnommés les « *Fabulous Four* ». La première légende à remporter une couronne mondiale est Marvin Hagler, surnommé « *The Marvelous* ». Volé par les juges en novembre 1979 qui ne lui offrent qu'un match nul face à l'Italien Vito Antuofermo, champion du monde en titre, Hagler prend sa revanche quelques mois plus tard. Le 27 septembre 1980 au cœur de la prestigieuse Wembley Arena de Londres, cet Américain de 26 ans s'empare des titres mondiaux WBA et WBC des moyens par K.-O. face au Britannique Alan Minter. Le point de départ d'une suprématie sans partage qui verra Marvin Marvelous Hagler écarter tous ses adversaires durant sept longues années.

À la même période, plusieurs boxeurs semblent accéder au sommet de leur art. Le 2 août 1980, Thomas Hearns remporte, à vingt-deux ans, une ceinture de champion du monde WBA des welters en détrônant par K.-O. à la deuxième reprise le Mexicain Pipino Cuevas. La troisième légende est aussi américaine. Champion olympique à Montréal au Canada en 1976 dans la catégorie des super-légers, Ray Sugar Leonard remporte sa première ceinture de champion du monde face à Wilfried Benitez le 30 novembre 1979 à Las Vegas lors de son vingt-sixième combat professionnel.

Enfin Roberto Duran, la quatrième légende, a pris un peu d'avance sur ses futurs adversaires car il est un peu plus âgé. Le 26 juin 1972, le Panaméen, âgé de vingt-neuf ans, est déjà célèbre et

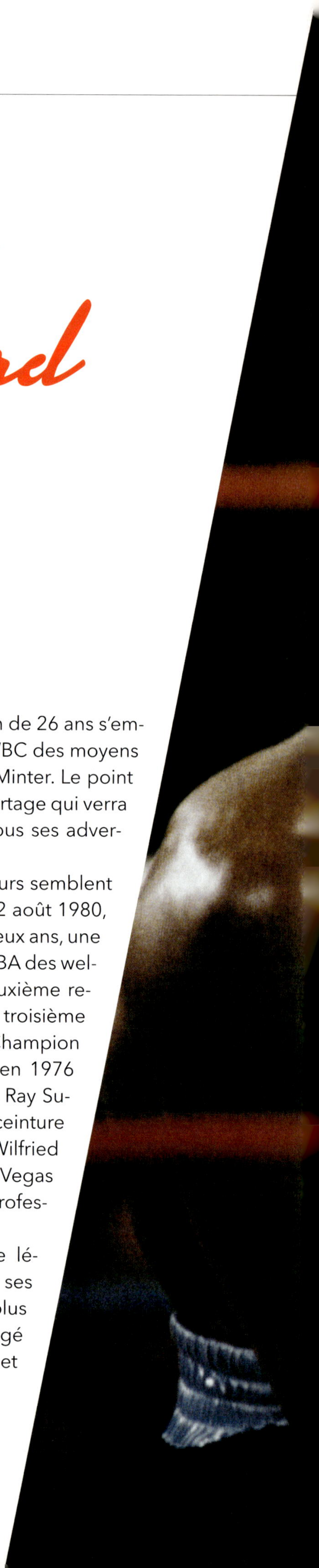

MARVIN HAGLER (À GAUCHE) FACE À THOMAS HEARNS EN 1985 AU CAESARS PALACE DE LAS VEGAS. L 'UN DES PLUS GRANDS COMBATS DE L'HISTOIRE DE LA BOXE.

riche lorsqu'il remporte à New York une première ceinture de champion du monde face Ken Buchanan, un jeune britannique.

Celui qui est surnommé « Mano de Piedra » (main de pierre) débute ainsi le « *Fabulous Four* » en disputant un soixante-treizième combat, le 20 juin 1980, face à Ray Sugar Leonard. Le boxeur panaméen s'ennuie chez les légers et décide de quitter cette catégorie en janvier 1979 pour tenter de chasser en poids welters. Face à Leonard, champion du monde WBC, le boxeur sud-américain prend le risque d'une seconde défaite face à un champion plus jeune de six ans et invaincu en vingt-huit combats professionnels. Le seul boxeur à avoir trouvé la faille chez Roberto Duran en soixante-treize combats professionnels est le Portoricain Esteban de Jesus. Ce dernier subit un terrible K.-O. lors de la revanche face au Panaméen.

À Montréal où Leonard est devenu champion olympique en 1976, Roberto Duran réalise l'un des plus beaux combats de sa longue carrière et remporte une prestigieuse victoire aux points au terme des quinze rounds de ce championnat du monde. Rappelons que les combats pour un titre mondial comprenaient, à cette époque, un maximum de quinze reprises contre douze aujourd'hui. Durant ce combat, Roberto Duran insulte et provoque son adversaire. Leonard choisit de s'aventurer sur le territoire de Duran en tentant de devenir un guerrier redoutable et en acceptant le combat plutôt que de s'appuyer sur ses qualités techniques et son style aérien. Leonard concède ainsi sa première défaite chez les professionnels. Heureusement pour les amateurs de boxe, une revanche est déjà prévue et signée.

Cinq mois plus tard, le 25 novembre 1980, les deux hommes se retrouvent sur un ring à la Nouvelle-Orléans. Ray Sugar Leonard, qui n'est pas favori pour les spécialistes, va s'appuyer cette fois sur son intelligence stratégique pour déjouer tous les pronostics et prendre sa revanche. Duran utilise la même méthode que lors du premier face-à-face en avançant sur son adversaire, mais Leonard est beaucoup plus mobile que lui. Il joue avec Duran, tourne autour de lui, virevolte et lance ses flèches meurtrières. Duran est incapable de s'adapter et de changer de stratégie. Il subit les provocations du jeune Américain qui lui montre, un brin chambreur, la pointe de son menton comme une cible impossible à atteindre. Très bien préparé, Ray Sugar Leonard attend le meilleur moment pour porter le coup de grâce à son adversaire. À la fin du huitième round et alors qu'il ne reste que trente secondes avant le repos, Duran abandonne. Il refuse de poursuivre le combat alors qu'il n'est ni blessé ni sonné. Il est simplement désabusé. Le Panaméen baisse les gants et prononce deux mots qui rentreront dans la légende de la boxe : « *no mas* » qui signifie « assez ». Roberto Duran expliquera son abandon par des crampes d'estomac qui l'auraient empêché de remporter ce combat. Un prétexte qui ne convaincra personne tant la différence de mobilité était flagrante entre les deux hommes.

INVAINCU EN TRENTE-DEUX COMBATS, CELUI QUE L'ON SURNOMME « THE HIT MAN » (« LE TUEUR À GAGES ») EST L'UN DES GRANDS NOMS DE LA BOXE MONDIALE. IL POSSÈDE UN AVANTAGE SUR LEONARD : IL EST PLUS GRAND DE DIX CENTIMÈTRES. IL PARAÎT AUSSI TRÈS RAPIDE. MAIS EN REVANCHE, IL SEMBLE MOINS MOBILE. ET C'EST CE QUI VA CAUSER SA PERTE.

Détenteur de la ceinture mondiale WBC, et après deux défenses victorieuses, Ray Sugar Leonard prend la décision de se lancer à la conquête de la ceinture WBA détenue par un certain Thomas Hearns. Invaincu en trente-deux combats, celui que l'on surnomme « *The Hit Man* » (« Le Tueur à gages ») est l'un des grands noms de la boxe mondiale. Il possède un avantage sur Leonard : il est plus grand de dix centimètres. Il paraît aussi très rapide. Mais en revanche, il semble moins mouvant. Et c'est ce qui va causer sa perte. Le combat est d'une rare intensité et d'une extrême violence. Leonard et Hearns se rendent coup pour coup. « The Hit Man » fait preuve d'une incroyable capacité à encaisser les coups de son adversaire. Hearns finit par plier sans rompre. Il est arrêté par l'arbitre lors de la quatorzième reprise. Leonard peut jubiler. Il vient de remporter l'un des plus beaux combats de sa carrière. Une voie royale est tracée pour le détenteur des ceintures WBC et WBA des welters. Malheureusement, Sugar Ray Leonard souffre d'un décollement de la rétine à un œil depuis ce combat face à Hearns. Il est contraint de prendre sa retraite sportive et de quitter les rings à l'issue de sa victoire, quelques

mois plus tard, face à Bruce Finch, en février 1982. Sa licence ne peut être renouvelée dans ces conditions par les plus hautes instances de la boxe américaine. L'une des plus grandes vedettes mondiales des rings se retire au grand regret de toute l'Amérique.
Depuis sa victoire face à Minter, Marvin Hagler a défendu son titre à sept reprises pour autant de victoires avant la limite. Le moment est venu pour lui de rencontrer Roberto Duran, le 10 novembre 1983, un boxeur panaméen qui a encore connu les méandres de la défaite depuis son renoncement face à Leonard. Roberto Duran dispute sept combats mais encaisse deux défaites en janvier et septembre 1982 avant de remporter une nouvelle ceinture mondiale WBA en super-welters, le 16 juin 1983, mettant fin à l'invincibilité de Davey Moore. Cinq mois plus tard, le 10 novembre 1983, Roberto Duran rencontre Marvin Hagler à Las Vegas pour les ceintures WBA, WBC et IBF. Les deux grands champions se livrent un combat épique. Duran parvient à ouvrir l'arcade sourcilière gauche de Hagler et à atteindre le terme des quinze rounds de ce combat au sommet. Une performance face à celui qui est considéré comme le plus grand boxeur toutes catégories confondues. Au douzième round, le décompte des juges est très serré. Duran peut encore l'emporter. Conscient qu'il lui faut gagner les trois dernières reprises, Marvin Hagler accélère et durcit le combat pour remporter une soixantième victoire chez les professionnels, cette fois aux points. Roberto Duran échoue de peu dans sa quête de devenir le premier quadruple champion du monde de l'histoire de la boxe. Battu de très peu dans le décompte des juges, le Panaméen confie à l'issue du combat sa volonté de ne pas solliciter de revanche. Duran sait, au fond de lui, qu'une défaite aux points face à Hagler est déjà une petite victoire.
D'autres adversaires prestigieux attendent le Panaméen pour de nouveaux grands combats. À commencer par Thomas Hearns. Depuis sa défaite face à Leonard, le longiligne boxeur américain a retrouvé le chemin de la victoire à six reprises. « The Hitman » a aussi remporté une ceinture mondiale WBC en super-welters en dominant aux points Wilfred Benitez, en décembre 1982.
Le 15 juin 1984, Duran et Hearns se retrouvent à Las Vegas pour un nouveau championnat du monde. Un combat d'une grande violence au cours duquel Hearns, plus grand que son adversaire, impose sa vitesse et son allonge. Duran est envoyé au tapis à deux reprises dès le premier round. Hearns termine le travail et exécute son adversaire lors du deuxième round sur un crochet du droit. Duran mange la poussière et s'incline par K.-O. face à un boxeur hors de portée pour lui. Désormais, Hearns n'a qu'une obsession : mettre fin à la suprématie de Marvin Hagler dans la catégorie des poids moyens après avoir remporté une ceinture mondiale en welters et en super-welters. Après une nouvelle défense de titre face à Fred Hutchings, Hearns va enfin pouvoir toucher son rêve et rencontrer son compatriote. Le combat de la décennie est signé !
Car ce combat entre Hearns et Hagler va entrer dans la légende de la boxe comme l'un des combats les plus beaux, les plus violents, les plus acharnés de l'histoire. Un des plus grands combats du siècle, organisé le 15 avril 1985 à Las Vegas. Âgé de trente-et-un ans, Hagler semble indestructible, tant il domine tous les adversaires qui acceptent de le rencontrer. Hearns est plus jeune de quatre ans. Son 1,93 mètre et son allonge sont des atouts pour mettre fin à la suprématie de Marvin Hagler. Une victoire par K.-O. de l'un des deux champions semble inévitable. Lors de la conférence de presse d'avant combat, les mots de Marvin Hagler sont clairs : « *Je n'ai qu'une chose en tête, la guerre ! Il n'y a pas de doute, dans mon esprit, Hearns sera K.-O. Je vais le détruire* ». Hearns répond à son adversaire : « *Le combat n'ira pas à la limite. Hagler n'est rien. Il subira le même sort que Duran, et même plus violemment* ».
Le combat tient toutes ses promesses malgré une durée limitée : huit minutes. Huit minutes d'une violence inouïe, de coups sans interruption, sans temps d'observation. Ces deux boxeurs se détestent et se livrent une lutte effrénée. Dès le deuxième round, Hagler est touché à l'œil droit alors que Hearns tente de retrouver un second souffle sans pour autant refuser le combat. Son sourire provocateur à l'issue de cette seconde reprise tente de déstabiliser Hagler. C'est de l'intox. Dans le troisième round, Hagler avance sur Hearns alors que ce dernier est très mobile et tente de toucher son adversaire en contre. Le sang coule sur le visage de Hagler et semble le gêner. De peur que le combat soit arrêté à cause de cette ouverture au-des-

sus et en-dessous de son œil droit, Hagler accélère pour mettre fin le plus vite possible à ce combat. Sur un direct du droit et face au sourire de Hearns, Hagler trouve la faille. Thomas Hearns continue de voler sur la surface du ring mais le crash est déjà programmé. Au bout de huit minutes et cinq secondes de combat, Thomas Hearns s'écroule, puis tente de se relever tel un pantin désarticulé. L'arbitre décide de l'arrêter. Marvin Hagler remporte l'un des plus grands combats du vingtième siècle et devient l'un des plus grands boxeurs de l'histoire.

Hagler, Hearns, Duran, Leonard : seul le combat entre Hagler et Leonard semble impossible à organiser puisque Leonard est retiré des rings depuis 1982. Pourtant, Sugar Ray Leonard tente un come-back à la surprise générale, le 5 novembre 1984, face à Kevin Howard, un illustre inconnu. Pour la première fois de sa carrière, Leonard est envoyé au tapis pour finalement l'emporter au neuvième round. « Je n'ai plus rien à faire ici. La passion m'a quitté ! », déclare-t-il à l'issue de ce décevant combat de reprise. Le charismatique champion américain se retire une nouvelle fois des rings. Une retraite sportive provisoire. Près d'un an et demi plus tard, Leonard va donner des signes de son désir de revenir sur les rings. Lors d'une interview en mars 1986 en direct à la télévision, Ray Sugar Leonard confie son envie d'affronter Marvin Hagler. Quelques semaines plus tard, le New York Times publie une interview du champion en retraite qui confie : « *Le feu a repris en moi. Je ne veux que Hagler. Lui seul peut motiver mon retour. Ma blessure à l'œil est arrivée au moment où je voulais l'affronter. Ce défi m'excite, car personne ne pense que je peux gagner. Je veux prouver le contraire ! Au fond de moi, je sais que je suis le seul boxeur au monde qui sache battre Marvin Hagler !* » Le « Super-Fight » est lancé ! Il suffit désormais de convaincre Marvin Hagler d'accepter un combat dans lequel il a plus à perdre qu'à gagner. Une des conditions à la réalisation de ce match est la guérison de Leonard. Une guérison effective qui conduit une grande assurance à couvrir le boxeur pour ce combat. Après un succès face à John Mugabi, Marvin Hagler souhaite conquérir le cœur des Américains. Il sait qu'il n'aurait pas le beau rôle face à Leonard. Mais comment refuser les douze millions de dollars proposés par le célèbre promoteur Bob Arum pour disputer ce combat. Il finit par accepter. L'affrontement est enfin programmé en plein air, en avril 1987. L'opposition semble déséquilibrée et Leonard paraît inconscient en tentant d'affronter une véritable machine de guerre, un destructeur. Les onze millions de sa bourse peuvent aussi être considérés comme un premier élément de réponse. L'autre raison possible est que Ray Sugar Leonard est l'un des seuls à croire en sa propre victoire. Seule la WBC décide de suivre ce combat. Les autres fédérations, WBA et IBF, ne souhaitent pas que ce combat soit disputé en leur nom. Une erreur tant cette confrontation prévue en douze rounds rentrera aussi dans la légende de la boxe.

Quand Leonard vient à la rencontre de son adversaire à l'issue de cette décision contestée, Hagler lui exprime sa déception et refuse de le saluer alors qu'il avait accepté de l'étreindre dès la fin du combat. On ne reverra plus jamais Marvin Hagler sur un ring.

Le 6 avril 1987, la subtilité de Leonard affronte la puissance de Hagler. Les deux boxeurs sont parfaitement préparés. Leonard décide de bouger en permanence sur la surface du ring pour ne pas se laisser fixer par Hagler, surnommé « La Machine de Brockton ». Il virevolte tout autour de son adversaire et plante ses banderilles. Son entraîneur Angelo Dundee lui a conseillé de fatiguer Hagler et de marquer des points grâce à sa mobilité, car en puissance pure, il n'a aucune chance. Hagler semble manquer d'énergie pour mettre fin à la danse effrénée de Leonard qui s'autorise un moulinet dans la quatrième reprise, comme aimait le faire Mohamed Ali. Une provocation que Hagler apprécie peu. Mais ce dernier ne semble pas en mesure de trouver la solution pour mettre fin au combat. À l'issue de douze rounds disputés, les deux boxeurs lèvent les bras, persuadés de leur propre victoire. Hagler entame même un pas de danse en attendant la confirmation de son succès alors que Leonard semble exténué de fatigue. Atteindre la fin des douze rounds est déjà une victoire pour lui. La majorité des observateurs voient Hagler vainqueur de ce combat avec une courte avance. C'est pourtant Leonard qui est déclaré vainqueur par les juges !

Un juge conclut à la victoire de Leonard avec deux points d'avance alors qu'un autre voit au contraire la victoire de Hagler avec le même écart. Le décompte du dernier juge est déterminant. 118-110 pour Leonard. Trop gros pour être honnête ! Hagler semble désabusé et confie à un journaliste que ce combat était un piège. « *Je réalise maintenant que j'ai combattu dans la ville du jeu. Nous sommes à Las Vegas* ». Il est persuadé que la mafia a orchestré sa défaite alors qu'il était le grandissime favori pour remporter des millions de dollars par le biais des paris. « *J'ai gagné le combat. Il n'y a pas de doutes. Je suis le plus grand et Leonard sait qu'il a perdu* ». Quand Leonard vient à la rencontre de son adversaire à l'issue de cette décision contestée, Hagler lui exprime sa déception et refuse de le saluer alors qu'il avait accepté de l'étreindre dès la fin du combat. On ne reverra plus jamais Marvin Hagler sur un ring. Cette défaite sera son ultime combat au terme d'une carrière forte de soixante-deux victoires pour trois revers et deux matchs nuls. Il ne reviendra pas. De son côté, Leonard poursuit sa carrière par une défense victorieuse face à Donny Lalonde avant de retrouver Thomas Hearns, le 12 juin 1989, pour une revanche. Si Hearns a connu la défaite par K.-O. face à Iran Barckley, il est parvenu à reprendre une ceinture mondiale quelques mois plus tard en prenant le meilleur sur James Kirchen. Le combat face à Leonard est donc l'occasion pour « The Hitman » de retrouver l'ambiance des combats au sommet. Toujours à Las Vegas, les deux boxeurs se livrent un combat acharné qui va jusqu'à son terme. Si Leonard avait remporté le premier combat, il doit concéder le match nul dans cette seconde rencontre. Selon un premier juge le décompte était de 113/112 pour Leonard, 113/112 pour Hearns selon un second juge et 112/112 selon un troisième. Un combat au sommet sans vainqueur, qui préserve les ceintures mondiales des deux champions.

Thomas Hearns poursuivra sa carrière jusqu'en 2006 et remportera, entre autres, une belle victoire face à Virgil Hill en 1991. Au terme d'une carrière ponctuée de soixante-et-une victoires pour cinq défaites et un match nul, Hearns est considéré comme l'un des grands noms de l'histoire de la boxe. Il reste un combat à aborder. Celui qui oppose Ray Sugar Leonard à Roberto Duran, le 7 décembre 1989. Petit rappel : Duran avait remporté un premier combat face à Leonard avant d'abandonner lors du second. C'est donc une belle qui est organisée entre ces deux très grands boxeurs. Plus que des boxeurs, ce sont même deux mythes qui s'affrontent. Leonard a déjà remporté des titres mondiaux dans cinq catégories différentes alors que Duran a gagné des titres dans quatre catégories. À trente-trois ans, Leonard entretient son image de gendre idéal auprès des fans lors d'entraînements payants. Les treize millions de dollars de bourse liés à ce combat devraient lui permettre d'atteindre les cent millions de dollars de gains sur l'ensemble de sa carrière. Contrairement à lui, Roberto Duran rencontre quelques soucis avec le fisc mexicain. À trente-huit ans, il a aussi perdu beaucoup d'argent au casino. Il est donc contraint d'accepter ce combat qui devrait lui rapporter plus de sept millions de dollars.

Le *jab* et la technique de Leonard auront une nouvelle fois raison du manque de mobilité de Duran. Car il faut bien le reconnaître : à aucun moment Duran n'est en mesure de contester la suprématie du virtuose américain, à l'exception de quelques éclairs de génie dans la deuxième reprise. Dès le sixième round, le combat tourne à la démonstration de la domination de Ray Sugar Leonard. Victorieux de manière écrasante aux points, Leonard remporte cette belle sans trop de difficultés. Cette opposition constitue la dernière entre les quatre légendes de la boxe. Ray Sugar Leonard ne disputera plus que deux combats, en 1991 face à Terry Norris pour une défaite aux points puis, en 1997 face à Hector Camacho pour une défaite par K.-O. Un dernier combat de trop qui ne salit pas un palmarès de trente-six victoires pour trois défaites et un match nul. Robert Duran, quant à lui, poursuit sa carrière jusqu'en 2001, puis prend sa retraite après vingt-trois années d'une carrière qui aurait dû s'achever plus tôt, au terme d'un palmarès de cent-dix-neuf combats pour cent-trois victoires, si une gestion de vie, de fortune et de carrière n'avait pas été si peu adéquate. Mais Roberto Duran laissera son nom au Panthéon de la boxe comme Thomas Hearns, Ray Leonard et Marvin Hagler. Les quatre fantastiques céderont ensuite la place dans la lumière à l'un des plus grands poids lourds de l'histoire : Mike Tyson.

ROBERTO DURAN (À GAUCHE) FACE À RAY SUGAR LEONARD LE 25 NOVEMBRE 1980 À LA NOUVELLE-ORLÉANS.

Cristiano Ronaldo versus Lionel Messi

ILS SE RESPECTENT MAIS SONT AVANT TOUT DES ADVERSAIRES. UN SALUT POLI ET QUELQUES MOTS ÉCHANGÉS LORSQU'ILS SE CROISENT. LES PHOTOGRAPHES ET LES CAMERAMEN SONT HEUREUX D'IMMORTALISER CET INSTANT POUR LE DIFFUSER DANS LE MONDE ENTIER. MAIS IL EXISTE UN RENDEZ-VOUS, CHAQUE ANNÉE, QUI CONSACRE L'UN D'ENTRE EUX COMME LE MEILLEUR JOUEUR EUROPÉEN, AU DÉTRIMENT DE L'AUTRE.

Tous les meilleurs joueurs de football de la planète sont réunis, une fois par an, dans la même salle à l'occasion de la remise du célèbre « Ballon d'or France Football » devenu temporairement le « Ballon d'or FIFA » entre 2010 et 2016. Créée en 1956 par le magazine français, cette récompense est devenue, au fil des années, la grande récompense individuelle du football. Elle sacre le meilleur joueur de football évoluant en Europe, considéré comme le meilleur joueur du monde. Nous sommes le 7 janvier 2013, lors de la remise du trophée pour l'année 2012. Ce soir-là, Cristiano Ronaldo éprouve des difficultés à masquer sa déception. Pour la quatrième saison consécutive, son principal concurrent au titre de meilleur joueur du monde, Lionel Messi, le devance au palmarès. L'Argentin est devenu le grand rival du Portugais, voire sa bête noire. Deuxième du classement général du Ballon d'or en 2007 derrière le Brésilien Kaka mais devant Lionel Messi, puis vainqueur en 2008 sous le maillot du Real Madrid devant l'Argentin, le Portugais attend avec impatience une deuxième récompense à ranger dans sa salle des trophées. Malheureusement, les saisons se suivent et se ressemblent pour Cristiano Ronaldo. Le monde du football lui préfère son rival du FC Barcelone pour la quatrième année consécutive. Mais le Portugais ne désarme pas. Ce modèle d'abnégation est persuadé que son heure viendra à nouveau. Les rivalités entre les grands champions font vibrer les observateurs. Elles sont source de motivation pour ceux et celles que ces rivalités réunissent.

Cristiano Ronaldo va progressivement refaire son retard sur Lionel Messi. Il s'octroie quatre Ballons d'or sur les cinq saisons suivantes contre un seul pour l'Argentin. Difficile d'écrire sur une rivalité alors que les protagonistes n'ont pas encore mis fin à leur carrière sportive. Celle qui sépare Cristiano Ronaldo et Lionel Messi est totale. La planète football a la chance

CRISTIANO RONALDO BUTEUR DU REAL MADRID AVANT SON DÉPART À LA JUVENTUS DE TURIN.

de vivre, en simultané, le parcours de deux des plus grands artistes de l'histoire du ballon rond. Deux cannibales qui font tout pour laisser la plus grande trace possible dans l'histoire du football. Cette chance est de les voir s'affronter plusieurs fois par saison au sein de la Liga, le championnat espagnol. De manière directe lors des matchs entre le Real et le Barça, mais aussi à distance, à travers le titre de meilleur buteur du championnat et de la Ligue des Champions. Les statistiques des deux joueurs sont édifiantes : entre trente et quarante buts inscrits chaque saison en Liga (Messi en a même inscrit cinquante lors de la saison 2011-2012), une centaine de buts inscrits en Ligue des Champions avec leur club respectif sur l'ensemble de leur parcours. Rien n'arrête cette rivalité qui va bientôt prendre fin car les deux joueurs vont mettre un terme à leur carrière sportive dans les prochaines saisons. Ce qui pourrait faire la différence entre eux, c'est une victoire en finale de la Coupe du monde avec leur équipe nationale respective. Si Messi a pu accéder à la finale mondiale en 2014 face à l'Allemagne, il n'a pu offrir le plus beau des trophées à son pays comme l'avait réalisé Diego Maradona en 1986 au Mexique avec l'Argentine face à la RFA.

Finaliste malheureux face à l'Allemagne, l'Argentin semble maudit avec l'Albiceleste. Depuis son titre olympique en 2008 avec la sélection nationale argentine, Messi a connu la défaite en finale à quatre reprises : une fois en Coupe du monde et trois en Copa America. À chaque fois, sans inscrire le moindre but. Offrir une belle victoire à son pays, Cristiano Ronaldo y est parvenu lors de l'Euro 2016 en France. Après un parcours très médiocre jusqu'en demi-finale, le Portugal l'emporte face au Pays de Galles avant de remporter le trophée continental face à la France en finale, après prolongations. Blessé au cours de cette finale, Cristiano Ronaldo quitte ses partenaires dès la vingt-quatrième minute de jeu mais parvient à les soutenir depuis le bord du terrain. Le Portugal remporte son premier grand trophée international face à la France, celle qui était, jusqu'alors, sa bête noire en matchs internationaux. La rivalité entre Messi et Ronaldo dépasse le cadre du terrain. Elle porte aussi sur les revenus cumulés tout au long de leur carrière. Des centaines de millions d'euros engrangés depuis le début de leur carrière respective.

Leur concurrence se mesure aussi à l'impact de ces deux stars dans les réseaux sociaux. La communauté de Messi et Ronaldo regroupe des millions de fans ou de *followers*. Aujourd'hui rivaux, Lionel Messi et Cristiano Ronaldo pourraient devenir amis à l'issue de leur carrière, comme des retraités nostalgiques d'une époque révolue se remémorant de vieux souvenirs. Cristiano Ronaldo confia un jour à *Fox Sports Argentina* : « *Nous ne sommes pas amis mais c'est un confrère. Avec tous les trophées que nous avons gagnés depuis dix ans, nous avons partagé beaucoup de moments ensemble. J'ai une bonne relation avec lui. On ne dîne pas ensemble mais je le respecte. C'est un collègue, pas un rival. Ma relation avec lui est cordiale. Nous nous respectons.* »

« Je ne sais pas si nous serons amis un jour. Pour devenir des amis, il faut passer beaucoup de temps ensemble et apprendre à se connaître. Nous n'avons aucune relation, principalement parce que nous nous voyons seulement lors des cérémonies. C'est à ces occasions que nous parlons. Tout va bien entre nous, mais nos vies ne se croisent pas très souvent. »

Officiellement, Lionel Messi considère Cristiano Ronaldo comme un crack. Questionné sur une éventuelle amitié avec son rival portugais, Lionel Messi déclara il y a quelques années au média espagnol *Marca* : « *Je ne sais pas si nous serons amis un jour. Pour devenir des amis, il faut passer beaucoup de temps ensemble et apprendre à se connaître. Nous n'avons aucune relation, principalement parce que nous nous voyons seulement lors des cérémonies. C'est à ces occasions que nous parlons. Tout va bien entre nous, mais nos vies ne se croisent pas très souvent.* »

Un jour, les deux hommes ne se croiseront plus lors des grandes soirées de remise du Ballon d'or. Un certain Neymar aura peut-être débuté une longue série de succès. À moins que cela soit son plus grand rival, un certain Kylian Mbappé qui lui a volé la vedette lors de la Coupe du Monde en Russie.

LIONEL MESSI BUTEUR AVEC L'ÉQUIPE D'ARGENTINE.

50 RIVALITÉS SPORTIVES
QUI ONT MARQUÉ L'HISTOIRE

LES FACE-À-FACE CONSTRUISENT LA LÉGENDE DU SPORT. « PLUS VITE, PLUS HAUT, PLUS FORT », LA DEVISE OLYMPIQUE TROUVE TOUT SON SENS DANS CETTE CATÉGORIE. LES LÉGENDAIRES SONT DES DUELS PARFOIS INCERTAINS ENTRE DES CHAMPIONS ET DES CHAMPIONNES QUI ONT ACCÉDÉ AU PANTHÉON DU SPORT. DES ATHLÈTES FACE À DES ATHLÈTES, DES CHAMPIONS OU CHAMPIONNES FACE À DES PAYS.

LES LÉGENDAIRES

Carl Lewis versus Ben Johnson

C'EST L'UNE DES PLUS GRANDES RIVALITÉS DU SPRINT MONDIAL. UNE LUTTE ENTRE DEUX ATHLÈTES QUI ABOUTIRA AU PLUS GRAND SCANDALE DE DOPAGE DE L'HISTOIRE DES JEUX OLYMPIQUES. LE 26 SEPTEMBRE 1988, UNE INFORMATION PRODUIT L'EFFET D'UNE BOMBE ATOMIQUE SUR LA PLANÈTE SPORTIVE. LE CANADIEN BEN JOHNSON A ÉTÉ CONTRÔLÉ POSITIF À L'ISSUE DE SA VICTOIRE SUR 100 M LORS DES JEUX OLYMPIQUES DE SEOUL EN CORÉE DU SUD. LA STAR MONDIALE DE L'ATHLÉTISME AURAIT CONSOMMÉ DU STANOZOLOL, UN PUISSANT STÉROÏDE ANABOLISANT QUI PERMET D'AMÉLIORER SENSIBLEMENT LES PERFORMANCES EN SPRINT. IL EST DISQUALIFIÉ ET DOIT FUIR LES JEUX OLYMPIQUES COMME UN VOLEUR.

Ce scandale marque la fin d'une rivalité entre deux sprinters nord-américains. Un duel sans merci entre un champion hors du commun nommé Carl Lewis et un athlète qui n'aurait certainement jamais atteint les sommets du sprint mondial sans un véritable programme de dopage durant de nombreuses années.
L'Américain Carl Lewis débute son ascension sur la scène internationale en 1979. Performant en saut en longueur et en sprint, l'athlète originaire de Philadelphie ne peut participer aux Jeux olympiques de Moscou en 1980 en raison du boycott de cette grande compétition internationale par les États-Unis pour des raisons politiques. Crédité de 10''3 sur 100 m et d'un record à 8,13 mètres en longueur à tout juste dix-huit ans, le jeune Frederick Carlton Lewis promet beaucoup. Il ne connaît pas encore son futur grand rival canadien.
Né également en 1961, Ben Johnson quitte le nord de la Jamaïque avec toute sa famille en 1970 pour s'installer à Toronto au Canada. Il découvre l'athlétisme sous l'influence d'un entraîneur nommé Charlie Francis. Doté d'une explosivité naturelle suffisante pour performer en salle sur 60 mètres, Johnson ne semble pas avoir d'avenir au plus haut niveau international sur 100 m s'il ne parvient pas à développer sa musculature, selon son coach. En 1979, Ben Johnson est crédité d'un temps de 10''62 sur 100 m. La seule solution qui s'impose à Francis et à son athlète pour progresser dans la hiérarchie internationale est une préparation artificielle et illicite. C'est Charlie Francis qui initie son athlète au dopage. Privé également de Jeux olympiques en 1980 à Moscou en raison du boycott du Canada, Ben Johnson boucle l'année 1980 avec un temps de 10''25 sur 100 m. Le Canadien voit ses performances décoller et se prépare à briller sur la piste aux étoiles.
En 1983, la grande rivalité entre Johnson et Lewis prend enfin sa source. Numéro un du sprint mondial, Lewis n'a encore jamais participé à une grande compétition internationale alors que Johnson a pris la deuxième place des Jeux du Commonwealth en 1982 en 10''05. 1983 est une année charnière dans l'histoire mondiale de l'athlétisme, car sont organisés à Hel-

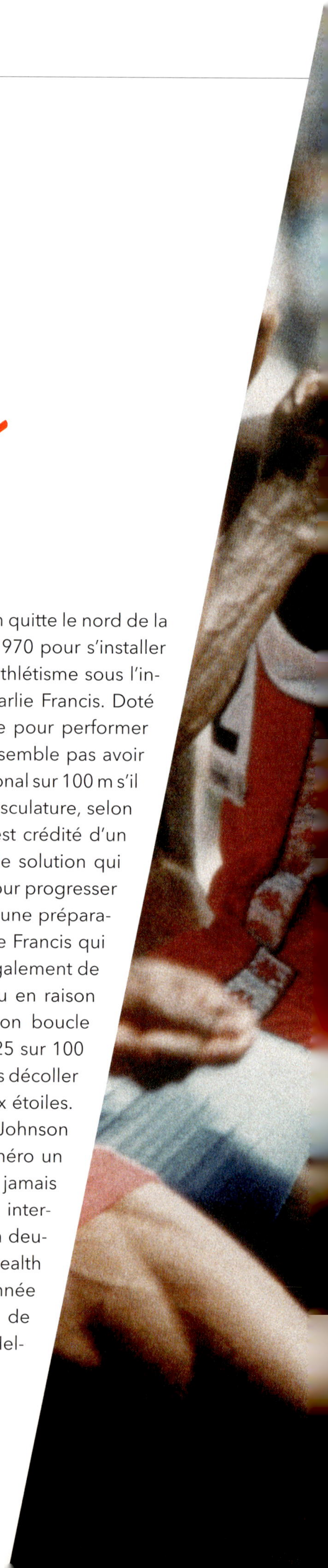

BEN JOHNSON (À L'AVANT) DEVANT CARL LEWIS (DERRIÈRE EN ROUGE) AUX JEUX OLYMPIQUES DE SÉOUL EN 1988 SUR 100 M.

sinki en Finlande, les premiers championnats du monde. En finale du 100 m, il n'y a aucune trace d'un certain Ben Johnson. Le seul Canadien qualifié pour cette course prestigieuse est Desai Williams qui termine huitième et dernier en 10''36. Ben Johnson n'a même pas réussi à se qualifier pour la finale et échoue en demi-finale avec un temps de 10''44. Bien loin de la nouvelle légende du sprint, l'Américain Carl Lewis, qui l'emporte en 10''07. Le sprint planétaire vient de rencontrer celui qui va le faire rêver durant plusieurs saisons. Lewis réalise le triplé avec des victoires en relais 4 x 100 m et à la longueur. L'Américain, comme l'ensemble des observateurs, est encore très loin d'imaginer que le Johnson qui n'a pas dépassé le stade des demi-finales, sera prochainement son plus grand rival sur une piste de 100 m.

L'année suivante, Carl Lewis continue d'écrire sa légende en devenant l'égal de Jesse Owens. Il entre au Panthéon de l'athlétisme mondial. L'Américain remporte quatre médailles d'or lors des Jeux olympiques de Los Angeles en 1984. Jesse Owens avait réalisé le même exploit en 1936 à Berlin, devant Adolphe Hitler. Premier athlète à descendre sous la barre mythique des 10'' au niveau de la mer, quelques semaines avant les Jeux olympiques, en 9''97, Lewis devient une star mondiale. Installé dans l'ombre de l'Américain, Ben Johnson progresse dans la hiérarchie internationale et monte sur le podium olympique sur 100 m et sur 4 x 100 m en remportant deux médailles de bronze. Le Canadien n'est plus un inconnu. À vingt-trois ans, il réalise 10'' sur 100 m. Puis il bat Lewis pour la première fois en meeting l'année suivante. Le sprinter canadien est lancé. En 1985, il remporte le titre de champion du monde en salle à Paris sur 60 m en 6''62.

En 1986, Johnson prend l'avantage et gagne le titre lors des Goodwill Games à Moscou devant Carl Lewis, en réalisant 9''95. Le Canadien devient numéro un mondial devant un Carl Lewis troisième de la finale, en perte de vitesse en sprint et en saut en longueur. Les championnats du monde de Rome en 1987 sont l'occasion pour Carl Lewis de se relancer au plus haut niveau international. De son côté, Ben Johnson est prêt à frapper un grand coup sur 100 m pour s'affirmer comme le plus grand sprinter de la planète. En finale de ces Mondiaux, Ben Johnson réalise une performance hors norme en explosant le record du monde détenu par Calvin Smith depuis quatre ans, et une course parfaite à Colorado Springs bouclée en 9''93. Bien installé au couloir numéro cinq, le Canadien réalise un départ canon qui laisse ses concurrents sur place, à commencer par Carl Lewis au couloir numéro six. Ben Johnson écrase la course devant Lewis qui tente de s'accrocher à la foulée de son adversaire mais qui ne peut que maintenir l'écart sans le réduire. Les autres concurrents, dont le Britannique Linford Christie au couloir numéro huit, semblent dépassés par la vitesse des deux Nord-Américains. Johnson pulvérise le record du monde en 9''83. Un dixième de moins que le précédent record du monde. La performance est extraordinaire. Carl Lewis, qui a égalé le précédent record du monde en 9''93, vient saluer son vainqueur au moment où celui-ci entame un tour d'honneur sur la lancée de sa course. Johnson ne s'arrête pas et semble peu intéressé par cette marque de respect. Lewis est abasourdi. Il pense, dans un premier temps, que Johnson a volé le départ. Mais le temps de réaction du Canadien est de cent-neuf millièmes de seconde. Une réactivité hallucinante mais légale.

JOHNSON PULVÉRISE LE RECORD DU MONDE EN 9''83. UN DIXIÈME DE MOINS QUE LE PRÉCÉDENT RECORD DU MONDE. LA PERFORMANCE EST EXTRAORDINAIRE. (...) LEWIS EST ABASOURDI.

Lewis suspecte ensuite l'action du dopage sans vraiment l'affirmer. « *Beaucoup de noms émergent de nulle part. Je ne pense pas qu'ils fassent cela sans produits dopants* » affirme-t-il lors d'une interview à un média américain. Au fond de lui, Carl Lewis connaît les ingrédients à mettre en place pour le battre au plus haut niveau. Il est vrai que Ben Johnson a connu une véritable transformation physique ces dernières années. Il est plus musclé et davantage explosif. Johnson réfute toutes les accusations : « *Quand Carl Lewis gagnait tout, je n'ai pas dit de mal de lui. Et lorsqu'un autre homme arrivera et me battra, je ne me plaindrai pas non plus* ».

L'année 1987 est une année sportive difficile pour Carl Lewis, perturbé par le décès de son père. 1988 sera le paroxysme de la rivalité entre les deux athlètes. Une année olympique qui débute par une blessure à la cuisse pour Johnson à l'issue de la saison en salle. Lors de leur unique confrontation avant les Jeux olympiques de Seoul en Corée du Sud, Lewis l'emporte en 9''93 contre

10'' pour Johnson. Le match est relancé.
À Seoul, les deux hommes se retrouvent en finale du 100 m après avoir facilement remporté leur demi-finale respective. Deux Américains, Denis Mitchell et Calvin Smith, accompagnent Carl Lewis à l'occasion de cet événement planétaire. Une finale qui comprend aussi un autre Canadien, Desai Williams, un Brésilien, Robson Da Silva, un Jamaïcain, Raymond Stewart et un seul Européen, le Britannique Linford Christie. Ben Johnson fait preuve d'une grande insolence et manque parfois de respect à Carl Lewis. Le Canadien déclare avant la finale : « *Quand je pense à Lewis, cela me rappelle mon enfance. Ma mère me disait toujours : Benjamin, quand tu cours, ne te retourne jamais pour regarder ce qui se passe derrière toi...* » Dès le départ de la finale, Ben Johnson prend la tête de la course grâce à un temps de réaction très réduit. Le Canadien écrase ensuite ses adversaires en se détachant de manière très marquante. Ben Johnson semble seul face à la meute lancée à sa poursuite derrière lui. Il remporte ce 100 m en relâchant son effort en bout de piste et en levant le doigt en signe de victoire. Johnson vient d'humilier tous ses adversaires à commencer par Carl Lewis pourtant crédité d'un excellent temps en 9''92. « *J'ai fait la meilleure course possible, la meilleure de ma carrière !* » affirmera Lewis après la course. Ben Johnson améliore une nouvelle fois le record du monde du 100 m en 9''79. C'est un coup de tonnerre sur la planète sport. Quel temps aurait-il réalisé s'il n'avait pas coupé son effort avant la ligne d'arrivée ? Un temps stratosphérique qui envoie le Canadien sur le toit du monde grâce à ce nouveau meilleur temps de l'histoire. Cette performance fait parler ! Elle fait même jaser. Certains ne sont pas dupes des moyens employés par Johnson pour écraser ses adversaires. Le Canadien utiliserait une alchimie trouble pour sculpter ses muscles. Une alchimie qui va se révéler artificielle.
Sur le podium, Ben Johnson semble se moquer de son plus grand rival. Pourtant, c'est Carl Lewis qui va finalement devenir le champion olympique à Seoul en 1988. Grâce à un contrôle antidopage positif de son rival. Le Comité International Olympique annonce la disqualification de Ben Johnson ainsi que son déclassement. Carl Lewis est déclaré vainqueur de cette finale du 100 m devant le Britannique Linford Christie et un autre Américain Calvin Smith. Lewis est donc le nouveau champion olympique. Christie sera aussi contrôlé positif durant cette course, puis blanchi et maintenu sur le podium. Cette course, la plus rapide de l'histoire en 1988, est aussi la plus sale de l'histoire. Six des huit finalistes de Seoul tomberont par la suite pour dopage. Poursuivi par des centaines de journalistes, Johnson quitte Seoul comme un criminel. Carl Lewis déclarera quelques heures avant de remporter un nouveau titre olympique sur 200 m : « *Je suis triste pour Ben et pour les Canadiens. Ben est un battant. J'espère qu'il retrouvera le droit chemin pour revenir à la compétition.* » Une clémence suspecte de Lewis à l'égard de celui qui lui a volé plusieurs titres majeurs. Une clémence qui interpelle. Le plus grand scandale de l'histoire de l'athlétisme marque ainsi la fin de l'une des plus grandes rivalités sur la piste mais pas des affaires de dopage. Johnson reconnut ensuite avoir commencé à se doper lors de l'hiver 1981.

EN 1993, JOHNSON EST À NOUVEAU CONTRÔLÉ POSITIF AU STANOZOLOL ET RADIÉ À VIE. CARL LEWIS, ÉCLABOUSSÉ AUSSI PAR DES RUMEURS DE DOPAGE, DEMEURE AUJOURD'HUI L'UN DES PLUS GRANDS ATHLÈTES DE TOUS LES TEMPS AVEC NEUF TITRES OLYMPIQUES ET HUIT TITRES MONDIAUX.

Suspendu deux ans, le Canadien reviendra à la compétition en 1991 mais ne sera que l'ombre du champion dopé qui avait fait exploser le 100 m planétaire. Quatrième des championnats du monde en salle sur 60 mètres, il ne parvient pas à se qualifier pour les championnats du monde de Tokyo sur 100 m en individuel. Il participe à cette compétition en relais 4 x 100 m mais les Canadiens ne prennent que la huitième place de la finale. Une course remportée par le relais américain emmené par un certain Carl Lewis, vainqueur également sur 100 m.
En 1992, Johnson échoue en demi-finale du 100 m lors des Jeux olympiques de Barcelone remporté par Linford Christie. Son grand rival Carl Lewis gagne un nouveau titre olympique avec le relais 4 x 100 m. En 1993, Johnson est à nouveau contrôlé positif au stanozolol et radié à vie. Carl Lewis, éclaboussé aussi par des rumeurs de dopage, demeure aujourd'hui l'un des plus grands athlètes de tous les temps avec neuf titres olympiques et huit titres mondiaux. L'Américain est devenu une légende alors que le Canadien demeure un paria. Triste épopée !

CARL LEWIS AUX JEUX OLYMPIQUES DE LOS ANGELES EN 1984 EN SAUT EN LONGUEUR.

Rafael Nadal versus Roger Federer

Les grandes légendes du sport se forgent aussi à travers de grandes rivalités. Car quoi de plus ennuyeux qu'une domination outrageuse sans surprises ? La formidable carrière de Roger Federer n'aurait pas la même résonnance sans Rafael Nadal. Depuis 2004, les amateurs de tennis peuvent apprécier les matchs opposant l'Espagnol Rafael Nadal au Suisse Roger Federer sur le circuit du tennis professionnel. Deux légendes vivantes qui ont inscrit leur nom au palmarès du Panthéon mondial aux côtés de Bjorn Borg, John McEnroe, Pete Sampras ou encore André Agassi. Nadal et Federer sont des extra-terrestres de la petite balle jaune qui entrevoient la fin de leur carrière. Mais ils n'ont pas encore achevé leur œuvre.

Rafael Nadal et Roger Federer ont beaucoup de points communs. Ils ont chacun occupé la place de numéro un mondial, ils ont peu misé sur une carrière en double, ils se respectent tous les deux mutuellement, ils ont gagné beaucoup d'argent, ils ont remporté un nombre record de tournois du Grand Chelem, ils sont tous les deux champions olympiques et vainqueurs de la Coupe Davis… Les similitudes entre ces deux champions ne s'arrêtent pas à ce rapide bilan commun. Rafael Nadal et Roger Federer jouissent d'une image très positive, élégante et amicale. Leur durée de vie au plus haut niveau est surprenante. Une longévité qui s'explique par le manque flagrant de relève et de concurrence au plus haut niveau si l'on exclut Novak Djokovic et Andy Murray. Depuis mars 2004 et un seizième de finale à Miami, les deux légendes se sont affrontées plusieurs dizaines de fois et c'est Rafael Nadal qui a entamé l'année 2018 avec davantage de victoires que son adversaire suisse. Nadal et Federer ont très vite accédé aux deux premières places du classement mondial, et par conséquent, aux meilleures têtes de série dans les tournois auxquels ils sont inscrits depuis plusieurs années. Ils se sont logiquement rencontrés assez loin dans les tableaux des plus prestigieux tournois au monde. Rares sont

RAFAEL NADAL LORS DE SA VICTOIRE EN FINALE À ROLAND-GARROS EN 2018.

les matchs disputés en dehors des quarts de finale, demi-finales ou en finale des tournois majeurs.
En 2004, un jeune Espagnol très prometteur rencontre le Suisse numéro un mondial et plus âgé de cinq ans, Roger Federer. Le trente-et-unième joueur mondial surprend le leader du classement ATP en deux sets 6/3 6/3. Une première rencontre qui lance une longue série de matchs. Federer prend sa revanche en 2005 en finale à Miami, puis chute en demi-finale de Roland-Garros la même année. Paris devient le jardin de l'Espagnol qui va marquer de son empreinte ce tournoi du Grand Chelem en l'emportant à onze reprises. Jamais Federer ne parviendra à l'emporter face à son grand rival sur la terre ocre de Roland-Garros. Face au plus grand joueur de tous les temps sur terre battue, le Suisse profite d'une petite faiblesse de l'Espagnol en 2009 et d'une élimination surprise en quarts de finale face au Suédois Robin Söderling pour remporter le tournoi. En onze finales disputées à Roland-Garros entre 2005 et 2018, Rafael Nadal a remporté onze titres. Une écrasante domination !
Roger Federer possède lui aussi son jardin préféré. Un endroit favori qui répond parfaitement aux qualités physiques et techniques du Suisse. Cette surface favorite se trouve sur gazon, à Londres. C'est le tournoi du Grand Chelem de Wimbledon. Vainqueur à huit reprises sur le gazon londonien, le Suisse n'est pas aussi intraitable et exclusif que l'Espagnol à Roland-Garros. Federer a concédé la victoire à Rafael Nadal en 2008 en finale de ce prestigieux tournoi sur le score de 6/4 6/4 6/7 6/7 9/7. Au bout de quatre heures et quarante-huit minutes d'un combat épique, Nadal gagne Wimbledon quelques semaines seulement après son succès à Roland-Garros. À vingt-deux ans, il devient le troisième joueur à réaliser le doublé Roland-Garros-Wimbledon la même année avec Rod Laver et Bjorn Borg. Federer deviendra le quatrième joueur à réaliser cet exploit l'année suivante. La rivalité qui lie les deux hommes est saine et fair-play. Une rivalité qui ne les empêche pas de s'associer pour remporter un nouveau trophée. En 2017, les deux champions participent à une compétition au sein de la même équipe. Imaginée par Roger Federer, la Rod Laver Cup s'inspire de la Ryder Cup en Golf et oppose une sélection européenne à une sélection du Reste du Monde. Rafael Nadal et Roger Federer font équipe au sein de la sélection européenne et sont alignés tous les deux en double. Ils l'emportent face à la paire Sock - Querrey 6/4 1/6 10/5. Pendant une semaine, les deux joueurs vivent ensemble et partagent une réelle vie d'équipe. Lors des repas et des entraînements, ils échangent sur la tactique en oubliant leur rivalité au sommet du tennis mondial.
D'après Roger Federer, la relation entretenue avec Rafael Nadal était timide au début de leur carrière. Malgré les divergences et la concurrence sur le court, les deux hommes ont toujours nourri un profond respect mutuel et une amitié. Ils ont exploité cette concurrence sportive comme un moteur qui leur a permis de découvrir leurs propres limites. Pour Federer, Nadal lui a permis de devenir un joueur meilleur. Ils ont souvent accepté de jouer des matchs exhibitions l'un contre l'autre afin de collecter des fonds pour des causes humanitaires. Point commun entre les deux joueurs : ils sont soucieux de l'image qu'ils donnent dans les médias. En 2009 lors de sa défaite en finale de l'Open d'Australie, Federer craque et pleure pour exprimer sa déception de perdre une finale aussi importante. Nadal, grand prince, console le Suisse et lui offre une accolade consolatrice très chaleureuse. La rivalité est donc loin de l'animosité qui liait, par le passé, d'autres grands joueurs comme McEnroe et Connors. Sur le court, ils engrangent les records et les dollars. Le grand point commun qui lie les deux hommes : Nadal et Federer ont remporté les quatre tournois du Grand Chelem au moins une fois. Ils font partie d'un club fermé composé de huit légendes à avoir réussi cette prouesse avec, entre autres, Novak Djokovic et André Agassi.

Ils ont exploité cette concurrence sportive comme un moteur qui leur a permis de découvrir leurs propres limites. Pour Federer, Nadal lui a permis de devenir un joueur meilleur.

ROGER FEDERER ET RAFAEL NADAL. DEUX DES PLUS GRANDS TENNISMEN DE L'HISTOIRE.

Martin Fourcade *versus* Norvège

L'information est peut-être passée inaperçue dans les médias français, mais dans le monde du biathlon, elle a produit la déflagration d'une bombe. En mars 2016, Siegfried Mazet, l'entraîneur de l'équipe de France de biathlon, annonce son départ. Après huit années de bons et loyaux services auprès des biathlètes français et en particulier de la star planétaire Martin Fourcade, pour la partie tir, le Drômois quitte les Bleus. À trente-sept ans, et à deux ans des Jeux olympiques de Pyeongchang en Corée du Sud, il décide d'intégrer une autre équipe nationale. Et pas n'importe quelle équipe étrangère. Il s'agit de l'équipe de Norvège, la pire ennemie de l'équipe de France. Les Norvégiens ne pouvaient pas naturaliser Martin Fourcade sur la piste, alors ils se sont acheté l'un des hommes à la base de la réussite du Français au plus haut niveau international.

Deux ans avant les Jeux olympiques de Pyeongchang, les vedettes de l'équipe de Norvège comme la légende Ole-Einar Bjoerndalen, Emil Svendsen ou encore les frères Johannes et Tarjei Boe subtilisent l'entraîneur de Martin Fourcade et de l'équipe de France. Celui qui scrute, avec ses jumelles, les performances au tir des athlètes. Recruter des entraîneurs étrangers est devenue une pratique courante dans de nombreux sports. À l'image de l'escrime française qui voit régulièrement ses meilleurs techniciens servir les intérêts d'autres équipes rivales. Le plus difficile est d'enfiler un autre survêtement que celui de son propre pays. C'est comme si un supporter de l'OM portait le survêtement du PSG ou si un socio du FC Barcelone enfilait le maillot du Real Madrid. L'équipe de France se sent trahie alors que le staff et les athlètes étaient liés par un « gentlemen agreement » jusqu'aux Jeux olympiques de 2018. Martin Fourcade ne comprend pas cette décision alors que les deux hommes ont noué une relation qui dépasse le simple lien « entraîneur-entraîné ». En recrutant Siegfried Mazet, l'équipe de Norvège cherche clairement à déstabiliser l'équipe de France et son leader Martin Fourcade. La France n'est que la troisième meilleure nation au tir derrière la Russie et l'Allemagne. Si les Norvégiens nourrissaient uniquement la volonté de progresser dans cette discipline, ils auraient recruté un technicien d'une autre nation. Sauf si ces derniers ont refusé de trahir leurs athlètes en endossant le maillot de leur plus grand rival. Reconnaissons que chacun est libre de faire des choix personnels qui sont parfois des crève-cœur, et de les assumer. Aucun jugement n'est à porter sur ces décisions. Pour comprendre la rivalité entre la France et la Norvège en biathlon, il suffit de remonter le temps. Lorsque le Français Raphaël Poirée met fin à sa carrière en 2007, les Norvégiens pensent être enfin débarrassés de l'un de leurs plus grands rivaux au niveau international. Vainqueur à quatre reprises du classement général de la Coupe du monde, de huit médailles d'or en championnats

MARTIN FOURCADE LORS D'UNE ÉPREUVE DE COUPE DU MONDE EN 2009 EN AUTRICHE AVEC L'ÉQUIPE DE FRANCE.

du monde et de quarante-quatre victoires en Coupe du monde pour cent-dix-neuf podiums au total, le Français gêne la domination des biathlètes scandinaves. Raphaël Poirée n'a finalement que très peu confirmé son statut de star de la discipline lors des Jeux olympiques avec seulement une médaille d'argent et deux médailles de bronze lors de ses trois participations à Nagano en 1998, Salt-Lake-City en 2002 et Turin en 2006.

Si le départ à la retraite de Raphaël Poirée soulage ses rivaux norvégiens d'une partie de leurs inquiétudes, ils ne savent pas que leur pire cauchemar est en apprentissage dans les catégories de jeunes. Les Scandinaves surveillent la progression d'un jeune Français qui commence à performer chez les juniors. Il s'agit de Simon Fourcade, le frère aîné de Martin. Plus âgé que son frère de quatre ans, Simon remporte huit médailles mondiales chez les jeunes et les juniors dont quatre titres de champion du monde. C'est la grande relève de Raphaël Poirée. Sélectionné lors des Jeux olympiques de Turin en 2006, l'aîné des Fourcade traverse cette compétition planétaire comme « un fantôme » pour reprendre les propos de son frère Martin. Aucune médaille et beaucoup de déception, c'est le bilan olympique de Simon Fourcade. Le grand frère de Martin termine sa première saison parmi l'élite à la quarante-neuvième place mondiale. Il est très vite dépassé par son jeune frère qui se révèle lors des Jeux olympiques de Vancouver en 2010 en accrochant la médaille d'argent sur la Mass Start. La joie intense de Martin est à la hauteur de la détresse de Simon, incapable de confirmer son formidable potentiel. Cette domination sportive, Martin va l'infliger bien malgré lui à son frère, mais aussi à ses adversaires allemands, italiens, russes et surtout norvégiens.

Les saisons suivantes sont marquées par une véritable montée en puissante de Martin Fourcade qui se révèle comme le principal adversaire de l'armada norvégienne du biathlon emmenée par l'incomparable Bjoerndalen. Le bilan est édifiant ! Depuis la saison 1997-1998, la France et la Norvège se sont partagées, à vingt reprises, la première place du classement général de la Coupe du monde. Excepté l'Allemand Michael Greis à l'issue de la saison 2006-2007, le gros globe a été remporté par un Français à onze reprises et par un Norvégien à neuf occasions. Depuis la saison 2011-2012, Martin Fourcade a remporté les sept derniers classements généraux de la Coupe du monde de biathlon. Depuis près d'une décennie, le Français prive ses concurrents norvégiens des globes par spécialité et de nombreux titres olympiques. Une statistique est édifiante : entre mars 2010, juste après les Jeux olympiques de Vancouver, et 2016, Fourcade a remporté, à lui seul, autant de courses que toute l'équipe de Norvège réunie. À l'issue de la saison 2017-2018, Martin Fourcade comptait quarante-quatre succès (lors de Jeux olympiques, Mondiaux et Coupes du monde), la Norvège en totalisait également quarante-quatre : vingt-et-un trophées pour Emil Svendsen, neuf pour Johannes Boe, huit pour Tarjei Boe, quatre pour Ole-Einar Bjorndalen et deux pour Lars Berger.

Cinq fois champion olympique, Martin Fourcade est une star en France mais aussi en Norvège. En 2016, lors des championnats du monde de biathlon organisés dans ce pays scandinave, Fourcade est accueilli comme une vedette. La star du biathlon mondial capte les titres et la lumière au pays où cette passionnante discipline est le sport national. Il reconnaît d'ailleurs que des relations amicales avec l'ensemble de ses concurrents norvégiens semblent impossibles mais elles sont marquées par un profond respect. Mais il existe des exceptions.

À L'ISSUE DE LA SAISON 2017-2018, MARTIN FOURCADE COMPTAIT QUARANTE-QUATRE SUCCÈS (LORS DE JEUX OLYMPIQUES, MONDIAUX ET COUPES DU MONDE), LA NORVÈGE EN TOTALISAIT ÉGALEMENT QUARANTE-QUATRE...

Au sein de l'équipe de Norvège figure celui qui lui a infligé ses pires défaites. Il s'agit de Emil Svendsen qui administra trois défaites au sprint pour quelques centimètres lors de la poursuite de la Coupe du monde de Fort Kent en 2011, lors de la poursuite des Mondiaux de Nové Mesto en 2013 et à l'issue de la Mass Start des Jeux olympiques de Sotchi en 2014. La rivalité qui lie Martin Fourcade à l'équipe de Norvège n'empêche pas le Français de côtoyer certains rivaux norvégiens en dehors des pistes lors de quelques dîners en famille. C'est le cas de Svendsen.

La rivalité est omniprésente entre le Français et ses meilleurs ennemis norvégiens. Elle existe sur la piste et pour longtemps sur les tablettes de l'histoire du biathlon. Cette rivalité est loin d'avoir tiré sa révérence.

MARTIN FOURCADE LORS DE JEUX OLYMPIQUES DE PYEONGCHANG EN 2018. UNE NOUVELLE MÉDAILLE D'OR POUR LE CHAMPION FRANÇAIS.

Debi Thomas
versus
Katarina Witt

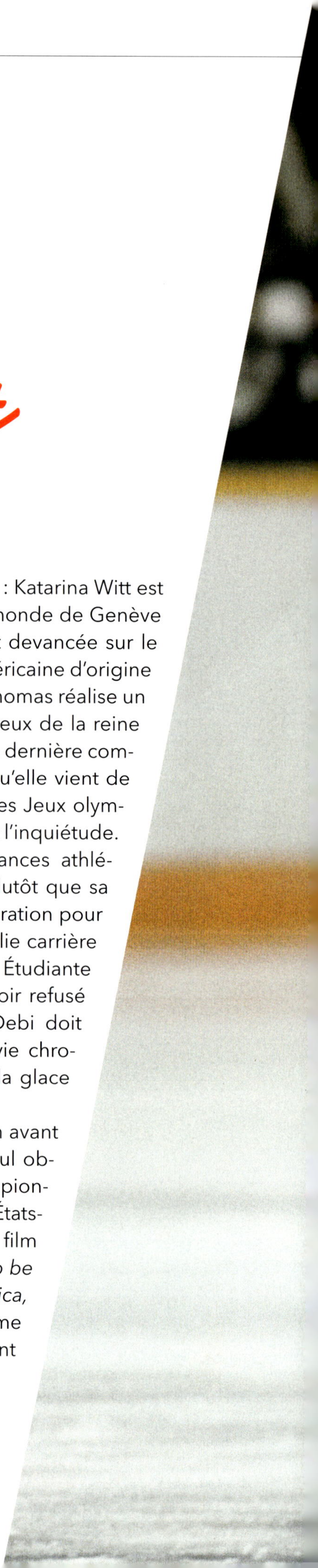

C'est l'un des grands noms de l'histoire du sport. À l'image de Nadia Comaneci en gymnastique, Katarina Witt a étincelé, durant plusieurs saisons, sur les plus grandes patinoires de la planète. La grande championne allemande est devenue la fiancée du monde sportif durant dix années. Une suprématie au sommet du patinage mondial sans précédent. Championne d'Europe dès 1983, l'ex-Allemande de l'Est réalise le triplé en 1984 avec des médailles d'or aux Jeux olympiques de Sarajevo mais aussi lors des championnats du monde et des championnats d'Europe disputés cette année-là. Charismatique et séductrice, Katarina Witt devient une vedette mondiale qui collectionne les médailles d'or au nom d'un régime communiste à bout de souffle, celui de la République Démocratique d'Allemagne.

En 1985, la jeune Est-Allemande remporte une nouvelle fois la médaille d'or lors des championnats du monde et des championnats d'Europe. Un doublé symbole d'une domination sans partage. Les compétitions internationales deviennent des galas sans suspense tant Katarina Witt domine toute ses concurrentes. À l'image d'un Rafael Nadal quelques années plus tard sur la terre battue de Roland-Garros, Witt est intouchable. Le petit monde du patinage artistique attend celle qui fera tomber la reine Katarina de son trône. En 1986, c'est la stupeur : Katarina Witt est battue lors des championnats du monde de Genève en Suisse. L'Allemande de l'Est est devancée sur le podium par Debi Thomas, une Américaine d'origine africaine qui la prive de l'or. Debi Thomas réalise un programme libre parfait sous les yeux de la reine Katarina qui semble prostrée. Cette dernière comprend avant le verdict des juges qu'elle vient de perdre sa couronne. À deux ans des Jeux olympiques de Calgary au Canada, c'est l'inquiétude. Les juges ont primé les performances athlétiques et artistiques de sa rivale plutôt que sa grâce et son élégance. Une consécration pour une championne américaine qui allie carrière sportive de haut niveau et études. Étudiante à l'université de Stanford après avoir refusé d'intégrer Harvard et Princeton, Debi doit être à la hauteur d'un projet de vie chronophage alliant entraînement sur la glace sept heures par jour et ses études.
Katarina Witt reprend sa marche en avant à la suite de cet échec avec un seul objectif : remporter, en 1987, les championnats du monde de Cincinnati aux États-Unis. Au son du refrain du célèbre film « West Side Story » intitulé « *I like to be in America, Okay by me in America, Everything free in America* » (« J'aime être en Amérique, Tout me convient

KATARINA WITT LORS DES JEUX OLYMPIQUES DE CALGARY EN 1988. UN NOUVEAU TITRE OLYMPIQUE POUR LA GRANDE CHAMPIONNE ALLEMANDE.

en Amérique, Tout est libre en Amérique »), la championne est-allemande séduit le public et les juges. Witt renoue avec l'or à l'issue de ces mondiaux devant sa grande rivale américaine. Handicapée par une tendinite, Debi Thomas monte sur la deuxième place du podium.

La grande explication aura donc lieu lors des Jeux olympiques de 1988 à Calgary. Durant cette compétition, il va se produire un épisode très rare à ce niveau : les deux championnes réalisent leur programme libre sur le même morceau de musique. Debi Thomas et Katarina Witt ont choisi le même extrait de l'Opéra « Carmen » de Bizet. Un pur hasard qui permettra à l'ensemble des observateurs de trouver une appellation à cette grande rivalité : la « bataille des Carmen ». Debi Thomas révélera un jour au journal *Los Angeles Times* que le choix de Katarina Witt n'était pas une surprise. Lors d'un échange avec un patineur hongrois durant l'été 1987, Thomas lui fait part de son excitation à l'idée de se produire au rythme de Carmen lors des Jeux olympiques de Calgary quelques mois plus tard. Ce patineur hongrois lui confie alors qu'il vient de s'entraîner sur la glace d'une patinoire en Allemagne de l'Est et qu'il a assisté à l'entraînement de Katarina Witt sur le même air de Carmen. Un hasard ! La rivalité sera donc totale entre les deux championnes.

DEBI THOMAS ET KATARINA WITT ONT CHOISI LE MÊME EXTRAIT DE L'OPÉRA « CARMEN » DE BIZET. UN PUR HASARD QUI PERMETTRA À L'ENSEMBLE DES OBSERVATEURS DE TROUVER UNE APPELLATION À CETTE GRANDE RIVALITÉ : LA « BATAILLE DES CARMEN ».

Lors des Jeux olympiques, la bataille fait rage entre les deux championnes, arbitrée par une troisième patineuse, la Canadienne Élizabeth Manley, qui glisse à domicile. Deuxième du programme court et deuxième du programme imposé, Debi Thomas bascule en tête du classement général juste avant les figures libres qui comptent pour 50 % de la note finale. L'Américaine devance sa grande rivale Katarina Witt qui se classe troisième du programme court et première des figures imposées. Élizabeth Manley complète le podium juste avant la dernière épreuve. Durant le programme libre de ces Jeux olympiques, Debi Thomas ne réalise pas tous les sauts prévus à son programme et commet plusieurs fautes techniques en réception de sauts.

Très vite, l'Américaine comprend qu'elle ne sera pas championne olympique. Elle sort de la glace en pleurs. Quelques minutes auparavant, Katarina Witt n'avait pas produit le patinage étincelant qu'attendait le public. L'Allemande de l'Est réussit quatre triples mais double le cinquième. À l'image de Carmen qui meurt à la fin de l'œuvre de Bizet, Witt termine son programme allongée sur la glace. Les juges décident de lui offrir le titre olympique devant la Canadienne Manley qui aurait certainement mérité la première place à l'issue des trois programmes effectués. Debi Thomas est troisième et médaille de bronze. Elle n'a pas su faire face à la pression après la prestation sans faute de sa grande rivale.

Katarina Witt remporte un second titre olympique quatre années après celui de Sarajevo. Elle rentre un peu plus dans l'histoire de son sport avec six titres de championne d'Europe, quatre titres mondiaux et deux médailles d'or olympiques. L'Allemande peut ainsi mettre un terme à sa carrière à l'issue de cette saison 1988. Elle la reprendra quelques années plus tard.

Troisième des championnats du monde quelques semaines plus tard, l'Américaine Debi Thomas décide, elle aussi, de quitter la glace. Ces deux championnes vont ensuite vivre des reconversions bien différentes. Si l'Allemande reste sur le devant de la scène à travers les pages *people* des magazines et des apparitions dans des productions cinématographiques, Debi Thomas rencontre un autre destin. Diplômée d'une école d'ingénieur en 1991, l'Américaine assure son avenir en devenant chirurgienne orthopédique en 2005. Spécialiste des prothèses de hanche et de genou, la brillante reconversion de la championne du monde 1986 connaît ensuite de nombreux orages qui la conduisent à la faillite. Battue par un compagnon alcoolique et ruinée par deux divorces qui déchirent sa famille, Debi Thomas connaît la misère. Deux destins opposés entre deux championnes qui furent unies quelques minutes par la même œuvre grâce à Carmen de Bizet.

DEBI THOMAS LORS DES JEUX OLYMPIQUES DE CALGARY EN 1988. UNE MÉDAILLE DE BRONZE POUR L'AMÉRICAINE.

Tony Estanguet versus Michal Martikan

Il aurait dû dominer le slalom durant plusieurs olympiades. Remporter cinq titres olympiques comme le Britannique Steve Redgrave en aviron. Le céiste slovaque Michal Martikan est simplement tombé sur une autre légende du canoë-kayak. Un rival qui va perturber cette marche de l'Empereur qui lui était promise dès son plus jeune âge. Le Slovaque est un impatient. Très jeune, il nourrit l'envie de bouleverser la hiérarchie mondiale de son sport.

En 1995, à seize ans, Michal Martikan remporte sa première manche de Coupe du monde. Rien ne semble ralentir la prodigieuse ascension de cet athlète hors du commun. En 1996, le Slovaque devient champion olympique à Atlanta. À tout juste dix-sept ans, ce slalomeur, fin technicien, écrase la seconde manche de la finale olympique alors qu'il n'était que sixième de la première. Les observateurs sont sans voix face à ce phénomène. Sur le podium olympique, Michal Martikan salue le médaillé de bronze. C'est un Français. Il se nomme Estanguet. Ce champion tricolore n'est pas Tony. Son prénom est Patrice. C'est le grand frère de Tony, le futur grand rival du Slovaque. Mais Martikan ne le sait pas encore. Champion du monde l'année suivante au Brésil, Michal Martikan a déjà remporté les plus prestigieuses compétitions dans sa discipline alors qu'il n'a que dix-huit ans. Il lui reste désormais à devenir le plus grand céiste de l'histoire. Malheureusement pour lui, la concurrence internationale va se réveiller, et notamment la concurrence française. En 1999, Emmanuel Bugvin remporte le titre mondial en Espagne devant l'Australien Robin Bell. Michal Martikan ne monte alors que sur la troisième marche du podium. Le Slovaque veut prendre sa revanche lors de Jeux olympiques de Sydney en 2000. Une deuxième médaille d'or olympique lui tend les bras. Dans le camps français, Emmanuel Bugvin, champion du monde en titre, est d'ores et déjà sélectionné. Le second billet est attribué à l'issue d'un duel fratricide entre Patrice Estanguet et son jeune frère Tony. Ce match de sélection est organisé à Foix, sur le bassin de Rebech. L'équipe de France de canoë-kayak est composée d'athlètes de haut niveau capables de remporter des titres mondiaux. Mais il n'y a pas de place pour tous ces champions lors des grandes compétitions internationales. La Fédération française organise donc des épreuves de sélection pour définir le nom de ses représentants.
À l'issue d'une épreuve de sélection de trois jours, les deux champions français Patrice et Tony Estanguet ne commettent aucune faute. C'est finalement Tony Estanguet qui est désigné pour s'envoler vers l'Australie alors que son frère Patrice pouvait légitimement prétendre au titre olympique. Une sélection qui propulse Tony Estanguet au sommet. Juste avant les Jeux olympiques, le céiste français remporte les championnats d'Europe. En confiance, Estanguet remporte quelques semaines plus tard le titre olympique devant son nouveau grand rival Michal Martikan. Les deux hommes ne vont plus se quitter tout en haut de la hiérarchie mondiale et ne laisser que des miettes aux autres concurrents. En 2002, lors des championnats du monde de Bourg-Saint-Maurice, Martikan prend sa revanche et remporte le

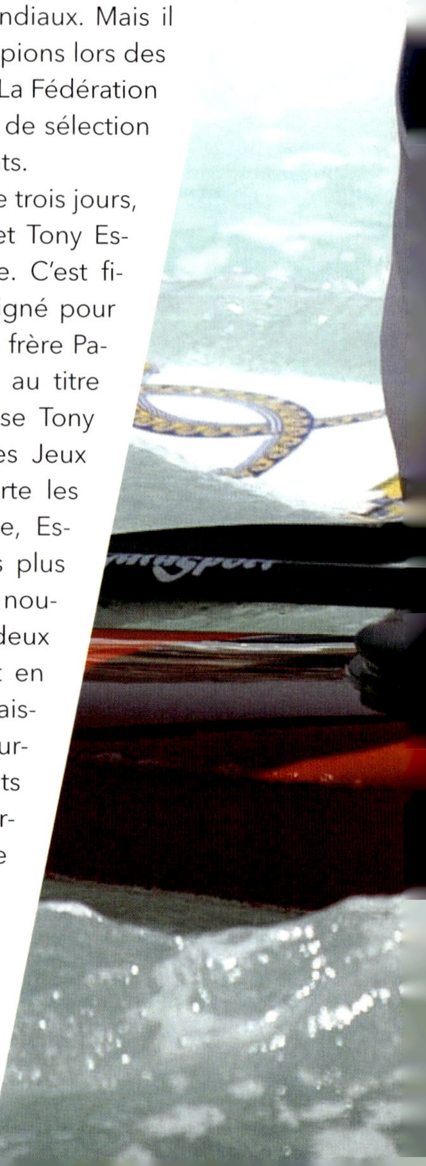

MICHAL MARTIKAN (À GAUCHE) ET TONY ESTANGUET (À DROITE) AUX JEUX OLYMPIQUES EN 2004 À ATHÈNES. VICTOIRE DE TONY ESTANGUET DEVANT SON GRAND RIVAL.

titre devant un Allemand et Patrice Estanguet. Son frère Tony ne dépasse pas le stade des demi-finales à cause d'une blessure au poignet contractée quelques jours auparavant lors d'une chute en VTT. Les saisons se suivent et les deux rivaux Martikan et Estanguet se rendent coup pour coup. En 2003, Martikan récidive et remporte un troisième titre mondial aux dépens de Tony Estanguet qui se contente d'un succès en Coupe du monde. La régularité du Slovaque est impressionnante. Rares sont les compétitions où Michal Martikan ne monte pas sur le podium.

En 2004, c'est la belle olympique entre Martikan et Estanguet. Le Slovaque a l'opportunité de prendre sa revanche lors des Jeux d'Athènes. Meilleur temps de la première manche, il réalise une formidable seconde manche qui semble lui promettre un nouveau titre suprême. Michal Martikan pense devenir de nouveau champion olympique. Il exulte. Malheureusement sa joie sera de courte durée. Le Slovaque semble avoir touché une porte sans que personne n'ait constaté la faute. De longues minutes sont nécessaires pour analyser le parcours de ce « champion olympique provisoire ». Après le visionnage de sa course, les juges lui infligent deux secondes de pénalité. Il perd l'or au bénéfice de Tony Estanguet pour douze centièmes de secondes seulement et ne repart d'Athènes qu'avec une médaille d'argent. Michal Martikan se sent floué par son principal rival. Tony continue d'écrire sa légende en devenant double champion olympique.

IL PERD L'OR AU BÉNÉFICE DE TONY ESTANGUET POUR DOUZE CENTIÈMES DE SECONDES SEULEMENT ET NE REPART D'ATHÈNES QU'AVEC UNE MÉDAILLE D'ARGENT. MICHAL MARTIKAN SE SENT FLOUÉ PAR SON PRINCIPAL RIVAL.

Tout oppose ces deux champions. Martikan est réservé, taiseux et taciturne alors que Tony Estanguet est davantage un communicant, ouvert vers l'extérieur. Sur le plan technique, les deux hommes sont également très différents. Martikan pagaie à gauche, il est puissant et dégage une grande confiance en lui. Estanguet pagaie à droite, il est très fin dans sa navigation et recherche la maîtrise. En 2005, Martikan ne réussit pas à relancer sa suprématie au niveau mondial. Il prend la troisième place des championnats du monde derrière l'Australien Robin Bell et Tony Estanguet encore en argent. Leurs palmarès respectifs s'emballent.

Entre 2006 et 2010, les deux champions vont se livrer une véritable lutte au sommet.

En 2006, Estanguet est enfin champion du monde devant Martikan après avoir remporté le titre de champion d'Europe disputé dans les Alpes, quelques semaines auparavant. En 2007, Martikan devient champion du monde devant Estanguet et reprend sa couronne.

En 2008, les Jeux olympiques de Pékin peuvent offrir une nouvelle lutte aux deux hommes. Porte-drapeau de la délégation française, Tony Estanguet sombre en demi-finale en terminant neuvième. Seuls les huit premiers temps sont qualifiés pour la finale. Michal Martikan en profite pour remporter un deuxième titre olympique après celui d'Atlanta en 1996. Un modèle de régularité. En 2009, puis en 2010, Tony Estanguet prend l'ascendant sur le Slovaque en remportant les championnats du monde devant son meilleur ennemi. Le Français écrase aussi la concurrence nationale et internationale en 2011 lors des championnats d'Europe organisés en Espagne.

Le 31 juillet 2012, lors des Jeux olympiques de Londres, Tony Estanguet retrouve Michal Martikan. Les trentenaires se livrent, une fois de plus, une lutte acharnée pour le titre olympique. En finale, Estanguet est mis sous pression par le parcours sans faute de Martikan. Lors de la seconde manche, il réalise la course parfaite et améliore le temps de référence du Slovaque. Pour la troisième fois de sa carrière, le Français remporte la finale. Martikan ne termine que troisième et repart de Londres avec la médaille de bronze. L'épilogue d'une grande rivalité entre deux légendes du sport, vainqueurs de vingt titres lors de Jeux olympiques, championnats du monde ou championnats d'Europe et d'un total de trente-huit médailles lors de ces trois compétitions. Des rivaux animés d'un profond respect réciproque sans être des amis.

Retraités des pagaies depuis 2012, les deux concurrents suivent des parcours différents. Tony Estanguet est aujourd'hui président du Comité d'Organisation des Jeux olympiques de 2024 à Paris. Son histoire olympique l'a propulsé à la tête du plus beau projet sportif français des dix prochaines années. Petit clin d'œil du destin. Éliminé de la qualification olympique en 2012 au bénéfice de Tony Estanguet, Denis Gargaud a pris sa revanche et la relève du Français en devenant champion olympique à Rio en 2016.

TONY ESTANGUET CHAMPION OLYMPIQUE À LONDRES EN 2012. UN TROISIÈME TITRE OLYMPIQUE POUR LE FRANÇAIS.

France versus USA

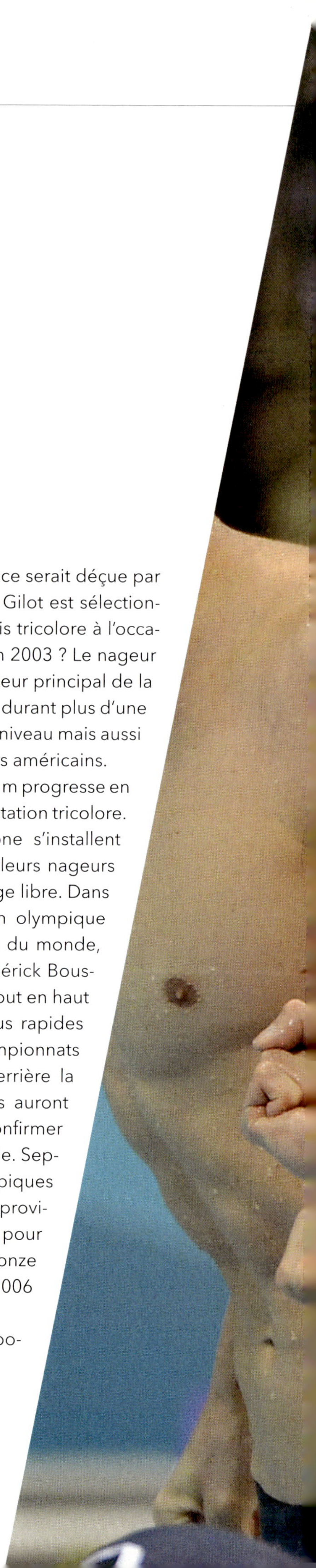

IL SUFFISAIT DE PRENDRE LA VAGUE D'ALAIN BERNARD POUR REFAIRE SON RETARD SUR L'ÉQUIPE DE FRANCE ET REMPORTER LA MÉDAILLE D'OR. UNE STRATÉGIE SIMPLE. LORSQUE FRÉDÉRICK BOUSQUET TERMINE SON RELAIS EN FINALE DES JEUX OLYMPIQUES DE PÉKIN EN 2008, LA FRANCE EST VIRTUELLEMENT CHAMPIONNE OLYMPIQUE.

Alain Bernard s'élance alors pour le dernier relais avec une confortable avance d'une demi-seconde sur son adversaire américain placé en deuxième position, Jason Lezak. Il ne peut alors rien arriver au quatuor bleu complété par Amaury Leveaux et Fabien Gilot. C'est comme si Usain Bolt dominait une finale olympique sur 100 m et si à trente mètres de la ligne d'arrivée, le Jamaïcain avait cinq mètres d'avance sur son premier adversaire. Il ne pourrait rien lui arriver sauf si son premier concurrent pouvait profiter de son aspiration pour mieux le doubler juste avant l'arrivée de la course. C'est ce qui va se produire lors de cette finale du 4 x 100 m nage libre à Pékin. Jason Lezak réalise l'improbable dans la dernière ligne droite et refait progressivement son retard sur Alain Bernard.

Bien calé dans la vague du Français, Lezak fait parler son expérience. Bernard commet une erreur : il s'est rapproché de la ligne d'eau de l'Américain plutôt que de s'en éloigner. Lezak remporte cette finale à la touche et propulse les États-Unis de Michael Phelps sur le toit de l'Olympe avec un nouveau record du monde. La France repart avec une décevante médaille d'argent olympique. Un exploit pour la natation française en forme de déception. Qui aurait prédit que la France serait déçue par une deuxième place lorsque Fabien Gilot est sélectionné pour la première fois dans le relais tricolore à l'occasion des championnats du monde en 2003 ? Le nageur français est le témoin, mais aussi l'acteur principal de la formidable épopée du relais français durant plus d'une décennie. Une aventure au plus haut niveau mais aussi une rivalité avec les meilleurs nageurs américains.

Dès 2003, le relais français sur 4 x 100 m progresse en même temps que l'ensemble de la natation tricolore. Les meilleurs nageurs de l'Hexagone s'installent progressivement parmi les tout meilleurs nageurs de la planète sur 50 et sur 100 m nage libre. Dans la vague d'Alain Bernard, champion olympique sur 100 m en 2008, puis recordman du monde, les sprinteurs tricolores comme Frédérick Bousquet et Amaury Leveaux s'installent tout en haut de la hiérarchie des nageurs les plus rapides de la planète. Troisièmes des championnats du monde en 2003 à Barcelone derrière la Russie et les États-Unis, les Français auront besoin de plusieurs saisons pour confirmer cette première médaille internationale. Septième lors de la finale des Jeux oympiques d'Athènes en 2004, la France quitte provisoirement le gotha mondial en 2005 pour obtenir une nouvelle médaille de bronze lors des championnats d'Europe en 2006 à Budapest.

La France devient une habituée des po-

LA JOIE DE FABIEN GILOT LORS DES JEUX OLYMPIQUES DE LONDRES EN 2012.

diums internationaux. Troisièmes des championnats du monde de Melbourne en 2007, les relayeurs français progressent mais subissent une nouvelle fois la loi des Américains. On ne peut pas encore parler de rivalité tant les Américains semblent nager sur une autre planète. Mais la révolution est en marche. La déception de la dernière longueur d'Alain Bernard face à Lezak à Pékin en 2008 apporte une confirmation : la France peut battre les États-Unis. La rivalité est dans l'esprit des meilleurs nageurs tricolores. Elle n'a plus qu'à s'exprimer au grand jour. Une rivalité qui se poursuit en 2009 à Rome lors des championnats du monde. Les Français échouent une nouvelle fois en finale en terminant troisièmes derrière les États-Unis et la Russie. S'ils remportent les championnats du monde en petit bassin en 2010 à Dubaï, les Français terminent deuxièmes des championnats du monde en 2011 à Shanghai.

Pour la première fois, les Français se classent devant les États-Unis qui prennent la médaille de bronze. Alain Bernard, Jérémy Stravius, William Meynard et Fabien Gilot terminent à quatorze centièmes de l'équipe d'Australie emmenée par James Magnussen et Eamon Sullivan.

À l'occasion des Jeux olympiques de Londres en 2012, l'histoire s'inverse. Lors du dernier relais et après les passages d'Amaury Leveaux, Fabien Gilot et Clément Lefert, Yannick Agnel s'élance avec plus d'une demi-longueur de retard sur Ryan Lochte, mais juste devant l'Australie. La course semble perdue lorsqu'Agnel produit son effort et rattrape progressivement son retard sur Ryan Lochte. La France réalise un formidable exploit en inversant le scénario de 2008 à Pékin. Le lièvre a changé de bannière. Cela n'est plus Alain Bernard comme à Pékin, mais cette fois c'est Ryan Lochte qui est rattrapé par Yannick Agnel. Le nageur français touche le mur d'arrivée en premier. Le relais français devient enfin champion olympique devant les Américains ! Un exploit hors du commun pour l'équipe de France qui remporte l'or dans l'une des plus prestigieuses courses du calendrier international en battant le plus grand nageur de l'histoire, Michael Phelps, ainsi que son dauphin Ryan Lochte. La France jubile et gagne enfin la plus belle des médailles.

INVAINCUS DEPUIS MAI 2012, LES RELAYEURS FRANÇAIS ÉCRASENT LA CONCURRENCE ET FONT OUBLIER LE RELAIS AMÉRICAIN. L'ÉQUIPE DE FRANCE DEVIENT L'ÉQUIPE À ABATTRE.

En 2013, lors des championnats du monde de Barcelone en Espagne, le relais français récidive et remporte le titre mondial pour la première fois de son histoire, grâce à Yannick Agnel, Florent Manaudou, Fabien Gilot et Jérémy Stravius. Une première ! Particularité des Français : aucun nageur tricolore ne figurait dans le Top 10 mondial de la saison sur 100 m avant ces championnats du monde. Le relais français n'était que sixième après les deux premiers passages de témoin de Yannick Agnel en 48″76 et de Florent Manaudou en 47″93. Le titre mondial paraît alors inaccessible lorsque Fabien Gilot s'élance. Le nageur licencié au sein du Cercle des nageurs de Marseille réalise alors un temps extraordinaire et boucle son 100 m en 46″90 pour remettre l'équipe de France sur de bons rails. Lors du dernier relais, Jérémy Stravius parvient à maintenir le cap de l'équipe de France en 47″59 pour devancer le dernier relayeur américain James Feigen. Pour la quatrième fois de l'histoire après 2001, 2003 et 2011, les États-Unis laissent filer le titre mondial sur le relais 4 x 100 m nage libre.

Champion d'Europe en 2014, le relais tricolore retrouve les États-Unis durant l'été 2015 lors des championnats du monde de Kazan en Russie. Fabien Gilot, Mehdy Metella, Jérémy Stravius et Florent Manaudou l'emportent sur le fil pour quelques centimètres seulement devant la Russie et l'Italie. Événement exceptionnel, les États-Unis ne sont pas parvenus à se qualifier pour la finale. Invaincus depuis mai 2012, les relayeurs français écrasent la concurrence et font oublier le relais américain. L'équipe de France devient l'équipe à abattre. Les Américains confirment leur retour en grâce en 2016 à Rio lors des Jeux olympiques en devançant une magnifique équipe de France composée de Fabien Gilot, Mehdy Mettela, Florent Manaudou et Jérémy Stravius.

Présent lors de chaque performance du relais tricolore entre 2003 et 2016, Fabien Gilot aura été le premier grand rival des États-Unis sur le relais 4 x 100 m nage libre. Seize médailles internationales en quatorze saisons au plus haut niveau. Un capitaine exceptionnel qui a conduit les Bleus vers les sommets. L'âme de la natation française pendant une quinzaine d'années.

LA DÉCEPTION DE L'ÉQUIPE DE FRANCE LORS DES JEUX OLYMPIQUES DE RIO EN 2016.

France *versus* Japon

Teddy Riner semble tellement indestructible. C'est le plus grand judoka de tous les temps. Et sa carrière est loin d'être terminée. Alors, quand le Japonais Daiki Kamikawa se présente face au Français le 13 septembre 2010, il sait au fond de lui qu'il va avoir besoin d'un petit coup de pouce du destin pour remporter cette finale mondiale en toutes catégories. Ce jeune champion de cent-quarante-trois kilos affronte celui que tous présentent comme une légende vivante. Mais la légende du judo n'est pas japonaise comme ce fut le cas par le passé. La légende est française et se nomme Teddy Riner.

Le champion originaire de la Guadeloupe vient de remporter le titre mondial en poids lourds. Mais il n'est pas rassasié. Riner veut battre tous les records. Il est venu à Tokyo pour réaliser un doublé qui le propulserait dans l'histoire comme l'un des plus grands, avant de devenir une légende. Face à lui, Daiki Kamikawa est un jeune judoka de vingt-et-un ans qui n'a pas été aligné la veille dans la catégorie des poids lourds afin de se préserver physiquement en vue de la compétition mondiale en toutes catégories. Considéré par beaucoup d'observateurs comme un « second couteau », il parvient à se hisser en finale à l'issue d'une journée où il écarte tous ses adversaires : l'Allemand Toelzer, le Sud-Coréen Hwang ou encore l'Ouzbek Abdullo Tangriev. En demi-finale, il prend le meilleur sur son compatriote Suzuki et gagne le droit de disputer une première finale mondiale. C'est sa journée ! La médaille d'argent lui est promise tant le défi paraît impossible : faire tomber le grand Teddy Riner. La grande chance du Japonais réside dans le degré de fatigue physique du champion français après son sacre de la veille dans la catégorie des poids lourds. À l'issue d'un parcours sans faute dans sa partie de tableau, Teddy Riner est en marche pour remporter un quatrième titre mondial. Mais le Français est émoussé et ne trouve pas la clé pour écraser son adversaire. Le combat ne tourne pas en sa faveur. Sur la défensive et non sanctionné durant tout le combat malgré son inaction, le Japonais est finalement désigné vainqueur aux drapeaux par les juges. Une manière de remercier le public japonais pour son accueil. Une offrande très contestable en faveur du jeune Kamikawa. Riner s'estime volé. Après quarante-quatre victoires consécutives, Teddy Riner subit la défaite. La première depuis les quarts de finale des Jeux olympiques de Pékin en 2008 face à Abdullo Tangriev, sur une pénalité, lors du *golden score*. En dehors de la loterie des drapeaux, il paraît impossible de faire chuter ce colosse. En représailles, Teddy Riner prendra sa revanche en finale du Grand Slam de Paris quelques mois plus tard et écrasera son adversaire japonais, cette fois devant son public, sans contestation possible et sans aide des arbitres.

Depuis 1993 et l'avènement d'un autre champion nommé David Douillet, la France est devenue la grande rivale des poids lourds japonais qui remportaient régulièrement les grands titres dans la catégorie reine du judo mondial. En 1992, lors des Jeux olympiques de Barcelone, le Français tombe au deuxième tour face au Japonais et quadruple champion du monde, Naoya Ogawa, futur finaliste et médaillé d'argent. Par le jeu des repêchages, David Douillet remporte la médaille de bronze. Un premier rendez-vous réussi avec le très haut niveau mondial pour Douillet. Les Japonais ne le savent pas encore, mais ils vont connaître une longue période de disette dans leur catégorie préférée. Celle qui rappelle les demi-dieux que sont les champions de Sumo au Japon. Dès 1993, la razzia de David Douillet au plus haut niveau

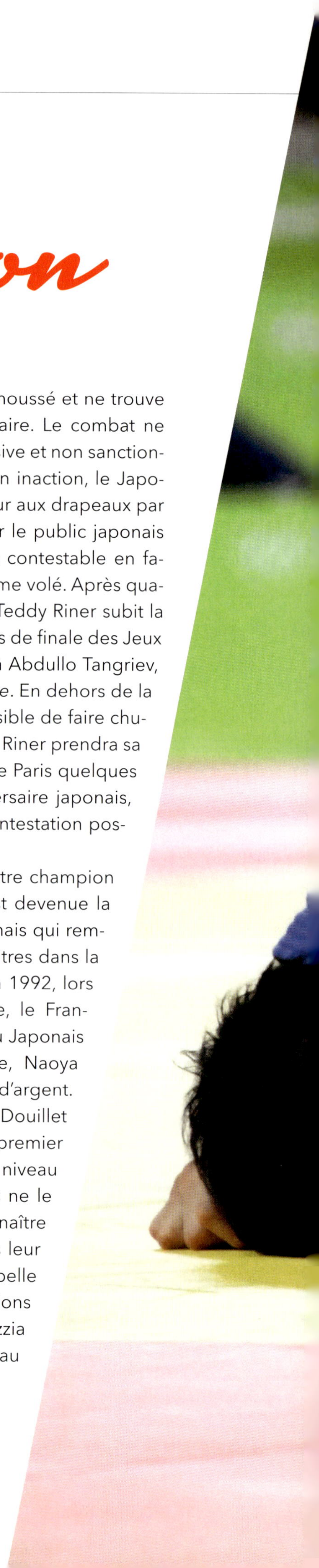

TEDDY RINER FACE À HISAYOSHI HARASAWA EN FINALE DES JEUX OLYMPIQUES DE RIO EN 2016.

mondial va dérouter, voire dégoûter les judokas japonais. Le Français remporte les titres mondiaux des poids lourds en 1993, 1995 et en 1997. Pour gagner cette troisième couronne mondiale, il prend le meilleur en finale sur le Japonais Schinichi Shinoara. David Douillet poursuit sa domination en remportant les titres olympiques des lourds en 1996 et en 2000. À Sydney en 2000, il rencontre à nouveau Shinoara en finale et gagne un second titre olympique, quelques mois seulement après un terrible accident de moto. Les champions français sont indestructibles ! En 2004, puis en 2008, le Japon retrouve des couleurs en gagnant les titres olympiques des lourds grâce à Keiji Suzuki, puis avec Satoshi Ishii. David Douillet a tiré sa révérence. La vacance du pouvoir n'est que très provisoire.

Les Japonais subissent ensuite l'hégémonie olympique et mondiale de Teddy Riner qui fait main basse sur les titres olympiques en 2012 à Londres, puis en 2016 à Rio en battant en finale le Japonais Hisayoshi Harasawa.

Depuis 2007, Riner écrase la concurrence internationale en remportant tous les titres mondiaux des poids lourds. Pire encore : rares sont les finales disputées face à des adversaires japonais. Les hommes du Soleil levant n'ont atteint la finale des championnats du monde qu'à deux reprises. En 2014 et 2015 grâce à Ryu Shichinohe. Deux médailles d'argent, c'est le triste bilan des combattants japonais dans cette catégorie des lourds depuis 2007. Entre 1993 et 2017, sur les quinze tournois planétaires organisés, les Japonais ne remportent seulement que deux titres de champion du monde des lourds contre onze pour les Français.

ENTRE 1993 ET 2017, SUR LES QUINZE TOURNOIS PLANÉTAIRES ORGANISÉS, LES JAPONAIS NE REMPORTENT SEULEMENT QUE DEUX TITRES DE CHAMPION DU MONDE DES LOURDS CONTRE ONZE POUR LES FRANÇAIS.

La domination des légendes tricolores est sans contestation possible. Le judo français a pu s'appuyer sur deux grands champions : David Douillet et Teddy Riner. Cette rivalité pourrait tourner à l'humiliation en 2020 lors des Jeux olympiques de Tokyo. À l'image du Néerlandais Anton Geesink, vainqueur en finale toutes catégories du Japonais Akio Kaminaga lors des derniers Jeux olympiques organisés par le Japon en 1964. Une troisième médaille d'or pour Teddy Riner serait un exploit sans précédent. Et peut-être un honneur pour le Japon tout entier de saluer le sacre d'une légende au pays du judo. Avant de tirer sa révérence à Paris en 2024, en finale des Jeux olympiques ?

TEDDY RINER VAINQUEUR DE LA FINALE DES JEUX OLYMPIQUES DE RIO EN 2016.

Brian Boitano
versus
Brian Orser

Bien que rivaux sur la glace, le Canadien Brian Orser et l'Américain Brian Boitano ont d'abord nourri le même espoir, et pas seulement remporter l'or olympique. Les deux patineurs nord-américains ont longtemps espéré envoyer un autre Américain, Scott Hamilton, à la retraite. Difficile de vivre une rivalité lorsque c'est toujours l'autre qui gagne. Brian Orser aspirait à un autre classement qu'une deuxième place lors des grandes compétitions internationales, derrière le grand Hamilton, sa bête noire.

Celui qui tente régulièrement le triple axel dès les catégories juniors est promis à un bel avenir. Dans l'ombre de Scott Hamilton, Brian Orser connaît en 1984 l'honneur mais aussi la déception de terminer à chaque fois deuxième des Jeux olympiques et des championnats du monde. Orser attend son heure. Une tradition dans le monde du patinage artistique. Les dauphins d'aujourd'hui sont souvent les champions de demain. Lorsque Scott Hamilton décide de prendre sa retraite sportive, la suprématie internationale est donc promise à Brian Orser. Le champion canadien est d'ailleurs le seul patineur à réaliser une prouesse technique à travers la réussite en compétition d'un triple axel. Lors des championnats du monde de 1985, rien ne peut donc empêcher le jeune Canadien de remporter enfin l'or mondial.

Orser surveille du coin de l'œil la progression d'un autre Américain, Brian Boitano. Un autre patineur qui attendait, lui aussi, avec impatience la retraite de son compatriote Scott Hamilton. Au début, tout semble simple pour Brian Boitano. Une progression fulgurante sur la glace et des titres de champion des États-Unis. Rien ne peut empêcher ce champion hors du commun de dominer la concurrence mondiale du patinage artistique. En 1984, il est sélectionné pour participer aux Jeux olympiques de Sarajevo. Cinquième du classement final, il assiste au sacre de Scott Hamilton qui continue de remporter les plus belles compétitions du calendrier international. Lorsque son compatriote tire sa révérence, la voie devient libre pour Brian Boitano qui hérite d'un trône laissé vacant en remportant les championnats nationaux dès 1985 et en accédant au podium des championnats du Monde de Tokyo avec une belle médaille de bronze. Un classement logique pour l'Américain alors que le Canadien Orser réalise une contre-performance. Brian Orser est

BRIAN BOITANO EN 1988 LORS DES JEUX OLYMPIQUES DE CALGARY. VAINQUEUR DE LA MÉDAILLE D'OR EN PATINAGE ARTISTIQUE.

devancé par le Soviétique Alexandre Fadeïev qui réussit, lui aussi, un triple axel.
L'année suivante, le Canadien se présente aux championnats du monde de Genève dans le costume du grand favori de la compétition. Malheureusement, une malédiction semble l'empêcher de remporter l'or mondial car il est devancé cette fois par Brian Boitano. Lors des trois dernières éditions des championnats du monde de patinage artistique, Brian Orser demeure scotché sur la deuxième place du podium alors que trois patineurs différents sont devenus champions du Monde à sa place. Cette fois, l'or est revenu à Brian Boitano. La grande rivalité entre les deux hommes peut débuter.
En 1987, le Canadien Orser accède enfin à la plus haute marche mondiale devant Brian Boitano, à Cincinnati, aux États-Unis. Un titre qui devait lui ouvrir les portes de la suprématie mondiale durant quelques années. Malheureusement pour lui, l'année 1988 consacre son plus grand rival lors des Jeux olympiques de Calgary, au Canada. Brian Boitano remporte les deux titres majeurs devant Orser. La médaille d'or olympique et le titre de champion du Monde.
Porte-drapeau pour le Canada, Orser est attendu lors de ces Jeux olympiques disputés à domicile. À cette époque, le programme olympique comporte trois volets : un programme avec des figures obligatoires, un programme court et enfin le programme libre. Pour remporter l'or, Boitano sait qu'il doit être parfait afin de mettre le doute dans l'esprit des juges. Lors des figures obligatoires, Alexandre Fadeïev passe en tête devant Boitano et Orser. Bien que vainqueur du programme court, Orser demeure deuxième du général derrière Boitano. Les deux hommes sont au coude à coude au classement. Le dernier volet, le programme libre, représente 50% de la note finale. La victoire semble promise à Orser selon quelques indiscrétions recueillies auprès de juges par le staff de l'Américain. La lourde tradition des juges qui choisissent leur favori avant la réalisation du dernier programme semble toujours vivante !
Pour permettre la victoire de Boitano, Orser doit s'effondrer. « *J'ai superposé l'aspect technique de mon programme à celui que tout le monde prévoyait* », déclare Boitano. « *Brian a fait un triple flip, donc j'ai fait deux triples flips. Il a fait un triple axel, j'ai fait deux triples axels. Il s'avère que personne d'autre ne faisait des quads aux Jeux olympiques, donc je n'en avais pas besoin pour gagner* ». Boitano réalise un programme presque parfait avec huit triples sauts et un triple lutz. Il commet une petite erreur lors de la réception d'un saut et ne parvient pas à réaliser le deuxième triple axel prévu dans son programme.
Pendant la prestation de Brian Orser et son programme libre, Boitano décide de se couper du monde en écoutant de la musique pour ne pas entendre les ovations du public. Malheureusement, il éteint sa musique trop tôt et entend la note que lui décerne le juge tchèque : un 6.0, la note maximale. Mais Orser ne réalise pas un programme parfait. Il manque son triple axel qui devient un double. Son coéquipier Chris Bowman lui annonce sa victoire. Boitano semble ne pas croire à cette nouvelle. Il devient champion olympique. Cinq juges ont donné la victoire à Boitano et quatre juges à Orser. Quand Orser entre dans le vestiaire, les deux champions se regardent simplement. Puis Orser reconnaît sa défaite devant son grand rival. Boitano ressent la douleur éprouvée par Orser. Sur le podium olympique, Boitano rend hommage à Orser en le rejoignant sur la deuxième marche du podium.

QUAND ORSER ENTRE DANS LE VESTIAIRE, LES DEUX CHAMPIONS SE REGARDENT SIMPLEMENT. PUIS ORSER RECONNAÎT SA DÉFAITE DEVANT SON GRAND RIVAL. BOITANO RESSENT LA DOULEUR ÉPROUVÉE PAR ORSER. SUR LE PODIUM OLYMPIQUE, BOITANO REND HOMMAGE À ORSER EN LE REJOIGNANT SUR LA DEUXIÈME MARCHE DU PODIUM.

Quelques semaines plus tard, Boitano conservera son titre de champion du monde devant Orser et le Russe Viktor Petrenko. La « *Bataille des Brian* » prend donc fin sur une nouvelle victoire de Boitano. Les deux Brian décident alors de prendre leur retraite sportive pour embrasser une carrière professionnelle. Boitano reprend du service en 1994 et se qualifie pour les Jeux olympiques de Lillehammer, en Norvège. Sixième de la compétition, l'Américain se consacrera ensuite à sa carrière professionnelle et notamment au cinéma. Brian Orser est, lui, devenu entraîneur. Il a permis à plusieurs patineurs et patineuses de remporter les titres de champion du monde et de champion olympique.

BRIAN ORSER SUR LE PODIUM DES JEUX OLYMPIQUES DE CALGARY EN 1988 AVEC UNE MÉDAILLE D'ARGENT.

Serena Williams *versus* Venus Williams

La scène se passe en 1978 aux États-Unis. Un Américain marié et père de trois filles allume sa télévision et tombe par hasard sur du tennis féminin. Richard Williams n'est pas un passionné de tennis mais ce qu'il va entendre va changer le cours de sa vie, et en partie le cours du tennis mondial de la fin des années 1990 et 2000. La Roumaine Virginia Ruzici vient de remporter le prestigieux tournoi du Grand Chelem de Roland-Garros à Paris, en simple et en double. Elle empoche, par la même occasion, un chèque de 200 000 francs (l'équivalent aujourd'hui de 200 000 euros en euros constants) pour ses deux sacres lors de la quinzaine parisienne. Une information qu'il reçoit comme un électrochoc et qui va faire basculer la vie de cet illustre inconnu de Compton, un ghetto noir de Los Angeles.

Alors qu'il vient d'ouvrir une société de gardiennage, il prend la décision d'agrandir sa famille et de préparer ses deux nouvelles filles à devenir des championnes de tennis.
Richard Williams et Oracene, la mère infirmière, sont témoins de Jéhovah : pour ce couple, la famille passe avant tout. Ils vont sculpter une famille dont les deux derniers enfants, Venus et Serena, vont changer la face du tennis mondial.

Le 17 juin 1980, Venus Williams voit le jour, puis c'est au tour de Serena, le 26 septembre 1981. Très vite, elles apprennent à jouer au tennis avec leur père. Pour amener ses filles au plus haut niveau mondial, Richard Williams refuse de les confier à des entraîneurs diplômés. Il décide de devenir leur coach malgré sa méconnaissance de ce sport. Il apprend le tennis dans les livres et parfait sa formation tout seul. Avec les membres des gangs du quartier de Compton comme spectateurs, les deux petites filles Williams se consacrent exclusivement à la petite balle jaune dès l'âge de quatre ans, parallèlement à leur scolarité. Sur un court délabré souvent squatté par les rappeurs ou les dealers de drogue, Richard Williams se bat chaque jour pour entraîner ses filles dans cet environnement hostile. Pour lui, le mental est au centre de la performance. Il martèle chaque jour les grands préceptes qu'il a édictés lui-même comme pour laver le cerveau de ses filles. « *Je leur ai inculqué qu'elles seraient les meilleures du monde. Je leur ai donné une inébranlable confiance en elles. Avec ça, je savais qu'elles se-*

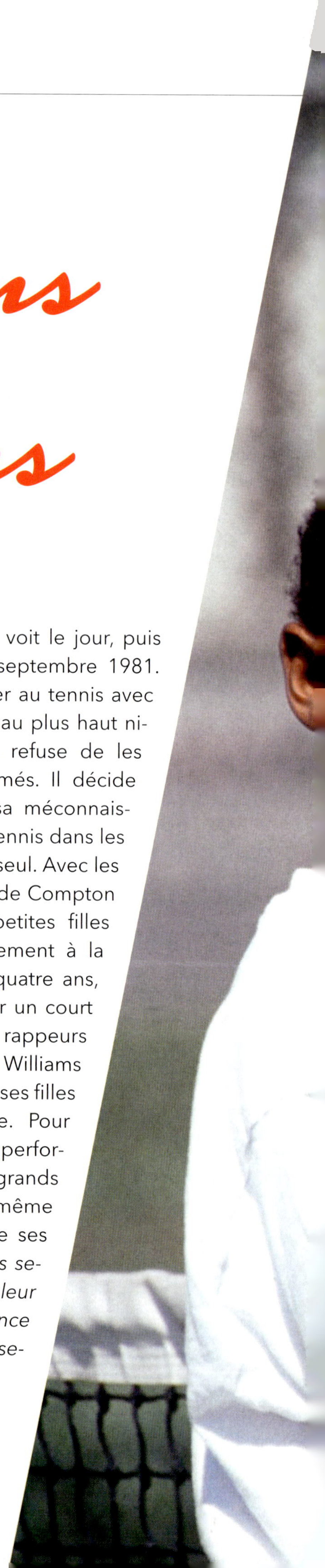

SERENA (À GAUCHE) ET VENUS WILLIAMS (À DROITE) EN 1991 À LOS ANGELES.

raient invincibles » confiera-t-il plus tard.
Elles répondent aux attentes de leur père sans contester ses choix. Serena et Venus progressent en affrontant des garçons sur le court afin d'être confrontées à la plus grande difficulté possible. Elles apprennent à frapper la balle très fort. En 1991, la famille déménage en Floride pour permettre à ces deux petites merveilles de progresser encore. Richard Williams confie alors ses filles à un entraîneur professionnel, Rick Macci. Elles sont les grands espoirs du tennis américain. Leur parcours et leurs résultats sportifs commencent à intéresser les sponsors. Alors qu'elle n'a encore rien gagné, Venus signe un contrat de quinze millions de dollars avec l'équipementier Reebok. Richard Williams a déjà atteint son rêve de fortune. Il reste à ses filles à confirmer leur formidable potentiel sur le circuit mondial. Si elles s'entraînent tous les jours depuis des années l'une contre l'autre, l'une avec l'autre, elles s'affrontent en 1991, pour la première fois, en finale d'un tournoi. Plus âgée de quinze mois, Venus l'emporte facilement face à sa petite sœur. Elle reçoit un trophée couleur or alors que Serena remporte un trophée couleur argent. La plus jeune des sœurs Williams est alors toute heureuse de récupérer le trophée de sa sœur victorieuse parce que Venus préfère la couleur argent.

UN PALMARÈS QUI COMPREND DES DIZAINES DE TOURNOIS REMPORTÉS AINSI QUE QUATRE TITRES OLYMPIQUES CHACUNE. ELLES ONT DOMINÉ LE CLASSEMENT MONDIAL. UN BILAN HORS DU COMMUN.

À quatorze ans, Venus devient professionnelle, et trois ans plus tard elle atteint la finale de son premier tournoi du Grand Chelem à l'US Open en 1997 mais s'incline face à la Suissesse Martina Hingis. Elle débarque sur le circuit professionnel par la grande porte et commence à infliger des défaites expéditives à ses adversaires. Mais elle doit encore progresser sur le plan tactique face des joueuses capables de faire déjouer n'importe quelle adversaire. Et notamment face à Martina Hingis. De marbre devant l'enthousiasme des journalistes à l'issue de ses performances au plus haut niveau, Venus annonce l'arrivée sur le circuit d'une joueuse encore plus forte qu'elle, à savoir sa petite sœur Serena, qu'elle protège. Elle lui inflige une première défaite sur le circuit professionnel au second tour de l'Open d'Australie en 1998. En mars 1999, les deux sœurs s'affrontent en finale de Key Biscayne et Venus s'impose encore. Le règne annoncé des sœurs Williams est aux portes du tennis mondial. Deux championnes au jeu destructeur. Venus n'avait pas menti : Serena est encore plus forte que sa grande sœur. Lors du tournoi de l'US Open 1999, Venus s'incline en demi-finale face à Martina Hingis et assiste ensuite à la victoire de sa sœur en finale face à la Suissesse. Sa petite sœur est en train de lui voler la vedette. Serena lui inflige une première défaite en finale de la Coupe du Grand Chelem à l'automne 1999. Venus prendra sa revanche l'année suivante en remportant ses deux premiers tournois du Grand Chelem à Wimbledon et à l'US Open. L'aînée des Williams a toujours été protectrice à l'égard de sa petite sœur. En parallèle, Serena a toujours copié Venus, son modèle. La rivalité qui va les animer au sommet du tennis mondial n'altèrera pas leur profonde amitié et leurs relations fraternelles. Peut-on envisager Richard Williams comme chef d'orchestre de cette rivalité et qui déciderait du sort des matchs entre les deux sœurs ? Impossible et sans intérêt. Lorsque ses filles atteignent le sommet du tennis mondial, le père Williams décide de ne plus regarder les matchs opposant Serena et Venus. En 2001, Venus réédite sa performance de l'année précédente en gagnant Wimbledon et l'US Open. En finale à New York, elle l'emporte face à Serena. C'est la première finale de Grand Chelem 100% Williams. Leur père a réussi son pari. L'une de ses filles accède au rang de numéro un mondial. Il s'agit de Venus. Sa cadette va bientôt l'imiter. En 2002 et 2003, le goût pour la victoire change de raquette. Serena remporte les quatre finales de Grand Chelem qu'elle dispute face à sa sœur à Wimbledon et à l'US Open en 2002, puis en Australie et de nouveau à Wimbledon en 2003.

Quelques semaines plus tard, le 14 septembre 2003, la plus grande des sœurs Williams, Yetunde Price, décède dans une fusillade près de Los Angeles. La perte de leur sœur aînée, mère de trois enfants, va marquer un coup d'arrêt dans les carrières sportives de Venus et de Serena. Venus se désintéresse provisoirement du tennis et Serena s'enferme chez elle. Cette dernière plonge dans la dépression. Elles reviennent ensuite sur le circuit et semblent plus fortes que jamais. L'année 2004 est une saison blanche en Grand Chelem pour ces championnes américaines avec une défaite en finale à Wimbledon pour Serena, puis un échec en finale des Masters. La plus jeune des sœurs Williams débute l'année suivante par une victoire en Australie alors que Venus s'impose à Wimbledon.

Cette dernière gagnera encore à Londres en 2007 et en 2008, mais perdra la finale sur gazon en 2009 et 2017 ainsi que la finale de l'Open d'Australie 2017 face à Serena.

Entre 1999 et 2017, la plus jeune des Williams remporte vingt-trois titres de Grand Chelem dont sept en finale face à Venus pour six défaites dont deux en finale face à sa grande sœur. Serena et Venus ont aussi remporté quatorze titres de Grand Chelem en double et deux en double mixte. Un palmarès qui comprend des dizaines de tournois remportés ainsi que quatre titres olympiques chacune. Elles ont dominé le classement mondial. Un bilan hors du commun. Le chef d'œuvre de Richard Williams. Si leur carrière n'est pas encore terminée, Serena remporte cette rivalité fabriquée avec sa sœur aînée et s'est forgé l'un des plus beaux palmarès de l'histoire du tennis. Et en vingt-huit matchs l'opposant à Venus entre 1999 et 2017, Serena en a remporté dix-sept contre onze pour sa grande sœur.

Si leur carrière n'est pas encore terminée, Serena remporte cette rivalité fabriquée avec sa sœur aînée et s'est forgé l'un des plus beaux palmarès de l'histoire du tennis.

La série est en cours mais la retraite ne devrait plus tarder à sonner pour les deux légendes du tennis mondial. En 2018, les sœurs Williams marquent le pas et semblent se rapprocher du crépuscule de leur carrière. Si Venus parvient difficilement à performer, Serena est encore capable de quelques fulgurances. La plus jeune des Williams est finaliste à Wimbledon en juillet face à l'Allemande Angelique Kerber malgré une place de tête de série numéro 25. Venus a quitté le tableau final dès le troisième tour face à la Néerlandaise Kiki Bertens. Serena aurait pu remporter un 24e titre du Grand Chelem et une 8e victoire sur le gazon londonien. Battue par Kerber en deux sets 6/3 6/3, Serena s'incline pour la 3e fois en finale à Wimbledon. Une 7e défaite en finale de tournoi du Grand Chelem qui permet de mesurer l'empreinte de l'Américaine sur l'histoire du tennis mondial. Davantage que sa sœur Venus qu'elle corrige au troisième tour de l'US Open version 2018 en 1h12' sur le score sans appel de 6/1 6/2. Malheureusement, Serena Williams connaît une 8e défaite en finale de Grand Chelem à New York. Elle s'incline lourdement face à la Japonaise de vingt ans Naomi Osaka 6/2 6/4. En finale, Serena présente un visage nouveau. Celui qui refuse le déclin et qui s'en prend ouvertement à l'arbitre principal du match. Elle est sanctionnée d'un point de pénalité, puis d'un jeu. L'une des plus grandes championnes de l'histoire du tennis manque l'occasion d'égaler au nombre de victoires en Grand Chelem et en simple l'Australienne Margaret Court, quinze ans après le premier succès.

Face à sa sœur Venus dans le tournoi final, les deux championnes ont livré une 30e confrontation en simple sur le circuit professionnel pour un 18e succès de la cadette des Williams. La fin de cette grande rivalité n'a pas encore sonné, mais elle est toute proche. Au plus grand regret des amateurs de tennis.

VENUS ET SERENA WILLIAMS EN DOUBLE À L'OPEN D'AUSTRALIE EN 2009.

Alexander Popov
versus
Gary Hall Junior

C'EST UN ENDROIT CONSIDÉRÉ COMME UNE SALLE D'ANGOISSE. UNE SALLE OÙ TOUS LES NAGEURS ET TOUTES LES NAGEUSES SE RETROUVENT AVANT DE PLONGER DANS LE BASSIN. CET ENDROIT S'APPELLE LA CHAMBRE D'APPEL. UN ESPACE OÙ LES CARACTÈRES SE RÉVÈLENT, OÙ LES COURSES SE GAGNENT ET SE PERDENT.

En 1996, lors des Jeux olympiques d'Atlanta, l'Américain Gary Hall Junior entre dans la chambre d'appel et décide de tenter de briser la concentration de son plus grand rival. Il tourne autour du Russe, Alexander Popov, en imitant un indien dansant autour d'un totem. La scène a certainement surpris l'ensemble des qualifiés pour cette finale olympique. Il faut un sacré « courage » ou être animé par la folie pour jouer une telle scène. Il faut aussi être guidé par une grande confiance en soi et un esprit joueur.
Le tsar russe reste d'abord impassible puis il répond à son rival : « *Je vais te briser, sale Yankee !* » Les deux hommes disputent ensuite la finale du 100 m nage libre, la discipline reine de la natation. Avant même de plonger dans le bassin, Alexander Popov a gagné la finale. Il vient de briser mentalement son principal concurrent qui se croyait capable d'altérer les capacités mentales de l'un des grands noms de l'histoire de la natation. Quelques instants plus tard, le Russe remporte la course olympique la plus prestigieuse pour la deuxième fois de sa carrière après son titre de 1992 à Barcelone. À deux reprises lors de ces Jeux olympiques, Popov inflige une défaite à l'Américain, sur 100 m nage libre, mais aussi sur 50 m nage libre. Gary Hall Junior subit deux revers à domicile mais prend ensuite sa revanche avec l'équipe des États-Unis sur le relais 4 x 100 m nage libre et sur le relais

GARY HALL JUNIOR (À GAUCHE) ET ALEXANDER POPOV LORS DES JEUX OLYMPIQUES D'ATLANTA EN 1996 SUR LE PODIUM DU 100 M NAGE LIBRE.

4 x 100 m quatre nages. La grande rivalité entre Popov et Gary Hall Junior anime les courses les plus prestigieuses au monde. Et c'est le Russe qui l'emporte toujours face à l'Américain.
Lors des championnats du monde de Rome en 1994, le bilan entre les deux hommes est identique. En quatre courses internationales, Alexander Popov s'impose à quatre reprises devant Gary Hall Junior. L'Américain est la victime préférée du Russe. Les relations entre les deux hommes sont glaciales. Pour Popov, Gary Hall Junior est l'incarnation de la conduite antisportive. Le Russe déteste les manières de l'Américain. Des échanges musclés et des insultes animent les rencontres entre ces deux champions. D'après Gary Hall Junior, Popov « *a peur de moi et de ce que je suis capable d'accomplir* ». Battre Popov devient vite une obsession pour l'Américain. D'autant que le Russe a insulté la famille de son plus grand rival. Alexander Popov a affirmé un jour que Gary Hall Junior était incapable de le battre car issu d'une famille de perdants. Le Russe faisait ainsi référence à la carrière modeste du père de Gary.
Deux ans plus tard, les deux hommes se retrouvent au plus haut niveau. Mais ils ne sont plus aussi dominateurs dans les bassins mondiaux. Non aligné en individuel lors des championnats du monde de Perth en Australie en 1998, Gary Hall Junior assiste à la nouvelle victoire du tsar Popov sur 100 m nage libre. Petite consolation : il assiste aussi à sa défaite en finale du 50 m nage libre derrière un autre Américain, Bill Pilczuk. Gary Hall Junior remporte le titre mondial en relais 4 x 100 m avec l'équipe des États-Unis ainsi que la médaille d'argent lors du relais 4 x 100 m quatre nages. La préparation de l'Américain est perturbée par un contrôle antidopage positif à la marijuana. La Fédération internationale le suspend provisoirement mais ne le prive pas d'une participation aux Jeux olympiques à Sydney en 2000. Alors qu'il est en pleine préparation, il apprend qu'il est atteint d'un diabète de type 1. À Sydney, Alexander Popov échoue dans sa quête d'un triplé olympique sur 100 m. Battu par le Néerlandais Pieter Van Den Hoogenband, il remporte la médaille d'argent et termine encore une fois devant Gary Hall Junior, médaillé de bronze. Sur 50 m nage libre, l'Américain prend enfin sa revanche et gagne le titre olympique devant son plus grand rival qui ne se classe que sixième. Gary Hall Junior parvient enfin à battre sa bête noire dans un bassin. Il prend ainsi une toute petite revanche sur le Russe.
En 2003, Popov revient au sommet de la natation mondiale lors des championnats du monde de Barcelone en remportant l'or sur 100 m nage libre, 50 m nage libre, sur le relais 4 x 100 m nage libre et en gagnant l'argent sur le relais 4 x 100 m quatre nages. Le tsar est inoxydable. Mais le parfum de sa fin de carrière inonde les bassins. À Athènes, lors des Jeux olympiques 2004, il est loin des meilleurs et surtout de la forme affichée l'année précédente à Barcelone. Il échoue en individuel et termine deux fois quatrième en relais avec l'équipe de Russie. Pour la première fois en quatre participations, il quitte les Jeux olympiques sans médaille.

EN 2003, POPOV REVIENT AU SOMMET DE LA NATATION MONDIALE LORS DES CHAMPIONNATS DU MONDE DE BARCELONE EN REMPORTANT L'OR SUR 100 M NAGE LIBRE, 50 M NAGE LIBRE, SUR LE RELAIS 4 X 100 M NAGE LIBRE ET EN GAGNANT L'ARGENT SUR LE RELAIS 4 X 100 M QUATRE NAGES. LE TSAR EST INOXYDABLE.

Muet au niveau mondial pendant quatre ans, Gary Hall Junior revient à Athènes pour remporter une nouvelle médaille d'or olympique sur 50 m nage libre et le bronze en relais sur 4 x 100 m nage libre. À l'occasion de la finale du 50 m, l'Américain entre dans la chambre d'appel avec un peignoir de boxeur. Une manière bien à lui de continuer à faire le show. Excédé, le manager de l'équipe des États-Unis entre alors pour récupérer le tissu de la discorde mais est jeté hors de la chambre d'appel par les autres membres de l'équipe. C'était la dernière course de la carrière de Gary Hall Junior. Un point commun avec Alexander Popov qui quitte la scène internationale avec un titre européen sur 50 m nage libre.

ALEXANDER POPOV CHAMPION OLYMPIQUE DU 100 M EN 1996 À ATLANTA.

Steve Ovett *versus* Sebastian Coe

À l'image des coureurs cyclistes italiens Gino Bartali et Fausto Coppi, des navigateurs néo-zélandais Peter Blake et Grant Dalton, des boxeurs américains Mohamed Ali et Joe Frazier ou encore des pilotes brésiliens de Formule 1 Ayrton Senna et Nelson Piquet, le plus grand rival d'un champion peut être originaire de son propre pays. Durant plusieurs saisons, deux coureurs anglais se sont affrontés sur la piste au plus haut niveau mondial. Une rivalité sportive portée à son paroxysme entre Sebastian Coe et Steve Ovett.

Les deux coureurs vont passionner le royaume d'Angleterre et plus largement le monde entier. Pourtant, ils ne se rencontreront sur la piste qu'à sept reprises au niveau international, dont quatre lors d'une finale olympique. La légende prétend qu'ils se sont affrontés pour la première fois en mars 1972 lors des championnats d'Angleterre scolaires de Cross-Country. Steve Ovett aurait terminé deuxième et Coe seulement dixième.

Né en 1955, une année avant Sebastian Coe, Steve Ovett choisit très tôt l'athlétisme et performe très vite sur 400 m. Mais c'est sur 800 m que le grand coureur britannique se fait connaître au plus haut niveau mondial. Médaillé d'argent sur cette distance lors des championnats d'Europe de Rome en 1974, Steve Ovett remporte une première médaille internationale chez les seniors après avoir brillé chez les juniors. L'Anglais a tout juste dix-huit ans et quelques mois. En 1976, le jeune britannique poursuit son apprentissage du demi-fond international lors des Jeux olympiques de Montréal. Cinquième de la finale du 800 m, Steve Ovett échoue en demi-finale sur 1500 m à cause de plusieurs bousculades qui l'ont retardé. Ce jeune Anglais est promis à une belle carrière au plus haut niveau à une époque où des pays africains comme le Kenya ou l'Éthiopie ne sont pas encore au sommet du fond et du demi-fond mondiaux. Deux années plus tard à Prague, Steve Ovett récidive sur 800 m en remportant une nouvelle médaille d'argent européenne devant un certain Sebastian Coe qui prend la troisième place de cette finale. Ovett commet l'erreur de se focaliser sur son rival britannique et laisse l'Est-Allemand Olaf Beyer remporter la course. Coe avait pris la décision de mener cette finale à une allure suicidaire. Il boucle le premier tour de piste en 49"32 et devance ses concurrents jusqu'à l'entrée de la dernière ligne droite. Sebastian Coe est alors sans ressources pour disputer le sprint pour la victoire. Il craque devant son compatriote. Bien calé dans la foulée de Coe, Ovett place une accélération au début de la dernière ligne droite et pense remporter le titre européen. Malheureusement pour le Britannique, l'Allemand de l'Est Olaf Beyer remporte le sprint final. Steve Ovett se reprend quelques jours plus tard et devient champion d'Europe sur 1500 m en plaçant une accélération fulgurante juste avant le dernier virage. Il gagne ainsi sa première grande course internationale. Une manière de rappeler à Coe qu'il est encore le leader de l'athlétisme britannique. Pendant deux saisons, les deux rivaux anglais, qui ne se portent mutuellement que très peu d'intérêt et d'estime,

SEBASTIAN COE CHAMPION OLYMPIQUE DEVANT STEVE OVETT SUR 1 500 M À MOSCOU EN 1980.

s'évitent. Ils parviennent à s'aligner sur des courses différentes pour ne pas s'affronter. Coe et Ovett se préparent en vue des futures grandes échéances internationales avec l'équipe britannique. En 1979, Sebastian Coe se révèle au plus haut niveau en battant plusieurs records du monde sur le mile, sur 800 m et sur 1500 m. Un exploit inégalé. Coe est élu meilleur sportif britannique de l'année par la rédaction sportive de la BBC. Il prend l'ascendant sur son rival. Lors des Jeux olympiques de Moscou en 1980, le duel entre les deux champions s'affirme et s'exacerbe. Coe est le chouchou des médias alors que Ovett décide de ne plus adresser la parole aux journalistes qui le taxent d'immaturité. Sur 800 m, Coe ne commet pas l'erreur de Prague et change de tactique. Bien calé en queue de peloton lors du premier tour bouclé en 54"55, le Britannique place une accélération dans le virage suivant pour tenter de combler son retard sur la tête de la course. Ovett reste en quatrième position et attend son heure pour en découdre lors du sprint final. À l'approche du dernier virage, Coe est très mal placé et doit fournir un très gros effort pour revenir sur Steve Ovett bien calé dans la foulée du Russe Nicolay Kirov. Sebastian Coe a déjà perdu la course alors qu'il semblait être en très grande forme. Il parvient à dépasser Kirov à quelques hectomètres de l'arrivée pour s'adjuger la médaille d'argent. Ovett s'envole vers le titre olympique en 1'45"40 contre 1'45"80 pour son rival britannique. C'est une grande déception pour Coe dont le meilleur temps sur la distance est de 1'42"33. Trois secondes de moins. Sebastian Coe reconnaîtra à l'époque que cette course était la pire de sa carrière. La manière dont il gère ses courses sur le plan tactique interpelle. Il remporte malgré tout la médaille d'argent. Mais la déception se lit sur son visage lorsqu'il monte sur la deuxième marche du podium. La poignée de main très froide et sans un regard qu'il échange avec Ovett en dit beaucoup sur sa contrariété.

Sur 1 500 m, Sebastian Coe ne commet pas deux fois la même erreur. Dans une course tactique, les deux Britanniques laissent un Allemand de l'Est mener l'allure. Ovett attend son heure, une nouvelle fois calé dans la foulée de Sebastian Coe. Le champion olympique du 800 m est un fin tacticien. Il attend souvent bien calé dans la foulée de son principal adversaire pour porter l'estocade et gagner la course. Coe est prévenu. Il sent le souffle de son rival britannique sur sa nuque et jette quelques rapides coups d'œil sur son côté droit pour prévenir un démarrage surprise de Ovett. Coe lance une offensive à l'entrée de la dernière ligne droite. De peur d'être dépassé par son rival britannique, il allonge sa foulée pour gagner en vitesse. Mais Ovett est émoussé et ne peut bénéficier de ses qualités habituelles de sprinteur. Coe remporte la course et devient champion olympique devant l'Allemand de l'Est Jürgen Straub et Steve Ovett. C'est la deuxième médaille d'or d'un coureur britannique lors de ces Jeux olympiques de Moscou. Les deux rivaux sont au sommet du demi-fond mondial. Cette fois, c'est Sebastian Coe qui monte sur la plus haute marche du podium pour mieux apprécier sa domination sur Steve Ovett. « Je ne pouvais pas perdre une deuxième fois », confessera-t-il après la course. Un autre Britannique, Steve Cram, se classe huitième de la course.

EN DIRECT À LA TÉLÉVISION BRITANNIQUE, LE VISAGE HILARE DE STEVE OVETT DEVANT CETTE DÉFAITE DE COE ALIMENTE L'INIMITIÉ ENTRE LES DEUX CHAMPIONS.

Fin août à Coblence en Allemagne de l'Ouest, Steve Ovett bat le record du monde de Sebastian Coe sur 1500 m en 3'31"36. Une manière de lancer une rivalité, cette fois à distance. En 1981, Coe et Ovett ne s'affrontent toujours pas directement sur la piste mais toujours par chronomètre interposé en se dépossédant successivement des records du monde. Sebastian Coe s'empare du record du mile à Zurich détenu par Steve Ovett. Sept jours plus tard, Ovett reprend le record du monde à Coblence pour treize centièmes avant que Coe n'abaisse ce record quelques jours plus tard lors du Meeting de Bruxelles, en Belgique. En 1982, Steve Ovett est perturbé par une blessure à la cuisse et doit mettre fin à sa saison de manière prématurée. Son grand rival rencontre des difficultés similaires. Sebastian Coe s'incline lors des championnats d'Europe d'Athènes sur 800 m. Battu par l'Allemand de l'Ouest Hans Peter Ferner, qui le dépasse au sprint dans la dernière ligne droite, Coe laisse filer le titre européen. En direct à la télévision britannique, le visage hilare de Steve Ovett devant cette défaite de Coe alimente l'inimitié entre les deux champions. Après une fracture de fatigue au pied, une mononucléose contraint Sebastian Coe à mettre un terme à sa saison. L'année 1983 sera toute aussi décevante pour le champion britannique. Victime de la toxoplasmose qui l'oblige à passer plus d'un mois à l'hôpital, Sebastian Coe est contraint de déclarer forfait pour les premiers championnats du monde organisés à Helsinki, en Finlande. Steve Ovett parvient à se qualifier pour ces championnats du monde sur 1 500 m mais pas sur 800 m. Lors du 1 500 m, le Britannique se classe quatrième d'une course remportée par un nouveau rival britannique, Steve Cram. Quelques semaines plus tard, Ovett se reprend et bat le record du monde sur 1 500 m à Rieti en Italie. 1984 est une année olympique avec les Jeux organisés à Los Angeles. Le boycott de l'URSS, de nombreux pays étant solidaires, ouvre de belles perspectives de podium aux coureurs britanniques. Pour Steve Ovett, ces Jeux olympiques sont un échec cuisant. Handicapé par une bronchite, l'Anglais est l'ombre de lui-même sur la piste. Sur 800 m, il ne peut défendre son titre de champion olympique en pleine possession de ses moyens physiques. Ovett passe tout près de l'élimination en demi-finale et se qualifie pour la finale en se jetant sur la ligne d'arrivée. Huitième de cette finale olympique de Los Angeles, il assiste à la victoire du Brésilien Joaquim Cruz devant son grand rival Sebastian Coe, médaillé d'argent. Ovett ne se mêle à la lutte que lors du premier tour, puis laisse partir le peloton des coureurs sans pouvoir réagir. À bout de forces, Ovett est évacué sur une civière. Il passe deux jours dans un hôpital et décide de s'aligner sur 1 500 m contre l'avis des médecins. Dans le dernier tour, alors qu'il est idéalement placé en quatrième position dans le sillage de Steve Cram, Ovett abandonne à la surprise générale. Il s'efface comme un « lièvre » qui se range sur le côté, une fois sa mission accomplie. Il est à bout de souffle au bord de la piste pendant que son grand rival Sebastian Coe remporte le titre olympique sur la distance devant l'autre Britannique Steve Cram. L'accélération de Coe dans le dernier virage distance Cram et l'Espagnol Abascal. L'Angleterre réalise le doublé sur 1 500 m mais sans Steve Ovett. La rivalité britannique sur 800 m et 1 500 m vient de changer d'hommes. Désormais, Sebastian Coe doit affronter un autre Steve. Une page vient de se tourner. En l'absence de Sebastian Coe forfait, Steve Cram remporte deux médailles d'or lors des Jeux du Commonwealth en 1986 sur 800 m et 1 500 m. En fin de piste, Ovett parvient à gagner le 5 000 m durant cette grande compétition internationale mais échoue dans sa quête de qualification pour les Jeux olympiques de Seoul en Corée du Sud en 1988. Il décide alors de mettre un terme à sa carrière.

En 1986, Coe remporte le titre sur 800 m lors des championnats d'Europe de Stuttgart devant les deux autres Britanniques McKeane et Cram, mais il subit la domination de Steve Cram sur 1 500 m. Ces championnats d'Europe sont le théâtre des dernières grandes performances internationales de Sebastian Coe qui ne se qualifie pas pour les Jeux olympiques de Seoul en 1988 et met un terme à sa carrière en 1990. Ovett quitte officiellement la piste en 1991 pour devenir commentateur à la télévision britannique.

Il y a près de trente ans, Steve Ovett et Sebastian Coe auraient pu certainement monnayer leur grande rivalité et offrir des rencontres au public des différents meetings internationaux. Mais ces meetings étaient très rares et ne proposaient pas les mêmes sommes d'argent aux athlètes qu'aujourd'hui. Dans les années 1970 et 1980, les deux champions britanniques n'avaient donc aucun intérêt à courir l'un contre l'autre en dehors des grandes compétitions internationales.

À la tête du Comité d'Organisation des Jeux olympiques de Londres en 2012, Sebastian Coe demeure sur la scène du sport mondial quelques décennies après avoir arrêté sa carrière sportive. Un gentleman qui a toujours répondu avec élégance aux diverses sollicitations. Ovett et Coe représentaient deux figures de style bien différentes sur la piste mais aussi en dehors. Ils ne se détestaient pas et ont éprouvé un profond respect l'un pour l'autre en fin de carrière, sans pour autant être des amis. Coe déclara, un jour, lors d'une interview : « *Il y a des choses qui m'échappaient dans son comportement, mais personnellement, je n'avais rien contre lui. J'éprouvais même une forte admiration à son égard. Sur une piste, c'était quelqu'un.* »

Sebastian Coe est devenu l'un des grands noms du sport britannique mais aussi du paysage politique d'Outre-Manche. Élu député en 1990, il a été anobli par la Reine d'Angleterre en 2002. Il a définitivement éclipsé le nom de Steve Ovett. Ce dernier est parti vivre en Australie. Lors d'un voyage en Papouasie-Nouvelle-Guinée, un homme lui demanda s'il était bien Steve Ovett, « l'homme qui a battu Sebastian Coe ».

SEBASTIAN COE (À GAUCHE) ET STEVE OVETT (À DROITE) SUR LE PODIUM DU 1 500 M DES JEUX OLYMPIQUES EN 1980 À MOSCOU.

50 RIVALITÉS SPORTIVES

QUI ONT MARQUÉ L'HISTOIRE

LE SPORT A PARFOIS UNE RÉSONNANCE HISTORIQUE, VOIRE DIPLOMATIQUE. DES MATCHS DONT ON PARLE ENCORE AUJOURD'HUI CAR ILS FONT PARTIE INTÉGRANTE D'UNE AUTRE ÈRE. DES SURPRISES ENTRE DES PAYS SÉPARÉS PAR UNE VISION DIVERGENTE DE L'HUMANITÉ, DES AMITIÉS ENTRE DES CHAMPIONS QUE RIEN NE POUVAIT POURTANT RASSEMBLER. DES RIVALITÉS À LA PORTÉE POLITIQUE, VOIRE GÉOPOLITIQUE.

LES HISTORIQUES

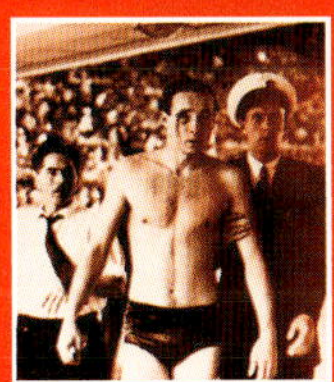

RFA *versus* RDA

Le 22 juin 1974 à Hambourg, un match de football pas comme les autres est programmé à l'occasion de la Coupe du monde organisée en République Fédérale d'Allemagne. Un match de football entre la RFA et la RDA. Une rencontre qui réunit autour d'un ballon rond les deux Allemagne construites à la feuille de boucher à l'issue de la Seconde Guerre Mondiale. En pleine Guerre Froide, une simple rencontre de football déchaîne les passions et fait renaître les blessures issues de la défaite du IIIe Reich. L'Allemagne, coupée en deux, deviendra durant plusieurs décennies, l'épicentre de cette partition du monde en deux parties, de chaque côté du rideau de fer. Ces deux Allemagne n'ont pas la même renommée sur la planète football.

Vainqueur surprise de la Coupe du monde 1954 face à la Hongrie de Puskas en finale, l'Allemagne de l'Ouest est parvenue à s'installer au sommet du football mondial ces dernières années avec un titre mais aussi une finale perdue en 1966 face à l'Angleterre et deux demi-finales en 1958 et en 1970. La RFA est surtout considérée comme la grande favorite de cette Coupe du monde organisée chez elle. Sa victoire lors de l'Euro en 1972 en finale face à l'URSS sur la marque de 3 à 0 est la confirmation de son formidable potentiel.

L'Allemagne de l'Est, de son côté, ne connaît pas la même réussite. Les Allemands de l'Est sont parvenus à se qualifier pour la phase finale de la Coupe du monde chez leur ennemi de l'Ouest. Et c'est déjà une belle performance. Les deux équipes ne se sont jamais rencontrées auparavant. Ce match RFA-RDA de 1974 sera l'unique opposition de l'histoire en ce qui concerne les confrontations de football des différentes sélections nationales. Une première, si l'on exclut le match qui opposa les deux pays lors des Jeux olympiques de 1972 avec des sélections de joueurs plus jeunes et moins expérimentés. Lors de ce match historique disputé à Munich, la RDA emmenée par un certain Jürgen Sparwasser l'avait emporté 3 buts à 2 et avait mis fin aux espoirs de titre olympique à domicile de leurs frères ennemis. Une première humiliation infligée aux joueurs de l'ouest. Les deux pays étaient habitués à se rencontrer chaque année par l'intermédiaire de leurs clubs respectifs lors des différentes coupes d'Europe. Le sport est au cœur de cette rivalité entre les deux Allemagne, comme une arme de propagande politique. Et c'est un clin d'œil de l'histoire si le tirage au sort de cette Coupe du monde, organisé le 5 janvier 1974, programme ce match au sommet 100 % allemand. En plaçant les deux Allemagne dans l'une des quatre poules de cet événement planétaire, le football vient frapper à la porte de l'histoire. Le contexte de cette rencontre devient encore plus compliqué avec la démission, un mois auparavant, du Chancelier ouest-allemand Willy Brandt. Son plus proche collaborateur, Günter Guillaume, est arrêté le 24 avril et accusé d'espionnage au profit de la RDA. Il sera par la suite condamné avec son épouse pour haute trahison. C'est dire si les relations entre les deux pays sont tendues.

La RFA est qualifiée d'office en qualité de pays organisateur et n'est pas obligée de passer par une longue campagne de qualifications. De son côté, la RDA a dû passer par cette phase. Placés dans le groupe numéro quatre en compagnie de la Roumanie, de la Finlande et de l'Albanie, les Est-Allemands remportent cinq de leurs six rencontres et finissent premiers de leur mini-championnat à quatre équipes. La RDA empoche ainsi son billet direct

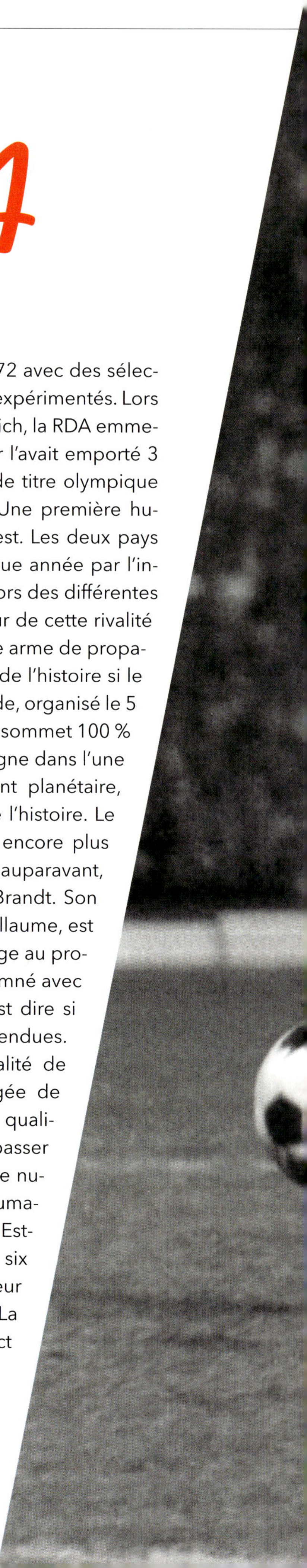

JURGEN SPARWASSER (À GAUCHE) INSCRIT LE BUT DE LA VICTOIRE FACE À LA RFA EN 1974 AVEC L'ÉQUIPE DE RDA.

pour la Coupe du monde organisée par leurs ennemis de l'Ouest. Une qualification historique pour la RDA. La seule de son histoire. Le 14 juin 1974, c'est le début de la compétition pour les deux Allemagne. La RFA l'emporte sans convaincre face au Chili 1 à 0 pendant que la RDA s'impose 2 à 0 face à l'Australie. Quatre jours plus tard, la RDA concède le match nul 1 à 1 face au Chili pendant que la RFA valide sa qualification pour le tour suivant en l'emportant 3 à 0 sur l'Australie.

Le 22 juin 1974, c'est donc un match au sommet qui est organisé à Hambourg. Copieusement sifflée par le public ouest-allemand, la RDA va tenter de déjouer les pronostics et infliger une défaite en forme d'humiliation à leurs frères ennemis. Peu d'observateurs croient en la possibilité d'une performance de la RDA. Composée essentiellement de joueurs évoluant au sein des clubs de Iéna, Leipzig, Rostock, Berlin, Magdebourg et Dresde, la RDA peut espérer surprendre ses adversaires, malgré les sceptiques. Magdebourg vient de remporter la Coupe des Vainqueurs de Coupe, et Dresde est passé tout près de la qualification face à l'ogre du Bayern de Munich en Coupe d'Europe des Clubs Champions. Dans une rencontre au sommet très politisée, les deux sélections rentrent sur le terrain ce samedi 22 juin 1974. Deux équipes d'Allemagne aux hymnes différents qui retentissent à 19h20. Les bleus et blancs de la RDA face aux noirs et blancs de la RFA.

Les deux équipes sont déjà qualifiées pour le tour suivant car, quelques instants auparavant, le Chili et l'Australie ont fait match nul 0 à 0. C'est donc la première place du groupe qui se joue sur le terrain du stade de Hambourg devant quatre-vingt-mille spectateurs dont mille-cinq-cents supporters est-allemands arrivés la veille par des trains spéciaux et surveillés par les fonctionnaires de la Stasi, la police politique. Aucun dignitaire de l'Allemagne de l'Est, à l'exception du président de la fédération est-allemande de football, n'est présent dans le stade. Pour la RDA, ce match ne peut justifier l'assouplissement des conditions de circulation des citoyens de l'Allemagne de l'Est vers l'Ouest. Un règlement intérieur qui prévoit un seul voyage autorisé par an, dans des conditions très précises, et souvent pour des raisons familiales. Les consignes pour les joueurs sont aussi très strictes. Pas de contacts avec les ennemis. Les joueurs ne doivent pas parler à leurs adversaires.

En première mi-temps, la RFA impose sa puissance et domine les débats. Un penalty non sifflé sur Paul Breitner et une frappe sur le poteau de Gerd Müller auraient pu donner l'avantage aux joueurs ouest-allemands. La RFA se procure ensuite une très belle occasion par Jürgen Grabowski qui manque l'immanquable seul face aux buts à la suite d'un débordement sur le côté gauche d'un partenaire. Quelques minutes plus tard, c'est au tour de la RDA de passer tout près de l'ouverture du score. À la suite d'un centre depuis le côté gauche, Hans-Jürgen Kreische est seul face au but mais sa reprise passe au-dessus de la cage vide. Face à la domination des joueurs de l'Ouest, les Est-Allemands se montrent dangereux en contre-attaque. Les deux équipes se quittent à la mi-temps sur le score de 0 à 0. La tactique de la RDA semble simple : tenir le 0 à 0 le plus longtemps possible pour profiter des espaces et marquer un but en fin de match. Comme le rappelait le journaliste Jean-Philippe Réthacker le lendemain du match dans les colonnes du journal *l'Équipe* : « *Sur le plan technique aussi un mur sépare les deux onze allemands que nous avons vus samedi face à face. D'un côté, une formation pratiquant, à la façon et sous l'influence de Beckenbauer, un jeu court, précis, classique, où les une-deux et les subtilités de touche de balle sont variés. Une équipe prenant constamment une disposition et des intentions d'attaque. De l'autre côté, une sélection est-allemande moins spectaculaire, mais sacrifiant tout à l'efficacité, à l'image de son libéro qui est également le capitaine Bransch, aussi différent qu'un bûcheron peut l'être d'un sculpteur.* »

En seconde période, les deux équipes profitent des espaces pour tenter d'ouvrir la marque et essaient bien souvent de tromper le gardien adverse sur des frappes lointaines et stériles. La domination de la RFA s'épuise face à la défense de la RDA. Jusqu'à la soixante-dix-septième minute de jeu et le coup de théâtre de cette rencontre. Sur une longue passe aérienne du défenseur Erich Hamann, Jürgen Sparwasser contrôle le ballon de la tête entre trois défenseurs adverses à l'entrée de la surface de réparation. Plus que de la tête, c'est du visage que Sparwasser emmène le ballon avec lui pour prendre à contre-pied le double de Franz Beckenbauer au sein de la défense ouest-allemande, Hans-Georg Schwarzenbeck. L'attaquant est-allemand se retrouve face à Sepp Maier, le portier adverse, puis le fusille d'une frappe lourde qui ne laisse aucune chance aux pauvres défenseurs comme Berti Vogts venu tenter de sauver ce qui pouvait encore l'être. Stupeur générale à Hambourg. La RDA mène 1 à 0 face à la RFA alors qu'il ne reste que treize minutes à jouer. Treize longues minutes à tenir pour les Est-Allemands. Treize minutes à résister face aux tentatives adverses. Le score n'évoluera pas. Au coup de sifflet final, des sifflets accompagnent cette victoire historique de la RDA face à la RFA. Les joueurs est-allemands jubilent sur la pelouse et se congratulent devant des photographes de presse témoins d'un fait historique majeur. Les joueurs des deux équipes n'ont pas le droit d'échanger leur maillot sur la pelouse. Ils le feront dans les vestiaires, à l'abri des photographes et des caméras de télévision. L'équipe de la RFA se prépare à affronter les foudres de l'opinion publique. Une défaite qui fait suite à quelques polémiques au sein du groupe notamment à cause de la négociation houleuse des primes de match. Franz Beckenbauer n'avait pas hésité à critiquer son sélectionneur, Helmut Schön, juste avant la rencontre. Ambiance, ambiance !

Les Est-Allemands terminent ainsi en tête du groupe devant la RFA. Paradoxalement, cette victoire ne sert pas les intérêts sportifs de la RDA qui se voit qualifiée pour le tour suivant, mais au sein d'un groupe très difficile que l'on qualifierait aujourd'hui de « groupe de la mort ». Un groupe composé du Brésil, de l'Argentine et des Pays-Bas. La RFA, de son côté, intègre un groupe plus à sa portée, composé de la Pologne, de la Suède et de la Yougoslavie. Certaines mauvaises langues ont même affirmé que la RFA avait fait exprès de perdre face à la RDA pour éviter d'intégrer un groupe trop relevé. Ces accusations seront les mêmes en 1986, au Mexique, après la défaite 2 à 0 de la RFA lors du troisième match des poules face au Danemark. Au deuxième tour, l'Allemagne de l'Est s'incline face au Brésil 1 à 0, puis face aux Pays-Bas 2 à 0 avant de concéder le match nul face à l'Argentine 1 à 1. Éliminés de la compétition, les Est-Allemands vont suivre la progression de leurs adversaires germaniques à distance. Mais les joueurs de la RDA ont réussi leur Coupe du monde en se qualifiant pour le second tour. La RFA, de son côté, poursuit sa route en battant la Yougoslavie 2 à 0, puis la Suède 4 buts à 2 et enfin la Pologne 1 à 0.

C'EST DONC LA PREMIÈRE PLACE DU GROUPE QUI SE JOUE SUR LE TERRAIN DU STADE DE HAMBOURG DEVANT QUATRE-VINGT-MILLE SPECTATEURS DONT MILLE-CINQ-CENTS SUPPORTERS EST-ALLEMANDS ARRIVÉS LA VEILLE PAR DES TRAINS SPÉCIAUX ET SURVEILLÉS PAR LES FONCTIONNAIRES DE LA STASI, LA POLICE POLITIQUE.

Qualifiée pour la finale, l'Allemagne de l'Ouest remporte ensuite la seconde Coupe du monde de son histoire, en surprenant le grand favori hollandais en finale sur le score de 2 buts à 1. Si la RDA restera dans l'histoire comme l'unique vainqueur d'un match RDA-RFA, les annales du football retiendront que cette courte, mais symbolique, victoire a été éclipsée par le sacre en finale de la RFA. Cette défaite de Hambourg aura servi d'électrochoc et conduit, le 7 juillet 1974, à l'une des plus belles victoires de la RFA au niveau international.

Accueillis comme des héros lors de leur retour au pays, les joueurs est-allemands ont rempli leur contrat. Le buteur Jürgen Sparwasser devient un héros national. Deux années plus tard, la RDA remportera la médaille d'or lors des Jeux olympiques de Montréal au Canada en éliminant en quarts de finale l'équipe de France de Michel Platini 4 à 0 puis la Pologne de Lato 3 buts à 1 en finale. La RFA et la RDA seront définitivement réunies en 1990 sous le maillot de l'Allemagne réunifiée.

Devenu un héros national le temps d'un but historique, Jürgen Sparwasser attirera par la suite de nombreuses jalousies. L'opinion publique est-allemande pense qu'il a reçu une très belle voiture et une maison en récompense de sa performance, ce qui est faux. Avec sa prime de deux-mille-cinq-cents deutsche marks, le joueur international est-allemand est loin des fortunes versées aux joueurs de l'autre Allemagne.

Sparwasser raccroche les crampons en 1979 à l'issue d'une belle carrière internationale et cinquante-trois sélections pour trois buts. Jürgen Sparwasser finit par fuir la RDA avec son épouse en 1988, en profitant d'un match de gala organisé à Sarrebruck, dans la Sarre, près de la frontière française. Ce match réunissait d'anciens joueurs de Magdebourg. De héros, il deviendra ainsi un paria. Franz Beckenbauer ironisa un jour en affirmant que Jürgen Sparwasser méritait une médaille de champion du monde au même titre que les vingt-deux joueurs de la RFA de 1974. Son maillot devenu un objet historique trône depuis à Bonn au sein de la Maison de l'Histoire de la RFA. Son but aura été profitable à l'Allemagne toute entière.

LES CAPITAINES DES ÉQUIPES DE RFA ET RDA AVANT LE MATCH HISTORIQUE ET UNIQUE DE 1974.

Ryder Cup : Europe versus USA

C'est une compétition de golf qui ne ressemble à aucune autre. De nombreux champions confient, à chaque édition, la pression qu'ils éprouvent lorsqu'ils débutent leur parcours à l'occasion d'une nouvelle édition de la Ryder Cup. Une sensation unique qu'ils ne rencontrent nulle part ailleurs. Comment expliquer qu'un immense champion au sommet de son art comme Tiger Woods soit aspiré par le stress en 2006 et débute son parcours par une balle lancée à cinquante mètres à gauche du fairway, en plein dans l'eau ? La raison réside, peut-être, dans la dimension collective de la Ryder Cup. Chaque golfeur ne joue plus exclusivement pour lui mais aussi pour ses onze partenaires. Des compagnons qu'aucun membre de l'équipe ne souhaite trahir. La dimension de la Ryder Cup dépasse les ego de chacun.

Depuis 1927, le monde du golf vit au rythme de l'un des matchs par équipes les plus illustres de la planète à travers cette prestigieuse compétition. Opposant pendant cinquante ans les États-Unis à la Grande-Bretagne, la Ryder Cup propose depuis 1979 un match par équipes entre les meilleurs golfeurs américains et les meilleurs joueurs européens. La genèse de l'une des plus prestigieuses compétitions au monde trouve sa source dans l'esprit d'un homme. À l'origine, Samuel Ryder est un riche marchand de graines. Connu dans l'ensemble du Royaume-Uni pour ses plantes, c'est aussi un grand amateur de golf. Il engage un certain Abe Mitchell comme professeur particulier afin de progresser. L'histoire de ce sport retient que Samuel Ryder décide d'organiser un match exhibition en 1926 entre deux équipes professionnelles de golf. Ce match oppose une équipe américaine et une équipe britannique sur le parcours du Wentworth Club au Royaume-Uni. Ce match est un succès. Il décide ensuite de faire fabriquer un trophée de quatorze carats qui porte son nom. Il fait tailler la silhouette de Abe Mitchell au sommet du trophée. Malheureusement, celui-ci ne peut participer à la première édition en raison d'une crise d'appendicite. En 1927, la première Ryder Cup est organisée au Worcester Country Club dans le Massachusetts. Les États-Unis l'emportent face à l'équipe de Grande-Bretagne. Ceux-ci vont longtemps dominer l'essentiel des éditions face aux golfeurs britanniques.

Cette prestigieuse Ryder Cup est organisée tous les deux ans, sauf entre 1939 et 1945 pour cause de Seconde Guerre Mondiale. Jusqu'en 1971, la Ryder Cup oppose les États-Unis à la Grande-Bretagne. À partir de 1973, les joueurs irlandais sont autorisés à intégrer l'équipe britannique. Puis en 1979, la Ryder Cup épouse sa forme actuelle en opposant les États-Unis à une sélection européenne. La légende américaine Jack Nicklaus propose l'intégration des joueurs européens afin de rendre cette opposition plus compétitive et donc plus attractive. Car il faut reconnaître qu'avant 1979, le sort de cette prestigieuse compétition est connu à l'avance. Lors des vingt-deux premières éditions, les

L'ÉQUIPE DES ÉTATS-UNIS VAINQUEUR DE LA RYDER CUP EN 2016.

Américains remportent dix-huit rencontres contre trois pour leurs adversaires britanniques, et un match nul. Inutile d'espérer vivre des rencontres à suspense tant la compétition est dominée par l'équipe des États-Unis. Sur les dix éditions de la Ryder Cup disputées entre 1959 et 1979, les Britanniques n'en remportent aucune. Excepté un match nul en 1969, les Américains l'emportent avec une confortable avance à chaque fois. À partir de 1979, le trophée prend une nouvelle dimension. Si les États-Unis poursuivent leur hégémonie dans cette compétition, leur adversaire européen se révèle être un concurrent davantage crédible pour la victoire finale. À partir de 1983, les matchs s'équilibrent, puis en 1985, l'Europe renoue avec le succès. Lors des éditions 1987 et 1989, les golfeurs européens conservent le trophée, puis le cèdent à leurs adversaires en 1991 et 1993. La Ryder Cup est devenue une compétition mondiale qui offre un spectacle de qualité mais aussi un suspense qui lui manquait auparavant.

Entre 1995 et 2016, les États-Unis subissent régulièrement la loi des professionnels européens. À huit reprises, l'Europe emmenée par d'illustres capitaines comme les Espagnols Severiano Ballesteros et José Maria Olazabal ou encore l'Allemand Bernhard Langer et les Britanniques Nick Faldo, Colin Montgomerie et Ian Woosnam l'emportent face aux Américains et ne concèdent que trois défaites.

LORS DES VINGT-DEUX PREMIÈRES ÉDITIONS, LES AMÉRICAINS REMPORTENT DIX-HUIT RENCONTRES CONTRE TROIS POUR LEURS ADVERSAIRES BRITANNIQUES, ET UN MATCH NUL. INUTILE D'ESPÉRER VIVRE DES RENCONTRES À SUSPENSE TANT LA COMPÉTITION EST DOMINÉE PAR L'ÉQUIPE DES ÉTATS-UNIS.

En 2018 et pour la première fois de son histoire, cette compétition très itinérante entre les États-Unis et le Royaume-Uni s'est installée en France, sur le parcours du Golf National de Saint-Quentin-en-Yvelines. Une manière de saluer la qualité du golf français. En 1999, Jean Van de Velde est le premier golfeur tricolore sélectionné au sein de l'équipe européenne battue d'un tout petit point par les Américains. En 2004, Thomas Levet est le premier Français à remporter le trophée. Imité en 2014 par Victor Dubuisson qui rapporte deux victoires en double et un match nul en simple. Nul doute qu'ils ont rencontré la peur de ne pas être à la hauteur de la Ryder Cup. Un monument du sport mondial plus grand que n'importe quelle légende du golf. Plus grand que Tiger Woods ? Peut-être pas !

LA RYDER CUP. UN TROPHÉE PRESTIGIEUX.

Anatoli Karpov *versus* Garry Kasparov

ILS SE SONT AFFRONTÉS À CENT-QUARANTE-QUATRE REPRISES. CENT-QUARANTE-QUATRE FACE-À-FACE ENTRE DEUX STRATÈGES, DEUX GRANDS MAÎTRES DES ÉCHECS QUI ONT BOULEVERSÉ L'HISTOIRE DE CETTE DISCIPLINE. C'EST L'EXTRAORDINAIRE STATISTIQUE QUI RELIE DEUX DES PLUS GRANDS NOMS DE L'HISTOIRE DES ÉCHECS : ANATOLI KARPOV ET GARRY KASPAROV. LEURS RENCONTRES ONT PASSIONNÉ LE MONDE ENTIER. LEUR RIVALITÉ A AUSSI PERMIS À DES MILLIONS DE TERRIENS DE DÉCOUVRIR LES ÉCHECS. ILS ONT DÉMOCRATISÉ LEUR DISCIPLINE, TOUT COMME LUCIANO PAVAROTTI A OUVERT L'OPÉRA À L'ENSEMBLE DE LA PLANÈTE.

Sur les cent-quarante-quatre parties disputées entre Anatoli Karpov et Garry Kasparov, seules quarante parties ont célébré un vainqueur. Vingt-et-une fois en faveur de Garry Kasparov et dix-neuf fois pour Anatoli Karpov. Une rivalité entre deux hommes originaires du même pays, l'URSS, celle de l'avant Perestroïka. Une lutte entre deux stratèges qui démarre en 1975, après le forfait forcé du fantasque Bobby Fisher. La légende américaine des échecs décide de ne pas disputer les championnats du monde et laisse ainsi la place à un nouveau duo au sommet mondial de cette discipline. À l'âge de trente-quatre ans, Karpov devient champion du monde et croit être seul tout en haut de la hiérarchie mondiale. Le Soviétique a besoin d'un adversaire à sa mesure pour prouver qu'il est le meilleur. Au centre de cette rivalité : un esprit de vengeance. Le désir de revanche d'un certain Alexandre Nikitine, l'entraîneur historique d'Anatoli Karpov. Nikitine est l'homme qui a permis à Karpov de briller à l'échelle planétaire. Ce mentor apprend que son champion tente de négocier une rencontre, en 1976, directement en coulisses avec Bobby Fisher, sans en référer aux autorités soviétiques. Alexandre Nikitine se sent trahi et décide alors de prévenir ses autorités. Nikitine est un bon petit soldat aux ordres du Kremlin. Il est alors congédié par Karpov qui obtient sa tête auprès du pouvoir soviétique. Anatoli Karpov est un champion hors du commun, mais aussi un outil de propagande du régime soviétique. Il est devenu plus important qu'Alexandre Nikitine. Meurtri par cette rupture, cet entraîneur célèbre construit alors sa vengeance et décide de miser sur un jeune joueur prometteur de quatorze ans dénommé

GARRY KASPAROV (À GAUCHE) FACE À ANATOLI KARPOV (À DROITE) EN 1985 LORS DE LA FINALE DES CHAMPIONNATS DU MONDE.

Garry Kasparov. Lors des championnats d'URSS juniors organisés à Vilnius en Lituanie, Nikitine repère ce jeune joueur né à Bakou en 1963.
En 1974, Kasparov n'est pas un inconnu. Il a remporté tous les titres possibles chez les jeunes. Il a même déjà eu le privilège de rencontrer Anatoli Karpov lors d'un tournoi des jeunes pionniers. Au milieu de sept adversaires, Kasparov est le dernier de son équipe à perdre face à Karpov. Face au grand maître et au milieu d'un large public, Kasparov perd sa concentration et s'incline alors que le match nul lui tendait les bras. Karpov poursuit sa domination au plus haut niveau mondial alors que le jeune Kasparov intègre l'équipe d'URSS à dix-neuf ans.
Le 10 septembre 1984, les deux hommes se retrouvent en finale des championnats du monde à Moscou. Petite nouveauté : le match n'est pas limité par le temps. Le vainqueur est celui qui remporte six parties. Face à un Karpov froid et glaçant, au jeu étouffant, Kasparov impose son tempérament de feu avec un jeu offensif qui cherche à détruire son adversaire par l'attaque. Karpov ne laisse rien paraître de ses émotions au contraire de Kasparov qui aime prendre des risques. Kasparov est toujours prêt à se mettre en danger pour découvrir de nouvelles stratégies. Karpov domine le début du match sur le plan psychologique et mène très vite sur la marque de 4 à 0 au bout de neuf parties. Il parvient à décrypter son jeune adversaire. Kasparov a commis l'erreur de sous-estimer le champion du monde en titre. Il décide de changer de stratégie. Il gagne du temps et accumule les parties nulles pour acquérir davantage de force et de confiance. Il cherche essentiellement à ne pas perdre trop facilement et ne veut pas subir une cruelle humiliation face à Karpov. Kasparov se construit une défaite honorable. Il ne sait pas encore que sa tactique lui offrira les honneurs. Karpov semble trop fort.
Garry Kasparov prend la décision d'abandonner si le score devait atteindre 5 à 0, il annonce cette décision à un ami qui officie auprès de lui comme medium. Le jeune champion est mystique. Il cherche des réponses dans le monde ésotérique. Le medium est venu à la rescousse auprès de Kasparov afin de l'aider à gagner. Celui-ci le prévient qu'il ne l'aidera à brouiller les sensations de Karpov qu'à partir de 5 à 0 pour contraindre le jeune champion à poursuivre la partie. Un moyen de contrarier les plans du jeune grand maître. Le message est clair : il ne doit pas abandonner à 5/0. À la vingt-septième partie, Kasparov commet une erreur et perd. Karpov mène 5 à 0. Désormais, le champion originaire de Bakou ne joue que pour sauver son honneur. Il gagne du temps pour remporter un premier match. La stratégie de Kasparov fonctionne à merveille car elle épuise son adversaire. Il remporte ainsi la trente-et-unième partie. Le match est relancé. Pendant deux mois, les parties se terminent par des nuls. Puis Kasparov remporte deux parties successives. Le score est alors de 5 à 3 pour Karpov. Au bout de six mois, Karpov est épuisé et a déjà perdu dix kilos. Les autorités soviétiques décident de mettre fin à cette rencontre au sommet et demandent à la Fédération Internationale de prendre la décision d'arrêter le match. Le pouvoir soviétique a choisi son vainqueur en préservant les chances de Karpov. Kasparov est furieux et le fait savoir. Devant des centaines de journalistes du monde entier, il dénonce une comédie et demande, en vain, la poursuite de la rencontre. Kasparov devient alors un opposant au système, le premier grand champion soviétique à s'insurger publiquement contre ses autorités. La polémique gronde.

POUR KASPAROV, CETTE RIVALITÉ ÉTAIT AVANT TOUT UNE CONCURRENCE ENTRE LA NOUVELLE RUSSIE QU'IL INCARNAIT ET L'ANCIENNE URSS INCARNÉE PAR KARPOV. SOUTIEN DE VLADIMIR POUTINE ET DÉPUTÉ DE LA DOUMA, KARPOV A POURSUIVI SON APPUI AU RÉGIME ALORS QUE KASPAROV EST DEVENU UN OPPOSANT.

Après l'annulation du match face à Karpov, une autre rencontre est programmée à Moscou sept mois plus tard. Kasparov n'est pas obligé de passer par les compétitions de sélection et rencontre directement Karpov en finale. Ces retrouvailles que le monde entier attend auraient pu ne jamais avoir lieu. À cause de Kasparov et de son franc-parler. Lors d'une interview très controversée donnée à un journal allemand, le challenger critique la manière dont sont organisées ces retrouvailles au sommet avec Karpov. Une nouvelle polémique qui éclabousse le pouvoir soviétique. Le match est malgré tout organisé. Le 3 septembre 1985, les deux hommes se retrouvent pour une rencontre limitée à vingt-quatre parties. En cas d'égalité, Anatoli Karpov conserverait son titre. Kasparov remporte le premier match. Il a tiré les enseignements de ses défaites passées et surprend son adversaire.

Jusqu'à la quinzième partie, les deux champions restent au coude à coude, puis Kasparov remporte une seconde partie. À trois parties de la fin, Karpov a deux points de retard, 4 à 2, mais remporte une partie et revient à 4 à 3. Tout se joue alors sur la vingt-quatrième et dernière partie. Kasparov prend de nombreux risques et remporte ce match pour devenir le plus jeune champion du monde de l'histoire, à seulement vingt-deux ans. Anatoli Karpov est abasourdi. Alexandre Nikitine tient enfin sa vengeance. Une revanche est imposée à Garry Kasparov par la Fédération Internationale face à Anatoli Karpov dans les trois mois suivants sans passer par les phases de qualification. Kasparov accepte sous peine d'être déchu de son titre. En juillet 1986, Londres accueille les douze premières parties, puis cela sera au tour de Leningrad d'organiser les douze parties suivantes. Karpov adopte un style agressif qui n'est pas dans sa nature. Kasparov s'adapte et mène 2 à 1 à l'issue des douze premières parties londoniennes.

Le 5 septembre 1986 à Leningrad, Karpov reprend l'ascendant sur Kasparov et profite du soutien du public. Il remporte trois victoires de suite. Kasparov est désorienté et sans solution à l'issue de sa défaite lors de la dix-huitième partie. Il soupçonne une taupe dans son entourage ou des micros installés dans les chambres de l'ensemble de son staff pour expliquer la performance de son grand rival. Il écarte un des membres de son équipe, puis remporte le match revanche 5 victoires à 4. Il conserve ainsi son titre de champion du monde.

Le 2 octobre 1987, les deux hommes se retrouvent à Séville. En direct devant les télévisions du monde entier. Karpov et Kasparov ne s'apprécient toujours pas. Il faut reconnaître que dans son autobiographie publiée quelques semaines auparavant, Kasparov affirme que Karpov est un homme du passé, placé au milieu d'un système corrompu voué à disparaître. Des mots très durs qui heurtent Karpov. Kasparov est devenu arrogant. Accompagné et protégé par sa mère, le champion du monde a perdu une grande partie de son humilité. Le match de Séville est indécis jusqu'à la vingt-quatrième et dernière partie. Karpov mène au score. Un nul lui suffirait. Tout semble concorder pour lui permettre de redevenir champion du monde. Lors de cette dernière partie, Kasparov perçoit que Karpov a laissé passer sa chance. Il comprend que son adversaire a commis une erreur. Karpov semble perturbé par un coup qu'il n'aurait pas joué. Kasparov l'emporte et s'assure le match nul sur l'ensemble des vingt-quatre parties pour conserver son titre. Les chemins entre Karpov et Kasparov se séparent ensuite durant quelques années. Mais la rivalité entre les deux hommes ne s'arrête pas en 1987. Trois ans plus tard, la vie des deux champions a changé. L'Union Soviétique s'est effondrée. Garry Kasparov a fait fructifier son titre et s'est beaucoup dispersé dans les affaires. Il profite de sa renommée mondiale pour développer les échecs. Karpov a, quant à lui, multiplié les succès et gagné une nouvelle chance de rencontrer Kasparov. En octobre 1990, les deux grands maîtres se retrouvent pour une cinquième rencontre. D'abord à New York qui a pris fait et cause pour Kasparov, l'enfant du changement face à l'enfant de la vieille URSS. Cette fois, c'est Karpov qui publie une autobiographie. Il règle ses comptes. Mais Kasparov décide de ne pas la lire pour mieux se concentrer. Il prend la décision de ne pas jouer sous la bannière russe. Une nouvelle provocation de la part du champion du monde. Le match se poursuit à Lyon. Mais cette rencontre entre les deux hommes est décevante. À égalité jusqu'à la dernière partie, Kasparov prend l'avantage, puis propose le match nul à son adversaire, ce qui lui assure le titre. Karpov accepte. Cette partie sera la dernière disputée par les deux hommes en finale des championnats du monde.

Pour Kasparov, cette rivalité était avant tout une concurrence entre la nouvelle Russie qu'il incarnait et l'ancienne URSS incarnée par Karpov. Soutien de Vladimir Poutine et député de la Douma, Karpov a poursuivi son appui au régime alors que Kasparov est devenu un opposant. En novembre 2007, lors d'une manifestation à Moscou, il prononce un discours devant un public nombreux et demande le départ de Vladimir Poutine. Garry Kasparov est arrêté par la police pour avoir organisé une manifestation non autorisée. Emmené dans un camion de police, le grand maître fait le V de la victoire depuis le fond du véhicule devant les caméras du monde entier. Une nouvelle partie d'échecs débute alors pour Kasparov, cette fois sur le terrain politique. Emprisonné cinq jours, Garry Kasparov reçoit un surprenant cadeau. Un magazine d'échecs apporté par un messager qui voulait le voir et lui parler. Ce messager se nomme Anatoli Karpov.

SIEMENS
Frankfurt Chess Classic

ANATOLI KARPOV (À GAUCHE) FACE À GARRY KASPAROV, DUBITATIF, EN 1999 À FRANCFORT LORS DE LA FINALE DES CHAMPIONNATS DU MONDE.

Kenya *versus* Éthiopie

C'EST VRAI QU'IL ÉTAIT TRÈS RECONNAISSABLE. PAS PLUS GRAND QU'UN MÈTRE ET SOIXANTE-CINQ CENTIMÈTRES ET SURTOUT, TOUJOURS TRÈS SOURIANT. HAILÉ GEBRSELASSIE A MARQUÉ DE SON EMPREINTE L'HISTOIRE DE L'ATHLÉTISME DE LA FIN DES ANNÉES 1990 ET DU DÉBUT DES ANNÉES 2000. LE « PETIT HOMME VERT » COMME LE SURNOMMAIT LE MONDE SPORTIF LORSQU'IL PORTAIT, SUR SON MAILLOT, LA COULEUR DE SON PAYS, L'ÉTHIOPIE. IL EST DEVENU LE PLUS GRAND RIVAL DES COUREURS KENYANS. NÉ EN 1973 À ARSSI, UN VILLAGE PERDU DANS LA BROUSSE ÉTHIOPIENNE, LE JEUNE HAILÉ SE PASSIONNE POUR LES COURSES DE FOND LORS DES JEUX OLYMPIQUES DE MOSCOU EN 1980. GRÂCE À UN VIEUX TRANSISTOR, IL ÉCOUTE LES EXPLOITS DE MIRUTS YIFTER, UN COUREUR ÉTHIOPIEN QUI REMPORTE DEUX MÉDAILLES D'OR, SUR 5 000 ET 10 000 M. HAILÉ A TROUVÉ SON MODÈLE ET SA VOIE.

À l'image du grand Abebe Bikila, double champion olympique du marathon en 1960 à Rome et en 1964 à Tokyo, Gebrselassie souhaite, lui aussi, courir pieds nus, mais cela est devenu impossible au plus haut niveau de l'athlétisme international. Et puis porter des chaussures de course est devenu source de revenus via les sponsors. Le jeune Éthiopien se ravise.
L'histoire de cet Éthiopien célèbre, double champion olympique à Atlanta en 1996 et à Sydney en 2000, et quadruple champion du monde sur 10 000 m, est à l'image de celle des coureurs de son pays, mais aussi du pays voisin, le Kenya. Lorsqu'il était enfant, le jeune Hailé devait courir en permanence. Pour parcourir les dix kilomètres qui séparaient la maison familiale de son école, pour aller chercher de l'eau dans la vallée voisine et pour rassembler les vaches et les chèvres de son père dans l'étable de la ferme familiale. Une réalité qui constitue la légende de Hailé mais qui ne peut être généralisée à l'ensemble des coureurs des hauts plateaux. En effet, le quotidien de ce jeune Éthiopien n'était pas celui de tous les coureurs africains comme le rappelle souvent le Kenyan Paul Tergat, dauphin de Gebrselassie sur 10 000 m à Atlanta en 1996 et à Sydney en 2000. Tergat vivait à huit cents mètres de son école. À l'image de ces grands champions, les coureurs kenyans et éthiopiens s'entraînent sans relâche, perchés à plus de 1 800 m d'altitude, sur les hauts plateaux de la Vallée du Rift. De 1 800 à 3 000 m d'altitude avec des points culminants à plus de 4 000 m, les coureurs du Kenya et de l'Éthiopie progressent dans des conditions extrêmes où la rareté de l'oxygène agit comme un atout sur le plan physiologique. L'athlétisme est devenu une source de lumière et d'exposition médiatique à l'échelle de la planète pour de nombreux pays en voie de développement comme le Kenya et l'Éthiopie. Et la course à pied est une discipline accessible à tous les coureurs du monde entier sans avoir besoin de grands moyens financiers.
Indépendant depuis 1963, le Kenya a hérité de la tradition et des infrastructures des colonisateurs britanniques. Certains observateurs suspicieux parlent de l'influence du dopage afin d'expliquer cette réussite outrageuse. Ce qui est certain, c'est que le travail est au centre de l'entraînement et de la réussite de ces coureurs et de ces coureuses éthiopiens et kenyans. De son côté, l'Éthiopie a surfé sur la politique de propagande du pouvoir communiste. La course à pied est vite devenue un outil pour valoriser la promotion du pays aux yeux du monde. Pour expliquer cette formidable réussite des coureurs des deux pays, il faut prendre en considération les rivalités au sein d'une même famille ou au sein même d'un village, qui ont pu servir de moteurs à la progression comme avec les Éthiopiennes Derartu Tulu et Fatuma Roba, issues du même village. Une forme d'émulation très localisée entre des athlètes, qui serait à l'origine de la production de très grands champions et de très grandes championnes.

LA LUTTE ENTRE HAILÉ GREBRSELASSIE (À GAUCHE) ET PAUL TERGAT (À DROITE) SUR 10 000 M LORS DES JEUX OLYMPIQUES DE SYDNEY EN 2000.

Depuis la fin des années 1980, Kenyans et Éthiopiens s'affrontent lors des compétitions internationales les plus prestigieuses et trustent les titres planétaires ainsi que les records du monde. Avec l'espoir de se construire un avenir et de faire vivre leur famille, les coureurs évoluent dans un environnement propice à la performance. La rivalité entre le Kenya et l'Éthiopie prend une véritable ampleur au milieu des années 1980, même si elle a toujours existé entre ces deux pays frontaliers. Le Kenya a cependant toujours dominé son voisin au nombre de titres et de médailles. La raison principale : le Kenya est présent sur davantage de disciplines. Les Éthiopiens ont souvent ciblé les courses de fond comme le 5000 m, le 10000 m, mais aussi le semi-marathon et le marathon. Les Kenyans sont aussi présents sur d'autres distances comme le 1500 m et le 3000 m steeple, voire le 400 et le 800 m. Depuis trente ans, le bilan de ces deux pays lors des grandes compétitions internationales comme les championnats du monde et les Jeux olympiques ne fait que progresser. Si les Kenyans n'ont gagné que trois médailles en 1984 lors des Jeux olympiques de Los Angeles, ils remportent douze médailles, quatre ans plus tard, à Seoul dont sept médailles d'or. L'Éthiopie va s'inspirer de son voisin. Sans médaille en 1984, puis en 1988, les Éthiopiens gagnent un titre olympique et deux médailles de bronze en 1992 à Barcelone. Lors des derniers rendez-vous olympiques, l'Éthiopie a obtenu entre sept et huit médailles alors que le Kenya en a gagné entre douze et quatorze. Les Kenyans sont les maîtres du fond et du demi-fond avec six titres olympiques à Pékin en 2008 et à Rio en 2016.

Le bilan général des deux nations aux Jeux olympiques est édifiant et en faveur des coureurs et coureuses kenyans : le Kenya a remporté quatre-vingt-treize médailles olympiques dont trente titres. L'Éthiopie a glané cinquante-trois médailles olympiques dont vingt-deux titres. La rivalité qui lie ces deux pays écrase la concurrence des autres nations. La moisson de titres et de places d'honneur ne s'arrête pas aux Jeux olympiques. Les championnats du monde sur piste mais aussi les courses hors stade les plus prestigieuses, comme les semi-marathons ou les marathons, sont les terrains de chasse de ces coureurs africains. Au palmarès des plus grands marathons comme New York, Boston, Londres ou encore Berlin, mais aussi sur les podiums internationaux des meetings ou des championnats, les héros d'hier n'ont plus leur place. Les Russes, Italiens, Espagnols, Britanniques, Marocains ou encore Algériens et Français qui dominaient les courses de fond et de demi-fond d'hier, ne peuvent qu'assister aux succès de leurs rivaux kenyans et éthiopiens. Plus qu'un bilan statistique, cette rivalité est composée de grands noms de l'histoire de l'athlétisme : Yfter, Gebrselassie, Bekele chez les Éthiopiens ; Tulu, Roba, Tirunesh Dibaba, Meseret Defar chez les Éthiopiennes ; Temu, Kiptuani, Keino, Ngugi, Telimo Tergat chez les Kenyans et Ochichi chez les Kenyanes.

Dans la mentalité de ces pays, l'esprit de groupe est essentiel. Kenyans et Éthiopiens s'entraînent en pleine campagne, sur des terrains divers qui s'approchent davantage des conditions du cross-country plutôt que de la monotonie de la piste. Lors des entraînements en groupe, les coureurs peuvent s'appuyer sur des valeurs de solidarité mais aussi profiter de l'émulation afin de progresser. Les courses sont à l'image des conditions d'entraînement. Elles offrent parfois des affrontements tactiques collectifs qui s'appuient sur l'entraide entre les coureurs d'un pays. La finale du 10 000 m des Jeux olympiques de Sydney en 2000 est à l'image de cette rivalité. Bloqué par un coureur éthiopien qui souhaite la victoire de son leader Hailé Grebrselassie, Paul Tergat est contraint de faire l'extérieur lorsqu'il attaque lors du dernier tour. À l'issue d'un sprint formidable, le Kenyan est devancé par le maître Grebrselassie.

DANS LA MENTALITÉ DE CES PAYS, L'ESPRIT DE GROUPE EST ESSENTIEL. [...] LORS DES ENTRAÎNEMENTS EN GROUPE, LES COUREURS PEUVENT S'APPUYER SUR DES VALEURS DE SOLIDARITÉ MAIS AUSSI PROFITER DE L'ÉMULATION AFIN DE PROGRESSER.

Les performances de ces athlètes offrent une autre image de leur pays, une autre résonnance aux yeux du monde. L'Éthiopie était souvent perçue comme un pays en guerre et marqué par la famine. L'athlétisme et les performances de ses athlètes noient les clichés et les préjugés. Sur la piste, comme lors des courses hors stade, les coureurs et coureuses du Kenya et d'Éthiopie s'affrontent et dominent, sans trop de concurrence, les plus grandes nations mondiales. La réussite des unes et des uns alimente les rêves de gloire des plus jeunes. Des coureurs de deux pays liés bien souvent par l'amitié, malgré leur rivalité.

LA RIVALITÉ KENYA-ETHIOPIE. UNE RIVALITÉ HORS STADE ENTRE ATHLÈTES DES DEUX PAYS LORS DES CHAMPIONNATS DU MONDE DE CROSS-COUNTRY EN 2007.

USA *versus* URSS

C'est l'une des plus longues séries de victoires dans l'histoire des Jeux olympiques. Depuis 1936 et les Jeux olympiques de Berlin, les États-Unis ont remporté tous les tournois de basket-ball chez les hommes. Sept olympiades pour autant de succès face au Canada en 1936 à Berlin, puis face à l'équipe de France en 1948 à Londres. Dans un contexte de Guerre froide, les Américains remportent ensuite quatre titres olympiques en battant à chaque fois en finale leur grande rivale russe, l'équipe d'URSS. À Helsinki en 1952, Melbourne en 1956, Rome en 1960 et à Tokyo en 1964, les Soviétiques s'inclinent en finale et subissent l'humiliation d'une défaite face à leurs rivaux américains. Leurs pires ennemis sont devenus leur bête noire. Pire encore, en 1968, les Russes n'accèdent même pas à la finale et perdent d'un tout petit point face à la Yougoslavie en demi-finale.

En 1972 à Munich, l'URSS est déterminée à mettre fin à plusieurs décennies de frustration et d'humiliation. En tête de son groupe à l'issue des matchs de poule et vainqueur de ses sept précédents matchs comme les États-Unis, l'URSS écarte l'équipe de Cuba en demi-finale pendant que les Américains étrillent l'Italie de trente points. Les deux grands rivaux du basket-ball mondial se retrouvent en finale des Jeux olympiques. Les observateurs prédisent une nouvelle défaite de l'équipe d'URSS face aux basketteurs américains dont le championnat, la NBA, est considéré comme le plus attractif et le plus spectaculaire au monde. Marqués par leurs défaites olympiques précédentes face aux États-Unis, les joueurs de l'équipe d'URSS réalisent un match de très haut niveau. Stupeur à Munich : à cinquante-cinq secondes de la fin du match, l'équipe soviétique mène 49 à 46 face aux joueurs à la bannière étoilée. Les basketteurs au maillot rouge peuvent encore espérer remporter cette rencontre au sommet. Sur un shoot sur la ligne, les États-Unis réduisent leur retard. 49 à 48. La possession revient aux Soviétiques qui doivent conserver la balle et la faire tourner afin de consommer du temps et shooter au terme de la limite de trente secondes. À cette époque, les équipes n'ont pas encore le réflexe de commettre une faute sur le porteur de balle afin d'arrêter le temps et le contraindre à tenter sa chance ou sa malchance aux lancers francs. Le temps s'égrène donc et l'URSS manque un shoot et la possibilité de rajouter deux points à son capital. Deux points synonymes de grand pas vers la victoire. Les Américains récupèrent la possession de balle pour partir en contre-attaque. « Balancé » au moment du shoot sous les panneaux par le défenseur soviétique Sakandelidze, l'Américain Collins manque son tir mais se voit offrir la possibilité de donner l'avantage à son équipe en cas de réussite de ses deux lancers francs. Doug Collins égalise à 49 partout sur son premier tir, puis donne l'avantage aux États-Unis 50 à 49. Un tout petit point d'avance à trois secondes de la fin. Pour la première fois du match, les États-Unis mènent au score et semblent s'envoler vers un nouveau titre olympique. Alors que le jeu reprend, Vladimir Kondrachine, le manager russe, se précipite vers l'arbitre et demande un temps mort qui lui est accordé. C'est alors le début d'une polémique. Le tableau de marque indique qu'il ne reste qu'une seconde à jouer alors que les Soviétiques affirment qu'il reste trois secondes, puisque deux secondes ont été dépensées à tort lors de la demande de temps mort des Soviétiques. Le jeu reprend malgré tout. Le tir de loin d'un joueur de la sélection russe ne parvient pas à trouver le panier adverse. La sirène

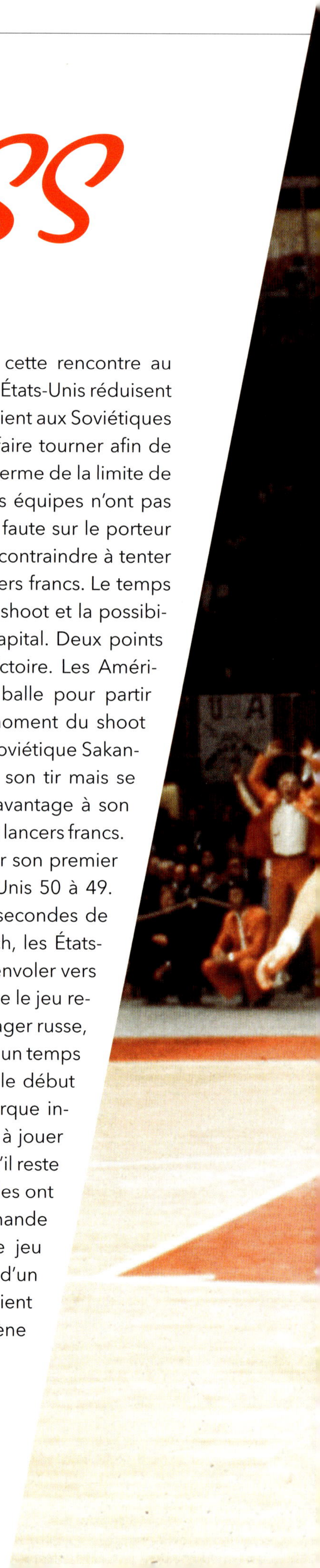

LE PANIER VICTORIEUX DE L'URSS EN 1972 FACE AUX ÉTATS-UNIS LORS DES JEUX OLYMPIQUES DE MUNICH.

retentit. C'est la fin du match et les États-Unis remportent un nouveau titre de champion olympique. Le terrain est envahi par l'ensemble de l'équipe des États-Unis mais aussi par des supporters américains venus communier leur joie avec les joueurs. Pourtant, une voix résonne dans cette salle de Munich. Cette voix demande à chacun et chacune de quitter le parquet pour retrouver sa place dans les tribunes ou sur le banc des joueurs. « *Il reste encore trois secondes à jouer* » annonce le speaker.
Quelques poussières de temps qui pourraient permettre aux Soviétiques une remontée de balle, puis un tir de survie pour espérer remporter cette rencontre. Après quelques instants de tergiversations, l'arbitre du match accède aux revendications de l'équipe d'URSS et lui donne trois secondes pour marquer l'histoire des Jeux olympiques. Les Américains sont furieux !
Les deux équipes doivent rejouer ces trois secondes. L'arbitre de la rencontre se dirige sous les paniers soviétiques pour une remise en jeu. Le match reprend. Il va se produire l'une des plus grandes surprises mais aussi l'un des plus grands coups de théâtre de l'histoire des Jeux olympiques. Face à une équipe des États-Unis totalement absente et déconcentrée, la longue passe du meneur soviétique Paulauskas trouve Alexandre Belov sous les paniers adverses qui inscrit les deux points de la victoire. L'URSS remporte ce match sur la sirène et sur le score de 51 à 50. C'est la stupeur du côté de l'équipe américaine qui décide de porter réclamation affirmant que Kondrachine n'aurait pas dû bénéficier d'un temps mort car il aurait demandé cette pause technique en voyant son équipe mal jouer la dernière possession. Mais les protestations des joueurs américains resteront sans effet. La victoire de l'URSS est entérinée. Pour la première fois de l'histoire des Jeux olympiques, les Américains ne gagnent pas le tournoi de basket-ball et laissent leur plus grand rival l'emporter après des décennies d'échecs.
En 1976, les États-Unis remporteront le titre olympique en battant la Yougoslavie en finale. En dix-huit tournois olympiques de basket-ball, les États-Unis en ont remporté quinze pour une défaite en finale et deux éliminations en demi-finale.

L'URSS REMPORTE CE MATCH SUR LA SIRÈNE ET SUR LE SCORE DE 51 À 50. C'EST LA STUPEUR DU CÔTÉ DE L'ÉQUIPE AMÉRICAINE QUI DÉCIDE DE PORTER RÉCLAMATION AFFIRMANT QUE KONDRACHINE N'AURAIT PAS DÛ BÉNÉFICIER D'UN TEMPS MORT CAR IL AURAIT DEMANDÉ CETTE PAUSE TECHNIQUE EN VOYANT SON ÉQUIPE MAL JOUER LA DERNIÈRE POSSESSION.

L'ÉQUIPE DES ÉTATS-UNIS APRÈS SA DÉFAITE FACE À L'URSS EN 1972 À MUNICH.

France versus Angleterre

Ils ont gagné le titre qu'il manque encore au palmarès du XV de France. Le 22 novembre 2003, les rugbymen anglais remportent la Coupe du monde de rugby en battant en finale l'équipe d'Australie 20 à 17 après prolongations. Grâce à un essai de Jason Robinson et la botte de Jonny Wilkinson, le XV de la Rose inscrit, pour la première fois, son nom au palmarès de la Coupe du monde de rugby. C'est aussi une première pour une équipe européenne. Les Anglais s'imposent en finale, là où la France a échoué à deux reprises. L'Angleterre gagne le titre mondial sur le terrain des Australiens qui jouaient ce dernier match à domicile. Victorieux de la France en demi-finale sur le score de 24 à 7, le XV de la Rose prend l'avantage dans sa rivalité avec les Bleus. Il faut reconnaître que ces deux pays sont liés par une vraie concurrence. Une rivalité issue de l'histoire commune entre la France et l'Angleterre.

Les Français aiment détester les Anglais et vice versa. En ce qui concerne la rivalité rugbystique qui anime les relations entre les équipes de ces deux grandes nations, l'inimitié est solide. Plus encore que dans d'autres sports comme le football ou la voile. Les matchs entre la France et l'Angleterre sont des rencontres à ne pas perdre. Depuis le début du XXe siècle, les deux pays s'opposent dans le célèbre Tournoi des V Nations devenu le Tournoi des VI Nations en 1999. Depuis le 22 mars 1906 et une première victoire anglaise à Paris en test match, sur le score de 35 à 8, la rivalité entre la France et l'Angleterre n'a cessé de s'amplifier au point de devenir le grand rendez-vous à ne pas manquer dans le calendrier du tournoi chaque année. Le « *Crunch* », qui signifie le « moment crucial », est un match pas comme les autres pour les deux équipes.

Retour en arrière : la France intègre le Tournoi des V Nations en 1910. La compétition existait depuis 1882 avec l'Angleterre, l'Irlande, le Pays de Galles et l'Écosse. Une bonne nouvelle pour le rugby français qui peut ainsi se mesurer chaque année aux plus grandes nations européennes et notamment au XV de la Rose. Le meilleur moyen

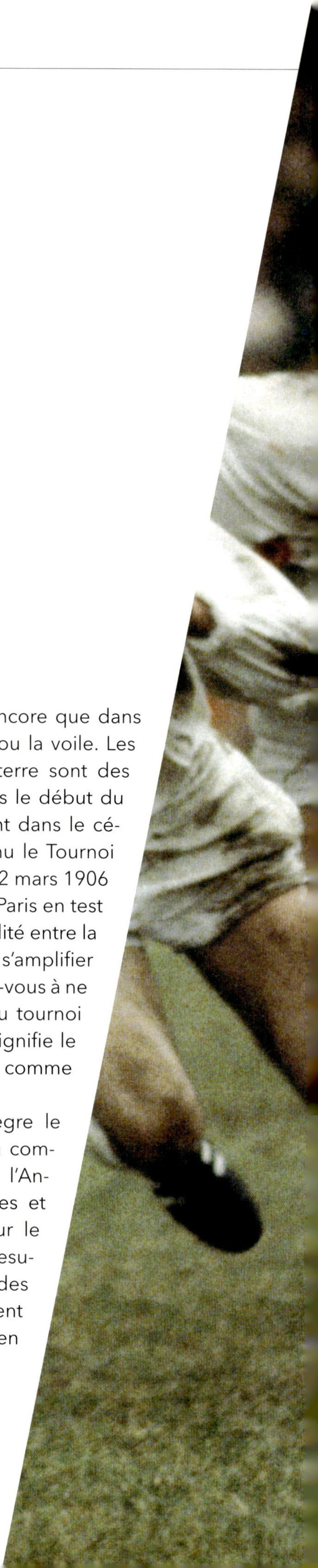

JÉRÔME GALLION ET JEAN-PIERRE RIVES (À GAUCHE) LORS DU MATCH ANGLETERRE-FRANCE EN 1979. DÉFAITE DU XV DE FRANCE 7-6.

pour progresser. Le XV de France subit malgré tout la domination des équipes britanniques et se classe régulièrement dernier du classement final du tournoi, que l'Angleterre remporte de manière régulière. Les Bleus doivent attendre le dix-septième match face aux Anglais, le 2 avril 1927, pour remporter une première victoire dans un « *Crunch* » à Colombes, sur le score de 3 à 0. Un succès tant attendu qui met fin à une longue série d'échecs pour les Français qui venaient d'encaisser quinze défaites de rang. Le 21 avril 1930, le Pays de Galles s'impose sur le score de 11 à 0 à Colombes lors de la finale du tournoi. Cette défaite, les invectives des spectateurs et le jeu rugueux des internationaux français vont sonner la fin provisoire des grands matchs entre la France et l'Angleterre. En 1931, l'équipe de France est exclue du Tournoi des V Nations à cause de son rugby jugé trop violent et de son championnat professionnel. Certains joueurs français sont payés dans leur club, ce qui n'est pas acceptable par les différentes fédérations d'Outre-Manche.

Celles-ci se coalisent et décident de se passer de la France. L'ambiance autour des matchs du XV de France, l'état d'esprit des spectateurs qui prennent à partie l'arbitre et la violence des joueurs français sur le terrain sont autant de raisons de mettre fin à la participation du XV de France dans le Tournoi des V Nations. Les Français venaient de battre les Anglais à Colombes 14 à 13. Les deux nations ne se rencontreront plus avant le 19 avril 1947 à Londres, pour une nouvelle défaite française. Quatre années plus tard, les Bleus s'imposent pour la première fois à Londres 11 à 3. Sous une pluie diluvienne et dans le brouillard, les Français emmenés par Jean Prat inscrivent deux essais et gagnent enfin de l'autre côté de la Manche. En 1954, le XV de France remporte un premier tournoi ex æquo avec le Pays de Galles et l'Angleterre, puis réalise le premier Grand Chelem de son histoire en l'emportant à Colombes face à l'Angleterre 14 à 9. En 1977, les Français viennent de disputer un match houleux face au Pays de Galles lorsqu'ils se présentent sur le terrain pour disputer leur match face à l'Angleterre. Les Bleus entrent sur la pelouse de Twickenham sous les huées et les crachats du public. Les Français sont accusés, par la presse britannique, d'être des sauvages et des tricheurs. Le XV de France s'impose 4 à 3 grâce à un essai du centre François Sangalli. Un petit score pour une grande victoire en forme d'énorme vengeance.

Quelques années plus tôt, en 1972, la France pulvérise l'Angleterre sur le score de 37 à 12 en inscrivant six essais. Un match référence pour les Bleus. Neuf années plus tard, la finale du Tournoi des V Nations à Londres offre un match à suspense remporté par la France 16 à 12. Les hommes de Jean-Pierre Rives et de Jacques Fouroux réalisent ainsi le Grand Chelem pour la troisième fois de l'histoire des Bleus. Face à la France, les Anglais n'ont pas gagné sur leur terrain depuis dix ans. Pour retrouver le chemin de la victoire, ils demandent conseil à l'un des plus éminents techniciens tricolores : Pierre Villepreux. Une bonne idée puisque l'Angleterre gagne 11-0 le 4 mars 1989 à Twickenham. La presse hexagonale désigne Villepreux comme un traître, la fédération française de rugby est très embarrassée.

QUATRE ANNÉES PLUS TARD, LES BLEUS S'IMPOSENT POUR LA PREMIÈRE FOIS À LONDRES 11 À 3. SOUS UNE PLUIE DILUVIENNE ET DANS LE BROUILLARD, LES FRANÇAIS EMMENÉS PAR JEAN PRAT INSCRIVENT DEUX ESSAIS ET GAGNENT DE L'AUTRE CÔTÉ DE LA MANCHE.

Le 16 mars 1991, la France s'incline à Twickenham mais les Bleus inscrivent l'un des plus beaux essais de l'histoire du rugby. Un moment de pur bonheur qui fait basculer ce match dans la légende sportive. Menés 3 à 0, les Bleus relancent depuis leur en-but par Serge Blanco qui trouve en relais sur le côté droit le long de la ligne de touche Jean-Baptiste Laffont, puis Philippe Sella qui semble esseulé. Passe croisée avec Didier Camberabero qui tente un petit coup à suivre pour lui-même, puis un grand coup de pied de recentrage qui perturbe complètement la défense anglaise. Lancé à pleine vitesse à la réception de cette passe au pied, Philippe Saint-André marque un essai « du bout du monde ». Une chevauchée de plus de cent mètres. Si les Bleus s'inclinent 21 à 19 malgré trois essais inscrits contre un seul pour les Anglais, ce match restera dans les mémoires grâce à cet essai extraordinaire. « *C'était le symbole de la perfection* », révélera plus tard Jeremy Guscott, ancien trois-quarts anglais et témoin privilégié de la scène, puisqu'il était sur le terrain lors de ce match. « *Il fallait à la fois de l'intelligence et de la dextérité pour effectuer ce petit coup de pied pour lui-même, en pleine course. Vous pouvez le tenter dix fois, vous aurez de la chance de le réussir une seule fois* ». L'un des plus beaux essais inscrits à Twickenham. Il est à l'image de la rivalité entre les deux équipes. Entre le côté imprévisible des Français et la maîtrise anglaise. Les Anglais ont inventé le rugby mais les Français ont créé le « *French Flair* ». Un esprit que le monde entier reconnaît et envie aux joueurs tricolores.

Malheureusement, tous les « *Crunchs* » ne sont pas mémorables pour cette raison. Les matchs opposant la France et l'Angleterre sont parfois le théâtre d'actions violentes, houleuses ou polémiques.

Au Parc des Princes, l'Angleterre s'impose face à la France en quarts de finale de la Coupe du monde, le 19 octobre 1991. La stratégie anglaise a parfaitement fonctionné. « *C'était une volonté tactique délibérée de viser Serge Blanco pour le faire craquer* », confiera plus tard le capitaine anglais Will Carling. Dès les deux premières chandelles délivrées par l'ouvreur anglais, le meilleur joueur français reçoit une meute blanche sur le corps. Blanco est devenu un joueur à abattre ! L'arbitre ne dit rien et laisse faire cette stratégie détestable. Les Bleus finissent par perdre leurs nerfs ainsi que le match. Ils s'inclinent sur le score de 19 à 10. Les Anglais frappent les premiers de manière discrète pour ne pas être sanctionnés par l'arbitre. Les Français sont moins disciplinés et se font sanctionner. Ne supportant pas cette injustice, le sélectionneur Daniel Dubroca empoigne l'arbitre néo-zélandais David Bishop à la fin du match. Il est contraint à la démission quatre jours plus tard.

Quelques mois plus tard, le 15 février 1992 au Parc des Princes, l'Angleterre s'impose sur le score de 31 à 13. Ce match marque la faillite de l'équipe de France. L'un des pires matchs entre ces deux nations. Durant le match, le pilier Grégoire Lascubé est expulsé pour avoir marché volontairement sur la tête d'un joueur anglais qui était au sol. Stephen Hilditch, l'arbitre irlandais du match, indique alors le chemin des vestiaires au pilier français. Quelques instants plus tard, le talonneur Vincent Moscato, qui avait pris la place de pilier, est expulsé à son tour pour avoir refusé d'écouter les injonctions de l'arbitre. Réduits à treize contre quinze, les joueurs français perdent ensuite leur capitaine Philippe Sella sur blessure. Un match apocalyptique ! Le lendemain, la presse anglaise traite les joueurs français d'animaux.

En 2005 les Bleus remontent un retard de onze points pour s'imposer 18 à 17 à Twickenham mais subissent une défaite historique en 2015 en s'inclinant 55 à 35. Un match fou durant lequel la France encaisse sept essais et en inscrit cinq. Douze essais et quatre-vingt-dix points dans un « *Crunch* », c'est un record !

Entre 1906 et 2018, la France et l'Angleterre disputent cent-quatre rencontres pour cinquante-sept victoires anglaises, quarante victoires françaises et sept matchs nuls.

La France est encore en retard dans son bilan face à l'Angleterre. Les Bleus auront beaucoup de difficultés à rattraper ce déficit de victoires. Avant la Coupe du monde 2019, l'Angleterre mène trois victoires à deux lors de cette grande compétition internationale. À l'issue de la rencontre février 1992, le capitaine Will Carling salua les joueurs français avec un trop célèbre « *Sorry, good game !* » Une petite phrase que tous les joueurs français appelés à disputer un « *Crunch* » espèrent ne jamais entendre ! Mais les Anglais ne parviendront jamais à rivaliser avec la folie des joueurs français. Un « *French flair* » que le monde entier envie au rugby tricolore. Même les Anglais !

À l'issue de la rencontre de février 1992, le capitaine Will Carling salua les joueurs français avec le trop célèbre « *Sorry, good game !* » Une petite phrase que tous les joueurs français appelés à disputer un « Crunch » espèrent ne jamais entendre !

ABDELATIF BENAZZI LORS D'UN MATCH FRANCE-ANGLETERRE AU PARC DES PRINCES.

FFR

Inde *versus* Pakistan

Les spécialistes appellent cette rivalité « la diplomatie du cricket ». À l'image du rapprochement des deux Corée en 2018 lors des Jeux olympiques de PyeongChang, le sport est parfois le moyen de rassembler deux nations qui ne s'entendent pas sur le plan diplomatique. C'est le cas des confrontations entre l'Inde et le Pakistan en cricket. Une rivalité sportive considérée comme le prétexte à l'instauration d'une communication réciproque entre les deux grandes nations du cricket mondial. Deux pays si proches sur le plan géographique et si éloignés sur le plan diplomatique, à cause d'une histoire encore vive dans l'esprit du milliard et demi d'habitants répartis de manière très inégale entre les deux pays.

L'inde comptabilise 1,350 milliard d'habitants contre 195 millions pour le Pakistan car à la suite de la partition de l'Inde britannique en 1947, la planète a accouché de grandes nations : l'Inde et le Pakistan. Deux pays qui ne sont pas caractérisés par une grande amitié mutuelle. C'est un doux euphémisme ! Au cœur de cette opposition entre les deux nations, la question du Cachemire. Un territoire dont les deux pays revendiquent la souveraineté. Une source d'antagonismes et de conflits au cœur de cette inimitié depuis des décennies. L'inde et le Pakistan se sont déclarés la guerre à trois reprises : en 1947, en 1965 et en 1971. Seul le sport peut rassembler ces deux pays rivaux l'espace de quelques instants, sans oublier ce qui les oppose. La rivalité sportive dépasse le simple cadre du cricket pour trouver aussi une large place en hockey sur gazon et en football. Si les deux nations ont parfois accepté de se recevoir pour disputer des matchs amicaux en dehors des grandes compétitions internationales, la diplomatie du cricket s'est toujours éclipsée lorsque des événements politiques sont devenus trop brûlants. Les différents conflits en 1965 et en 1971, mais aussi l'assassinat du Premier Ministre Indien Indira Gandhi en 1984, ont régulièrement freiné la volonté des deux pays de prolonger leur rapprochement diplomatique en même temps que leur amitié sportive. En 1984, la tournée du Pakistan en Inde est annulée à la suite de cet assassinat perpétré par les propres gardes du corps d'Indira Gandhi, des Sikhs ralliés à la cause indépendantiste. Un regel dans la relation sportive qui lie les deux pays

MATCH DE CRICKET ENTRE L'INDE ET LE PAKISTAN EN 2011 EN DEMI-FINALE DE LA COUPE DU MONDE. VICTOIRE DE L'INDE.

se produit également en 2009 après une nouvelle attaque terroriste, cette fois au Pakistan. Mais les deux pays ne peuvent rien face au calendrier sportif et sont régulièrement contraints de s'affronter lors des différentes compétitions internationales organisées en marge de la Coupe du monde de cricket.

Le 18 juin 2017, ces deux nations s'affrontent en finale du trophée des champions de l'*International Cricket Council* devant trois-cent-cinquante-millions de téléspectateurs. Une compétition prestigieuse disputée en Angleterre qui réunit les huit meilleures nations mondiales de cricket. Un terrain neutre pour deux équipes concurrentes. Favorite de cette finale, l'Inde, tenante du titre, passe à côté de son match et offre une très belle victoire au Pakistan. Pour la première fois depuis 2009, le Pakistan l'emporte face à l'Inde dans une compétition internationale, après trois défaites d'affilée face à sa grande rivale. Une large victoire par cent-quatre-vingts runs d'écart. Un troisième succès historique depuis 1947 face à son plus grand ennemi. Pour comprendre la rivalité entre les deux nations, il faut savoir qu'une vingtaine d'hommes ont été arrêtés en Inde à l'issue de ce match. La raison : ils ont célébré la victoire du Pakistan avec des pétards, des chants de joie et consommé quelques bonbons en guise de célébration. Au sein d'une société marquée par des relations difficiles entre les hindouistes et les musulmans, ces manifestations de joie sont considérées comme des provocations. Il faut aussi reconnaître que l'ampleur de cette victoire pakistanaise est sans précédent. Elle répond à un autre match disputé lors de la phase de poule treize jours auparavant. Une rencontre qui avait vu la très large victoire de l'Inde sur le Pakistan. Une revanche surprenante entre ces deux nations majeures du cricket, à moins de deux semaines d'intervalle.

La rivalité entre les équipes du Pakistan et de l'Inde date de plusieurs décennies. Les premières rencontres entre ces deux pays remontent au 16 octobre 1952 et une série de matchs organisés en Inde. Prévue en quatre rencontres, cette opposition tourne court après trois matchs remportés largement par l'Inde. En Coupe du monde, l'Inde et le Pakistan ne s'étaient jamais rencontrés avant le 4 mars 1992. Dans un climat délétère, les joueurs indiens remportent le match, non sans avoir insulté régulièrement les membres de l'équipe adverse. Entre 1992 et 2015, l'Inde remporte tous les matchs disputés en Coupe du monde face au Pakistan. Une suprématie sans partage pour cette grande nation qui remporte le titre de champion du monde en 1983 et en 2011 pour une finale perdue en 2003.

De son côté, le Pakistan devient champion du monde en 1992 et perd en finale en 1999. Lors de cette finale disputée à Manchester en Angleterre, au sein du prestigieux stade d'Old Trafford, l'Inde l'emporte face au Pakistan, en pleine guerre de Kargil au Cachemire. Les forces de l'ordre procèdent à plusieurs interpellations. Un drapeau indien est même brûlé dans le stade. Le 17 avril 2005, le Pakistan prend sa revanche en Inde lors d'une compétition internationale intitulée la « One Day International ». Les chefs d'États des deux pays se retrouvent en territoire Indien pour assister à cette rencontre, trois années seulement après être passés tout près d'une nouvelle guerre en 2002. Un conflit entre ces deux puissances nucléaires serait une catastrophe pour la planète. La diplomatie du cricket est donc une lueur d'espoir dans un ciel encombré de gros nuages menaçants.

La rivalité entre les équipes du Pakistan et de l'Inde date de plusieurs décennies. Les premières rencontres entre ces deux pays remontent au 16 octobre 1952 et une série de matchs organisés en Inde.

La victoire du Pakistan lors de cette rencontre intervient quelques jours seulement après un attentat à valeur symbolique. Un acte terroriste perpétré contre le premier bus de la ligne d'autocar qui traverse le Cachemire. Une « ligne de la paix » qui relie Muzaffarabad, ville principale de la partie pakistanaise du Cachemire, et Srinagar, chef-lieu de la partie indienne. Malgré cet attentat, le match de cricket est maintenu. Une rivalité sportive parfois plus forte que les rancœurs. Une rivalité déséquilibrée entre l'Inde et le Pakistan. Si l'on prend en compte les autres compétitions internationales organisées en cricket, le bilan est un peu plus honorable pour le Pakistan qui a remporté six victoires en dix-huit rencontres entre 2007 et 2017.

LE PAKISTAN ET L'INDE PACIFIÉS GRÂCE À UN MATCH DE CRICKET EN 2017.

URSS *versus* USA

« Miracle sur la glace ». C'est le surnom attribué à l'un des plus grands matchs de hockey sur glace de l'histoire des Jeux olympiques. En 1980, lors des Jeux olympiques d'hiver de Lake Placid aux États-Unis, le match de phase finale de cette compétition de titans produit une onde de choc qui fait trembler la planète sportive toute entière.

La grande équipe d'URSS affronte une jeune équipe américaine composée d'universitaires qui n'ont jamais joué ensemble auparavant. L'opposition semble déséquilibrée et le sort du titre olympique ne présente que très peu de suspense. L'équipe soviétique se prépare à célébrer sa grandeur sur la glace de son pire ennemi. Dans un contexte de Guerre Froide, ce succès de l'URSS serait une opportunité à exploiter pour la propagande communiste. Le contexte international n'est pas favorable à un dégel entre les deux grandes puissances mondiales. En envahissant l'Afghanistan quelques mois auparavant, l'URSS s'est mise hors jeu dans le concert international. La froideur des relations entre les deux puissances est montée d'un cran. Quelques mois plus tard, les États-Unis boycotteront les Jeux olympiques de Moscou en signe de contestation en réponse à cette invasion des troupes soviétiques.

Rien ne peut donc empêcher les hockeyeurs soviétiques de remporter un nouveau titre olympique sur la glace. Ils sont les grandissimes favoris. Une tradition pour cette grande nation du hockey sur glace. Excepté lors des Jeux olympiques de Squaw Valley en 1960, l'URSS a toujours remporté le titre olympique dans cette discipline. En 1960, l'équipe au maillot rouge barré du célèbre CCCP était tombée, à la surprise générale, face à l'équipe des États-Unis. En 1980, les vedettes professionnelles de la NHL, le célèbre championnat nord-américain, ne sont pas autorisées à participer à une compétition amateur. Le coach américain Herb Brooks doit donc réaliser sa sélection en puisant dans les rangs universitaires. D'une moyenne d'âge de vingt-deux ans, l'équipe à la bannière étoilée semble n'avoir aucune chance de faire vaciller le monstre soviétique. D'ailleurs, le retard physique et technique des Américains sur les Russes semble impossible à combler. Quelques semaines avant les Jeux olympiques, les États-Unis rencontrent l'URSS en match de préparation au Madison Square Garden de New York. Les Américains sont balayés sur le score sans appel de 10 buts à 3. Une véritable humiliation qui ne laisse que peu de chances de victoire dans le tournoi olympique aux hockeyeurs américains. Tête de série numéro sept, les États-Unis sont loin d'être des prétendants au podium contrairement à l'URSS, la tête de série numéro un.

Le 12 février 1980, dans la ferveur de la patinoire olympique acquise à sa cause, l'équipe américaine concède le match nul face à l'équipe de Suède sur le score de 2 à 2 lors de son premier match du tournoi. Quelques instants plus tôt, l'URSS avait corrigé l'équipe du Japon sur le score large de 16 à 0. L'équipe soviétique survole la phase de poule en remportant cinq victoires en cinq matchs. Des succès 17 à 4 face aux Pays-Bas, 8 buts à 1 face à la Pologne, 4 à 2 face à la Finlande et enfin une victoire 6 buts à 4 sur le Canada. Cinquante-et-un buts marqués en cinq rencontres, l'ogre soviétique s'affirme comme le grand favori de la compétition.

De son côté, l'équipe américaine poursuit la compétition en remportant quatre victoires et en se qualifiant fort logiquement pour les phases finales. Deuxièmes de leur groupe derrière la Suède, les États-Unis prennent le meilleur sur la Tchécoslovaquie 7 buts à 3, sur la Norvège 5 buts à 1, face à la Roumanie 7 buts à 2 et enfin face à l'Allemagne de l'Ouest 4 buts à 2. L'équipe

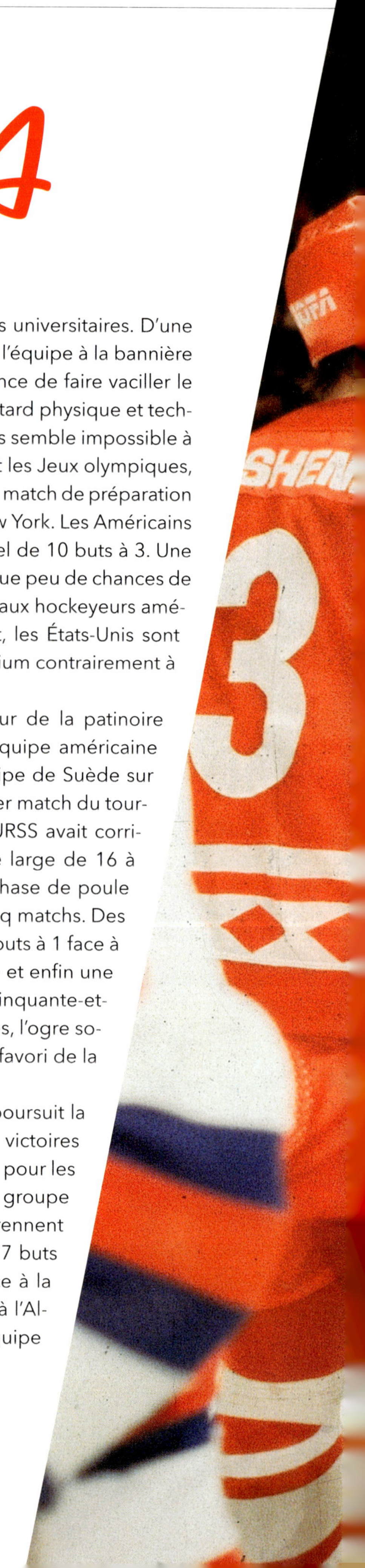

L'ÉQUIPE DES ÉTATS-UNIS HUMILIÉE 10 À 3 PAR L'URSS EN 1980 À NEW YORK JUSTE AVANT LES JEUX OLYMPIQUES.

américaine semble moins conquérante que son rival soviétique et éprouve quelques difficultés à entrer dans ses matchs. Lors de la suite de la compétition, les meilleures équipes du monde s'affrontent. La phase finale réunit les équipes classées aux deux premières places des groupes de qualification en conservant le score réalisé entre les deux équipes qualifiées de chaque poule. C'est un mini-championnat à quatre équipes. Le premier du classement à la suite des trois rencontres disputées remporte le titre olympique. Les États-Unis conservent le point du match nul 2 à 2 concédé à la Suède au tour précédent. L'URSS bénéficie des deux points remportés lors du tour préliminaire après sa victoire sur la Finlande 4 buts à 2. Ces matchs ne sont donc pas rejoués.

Le 22 février 1980, l'URSS et les États-Unis se retrouvent pour un match hors norme qui devrait offrir un accès quasi définitif à la plus haute marche du podium olympique aux Soviétiques. L'objectif des Américains est d'abord de limiter la casse face à leurs rivaux. Herb Brooks tente de motiver ses joueurs avant la rencontre. Il sait que le défi paraît impossible à relever face à l'URSS. Mais il sait aussi que le sport offre bien souvent de belles surprises : « *Les grands moments naissent des grandes opportunités. Et ce soir, ce moment est le vôtre.* »

Lors du premier tiers temps de ce match historique, l'URSS ne mène que 2 buts à 1 à dix secondes de la fin. Jim Craig, le gardien américain réalise des prouesses dans les buts et se dresse devant les tirs adverses afin de préserver les chances de victoire de son pays. Des arrêts miraculeux perturbent les attaquants soviétiques. Mais Vladislas Tretiak commet une erreur. Le légendaire gardien russe, considéré comme le meilleur du monde à son poste, offre l'égalisation à l'Américain Johnson. Sur le buzzer ou juste après ? La polémique gronde sur la glace. Viktor Tikhonov, l'illustre entraîneur soviétique, conteste la validité du but américain qu'il considère inscrit après la sirène de fin de tiers temps. Malgré cette contestation soviétique, le but est validé et les États-Unis égalisent à 2 buts partout juste avant la pause. Un premier exploit dans ce match. Dans les vestiaires, Viktor Tikhonov prend une décision qu'il considérera par la suite comme la plus grande erreur de sa carrière de coach. Il remplace Tretiak par Vladimir Mychkine, son remplaçant, un gardien peu expérimenté. Une décision en forme de représailles et de sanction à l'égard de son gardien de but.

Dans le deuxième tiers temps, l'URSS inscrit un but et prend l'avantage au score, 3 buts à 2. Le troisième et dernier tiers temps est décisif. Face à la fougue des Américains déchaînés qui n'ont plus rien à perdre, l'URSS subit et encaisse deux buts. Le premier signé Mark Johnson et le second inscrit par le capitaine américain Mike Eruzione à dix minutes de la fin du match. La maison rouge prend feu. Devant huit-mille-cinq-cents spectateurs fous de joie et bruyants, les États-Unis parviennent à protéger leur cage sans prendre de but. Les Américains remportent ce match au sommet sur le score de 4 buts à 3. Trop confiants à l'issue de leur victoire quelques semaines auparavant à New York, les Soviétiques ont été incapables de réagir face à des joueurs qui n'avaient plus rien à perdre. Des scènes de liesse envahissent le camp des hockeyeurs américains, mais aussi l'ensemble du pays. Des matchs de NBA sont interrompus afin de célébrer le résultat historique de ce match. Viktor Tikhonov, le coach soviétique, est fou furieux pendant que son homologue américain Herb Brooks s'isole aux toilettes pour pleurer de joie. Les États-Unis confirmeront ensuite leur médaille d'or olympique grâce à une victoire 4 buts à 2 face à la Finlande dans le dernier match de la poule finale. Alors que l'URSS corrigera la Suède 9 buts à 2 et s'assurera la médaille d'argent.

La légende affirme que l'un des joueurs soviétiques, Sergueï Makarov, jeta sa médaille d'argent dans une poubelle du village olympique par dépit et déception. Petit clin d'œil du destin, ces hockeyeurs américains victorieux de ce match historique allumeront la flamme olympique lors des Jeux de Salt Lake City en 2002. En 1998, Herb Brooks deviendra le coach de l'équipe de France pour les Jeux olympiques de Nagano. Finaliste malheureux avec les États-Unis face au Canada en 2002, il meurt en 2003 à soixante-six ans dans un accident de la route alors qu'il participait au tournage d'un film basé sur un réel exploit et intitulé « *Miracle sur la glace* ».

LA LÉGENDE AFFIRME QUE L'UN DES JOUEURS SOVIÉTIQUES, SERGUEÏ MAKAROV, JETA SA MÉDAILLE D'ARGENT DANS UNE POUBELLE DU VILLAGE OLYMPIQUE PAR DÉPIT ET DÉCEPTION.

L'ÉQUIPE DES ÉTATS-UNIS EN FINALE DES JEUX OLYMPIQUES EN 1980 FACE À L'URSS. VICTOIRE SURPRISE DES HOCKEYEURS AMÉRICAINS.

Australie versus *USA*

C'est le plus ancien trophée sportif au monde. Créée en 1851, la Coupe de l'America est une compétition de voile qui fait rêver tous les navigateurs de la planète. Détenu en 1851 par le club anglais du Royal Yacht Squadron, ce prestigieux trophée est très vite remporté par le club américain du New York Yacht Club. Les Britanniques ne remporteront plus jamais cette coupe de leur histoire. La goélette américaine prive les Anglais de leur trophée et rebaptise cette course nautique « Coupe de l'America » en 1857, en hommage à la goélette victorieuse et dénommée « America ».

Au départ, cette compétition se voulait amicale entre pays étrangers. Le trophée de la Coupe de l'America est devenu, au fil du temps, un saint graal qu'il convient de défendre pour le pays qui le détient, « *The Defender* ». Un trophée à conquérir pour le pays qui souhaite inscrire son nom au palmarès de cette compétition prestigieuse. Pour cela, il est essentiel de remporter la compétition regroupant tous les challengers. Le bateau qui remporte quatre victoires sur les sept régates lors de cet ultime face-à-face avec ses concurrents, remporte la Coupe Louis Vuitton. Et le droit de disputer la Coupe de l'America face au tenant du titre. À vingt-trois reprises, un équipage américain remporte la finale et conserve le trophée. Un bateau américain l'emporte durant près de cent-trente années face à des bateaux écossais, irlandais, anglais, mais aussi australiens et canadiens. Plus d'un siècle d'échecs répétés pour les différents prétendants, parfois sur des scores très serrés. En 1983, le bateau *Australia II*, pensé et dirigé par Alan Bond, bouleverse le monde de la voile. Dans une compétition où les Américains étaient prêts à tout pour conserver leur trophée, les challengers vont progressivement s'adapter à la course pour enfin lancer un équipage capable de remporter, enfin, le trophée. *Australia II* est dirigé par le skipper John Bertrand qui a déjà échoué à trois reprises lors de précédentes éditions de la Coupe de l'America. Face à lui, le prestigieux Américain Denis Conner. Les challengers sont très confiants et misent sur un bateau mobile, capable de virer de bord de manière très rapide. Le secret se trouve dans la quille : une quille à ailette qui devrait faire la différence pour manœuvrer le plus rapidement possible.

Lors des matchs opposant les challengers, *Australia II* remporte quarante-huit régates sur cinquante-quatre. La domination des Australiens est sans contestation possible. Les détenteurs américains de la Coupe de l'America sont inquiets. Ils comprennent qu'il se passe quelque chose de préoccupant et deviennent nerveux face à la marge très importante avec laquelle les Australiens dominent leurs adversaires. Les challengers entament la confiance de leurs futurs adversaires sur le plan psychologique. Les Américains ne comprennent pas le secret du bateau australien. Ils ne parviennent pas à voir à quoi ressemble sa quille. Les Américains sont alors prêts à tout pour ne pas perdre le trophée. Même à rajouter des ailettes sur leur propre quille.

Le 14 septembre 1983, *Australia II* rencontre enfin *Liberty,* le bateau américain. Lors de la première régate, le départ des Australiens est désastreux à cause d'un problème de gouvernail. *Liberty* remporte cette première course avec 1'10'' d'avance. Le lendemain, nouveau problème du côté des Australiens. *Liberty* remporte cette deuxième course avec 1'33'' d'avance. Les Américains mènent 2 à 0. La malchance s'acharne sur les challengers. La troisième régate est ensuite annulée alors que les Américains comptent six minutes de retard sur leurs adversaires. La quatrième régate est enfin remportée par *Australia II* qui revient à 2 à 1. Le bateau australien est plus ra-

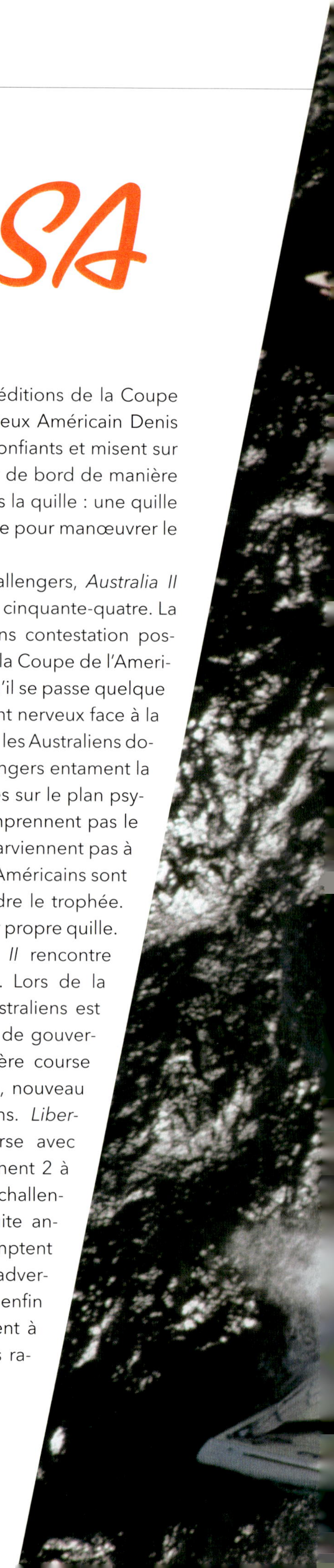

AUSTRALIA II (EN BAS) FACE À LIBERTY (AU-DESSUS)
LORS DE LA COUPE DE L'AMERICA EN 1983. VICTOIRE D'AUSTRALIA II.

pide que le bateau américain et semble pouvoir gagner cette prestigieuse série de régates s'il est épargné par les avaries. Le 20 septembre 1983, Denis Conner donne une leçon de voile aux Australiens. Le skipper américain lance son bateau et prend un très bon départ. *Liberty* passe en tête et conserve cet avantage. Le bateau américain l'emporte avec 43'' d'avance. *Liberty* mène 3-1 face à *Australia II*. Denis Conner et son équipage sont à un petit succès de la victoire finale. Le doute s'installe chez les Australiens. Ils n'ont plus le droit à l'erreur. Ils décident de disputer chaque course, l'une après l'autre, comme une finale. « *Nous avons décidé de déshumaniser notre adversaire. Nous l'appelions le bateau rouge et non plus Liberty* » reconnaît John Bertrand. Dans la cinquième régate, les Australiens commettent une erreur mais profitent d'un problème d'engrenage survenu sur le bateau américain. *Australia II* revient à 3-2. Lors de la sixième manche, Denis Conner et son équipage perdent de plus de trois minutes. *Australia II* égalise à 3 victoires partout.

Tout se jouera donc dans la dernière régate. C'est la course la plus importante de l'histoire de la Coupe de l'America. Une seule régate pour une victoire historique. Le 26 septembre 1983, cent-trente-deux années de domination américaine vont s'éteindre en quelques secondes. Dominé durant la plus grande partie de cette course, *Australia II* semble perdu. *Liberty* est très loin devant. Mais comme par magie, *Australia II* refait progressivement son retard et progresse à grande vitesse ! Les Australiens prennent un maximum de vent et remportent la course sur le plan tactique. Pour la première fois depuis plus d'un siècle, les États-Unis perdent la Coupe de l'America. Quatre ans plus tard, les Américains prennent leur revanche et gagnent le trophée sur *Stars and Stripes* avec Denis Conner. En 1995, la Coupe de l'America repart en direction de la Nouvelle-Zélande, puis en 2003, elle est gagnée par des Européens, les Suisses d'Alinghi. Depuis 2017, la Coupe de l'America est repartie en Nouvelle-Zélande, très loin des États-Unis.

TOUT SE JOUERA DONC DANS LA DERNIÈRE RÉGATE. C'EST LA COURSE LA PLUS IMPORTANTE DE L'HISTOIRE DE LA COUPE DE L'AMERICA. UNE SEULE RÉGATE POUR UNE VICTOIRE HISTORIQUE. LE 26 SEPTEMBRE 1983, CENT-TRENTE-DEUX ANNÉES DE DOMINATION AMÉRICAINE VONT S'ÉTEINDRE EN QUELQUES SECONDES.

ALAIN BOND ET L'ÉQUIPE D'AUSTRALIA II, VAINQUEUR DE LA COUPE DE L'AMERICA EN 1983.

Emil Zatopek *versus* Alain Mimoun

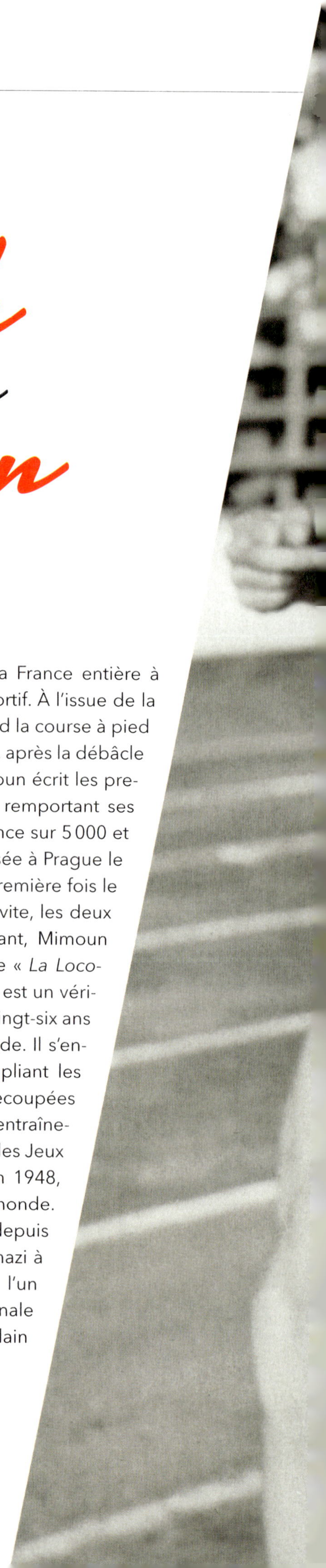

Il est revenu à Melbourne fouler la piste qui l'avait consacré champion olympique en 1956. Pour les besoins d'un documentaire diffusé à la télévision en 2000 à l'occasion des Jeux olympiques de Sydney, Alain Mimoun a pu revivre sa plus grande victoire plusieurs décennies après. La piste d'athlétisme n'existe plus. Elle a été remplacée par de la pelouse et le stade olympique est devenu le Melbourne Cricket Ground. Mais cette prestigieuse victoire est bien ancrée dans la mémoire du champion français. Alain Mimoun en a parlé des milliers de fois pour passionner tous ceux qui avaient la chance d'écouter ce formidable petit homme tellement chaleureux. Alain Mimoun a failli ne jamais entrer dans la légende du sport français. Blessé au pied gauche par un éclat d'obus le 28 janvier 1944 lors de la bataille du Mont-Cassin, le Français, né en 1921 à Maïder en Algérie, a failli être amputé par des médecins américains lors de son hospitalisation à Naples.

Finalement sauvé de cette épreuve chirurgicale, il guérit et participa ensuite au débarquement en Provence en août 1944. Lorsqu'il était tout jeune, ce fils de paysan rêvait d'être instituteur mais avait besoin d'une bourse d'études. Les instances académiques lui refusèrent ce droit. Il deviendra l'instituteur de la France entière à travers son formidable parcours sportif. À l'issue de la Seconde Guerre Mondiale, il reprend la course à pied débutée pendant qu'il était militaire, après la débâcle de l'armée française. En 1947, Mimoun écrit les premières pages de son palmarès en remportant ses premiers titres de champion de France sur 5 000 et 10 000 m. Lors d'une course organisée à Prague le 16 août 1947, il rencontre pour la première fois le Tchécoslovaque Emil Zatopek. Très vite, les deux rivaux deviennent des amis. Pourtant, Mimoun subit bien souvent la supériorité de « *La Locomotive Tchèque* ». Cet Emil Zatopek est un véritable bourreau d'entraînement. Il a vingt-six ans lorsqu'il se révèle aux yeux du monde. Il s'entraîne comme un forcené en multipliant les séries de 400 m à allure rapide entrecoupées de 200 m à allure faible. Il invente l'entraînement fractionné sans le savoir. Lors des Jeux olympiques organisés à Londres en 1948, Zatopek va se révéler aux yeux du monde. Ce sont les premiers Jeux organisés depuis 1936 et la consécration du régime nazi à Berlin. Le vendredi 30 juillet, il est l'un des vingt-cinq participants de la finale du 10 000 m, comme un certain Alain

EMIL ZATOPEK (À GAUCHE) ET ALAIN MIMOUN (À DROITE) À L'ARRIVÉE DU 10 000 M DES JEUX OLYMPIQUES DE 1952 À HELSINKI.

Mimoun. Les deux hommes vont faire bientôt connaissance. Le grand favori de cette course est un Finlandais. À trente-quatre ans, Viljo Heino est champion d'Europe en titre. Il s'inscrit dans la tradition des coureurs finlandais qui gagnent régulièrement les dix kilomètres lors des grandes compétitions internationales. Zatopek ne se sent pas en confiance, il pense s'être trompé de préparation physique et ressent une grande fatigue quelques jours avant la compétition. Le doute s'installe dans son esprit. Écrasé par la chaleur qui l'empêche de s'entraîner et de dormir, Zatopek prend le départ de cette finale du 10 000 m en douceur avec une tactique très claire. À vingt-six ans, il veut économiser ses forces. Il laisse partir ses adversaires et prend très vite un retard de quatre-vingt-mètres. Sa tactique est simple : il a demandé à d'autres coureurs tchécoslovaques de lui indiquer s'il est dans les temps sur une base de 1'11" au tour. S'il va trop lentement, ses équipiers agissent un maillot rouge au-dessus de leurs têtes. À mi-parcours, le signal est donné. Zatopek se met en action, remonte ses adversaires progressivement et les dépasse les uns après les autres. Le seul à rester au contact est Alain Mimoun qui ne peut rien face à la machine tchécoslovaque. Zatopek parvient à remporter le 10 000 m avec une belle avance sur ses poursuivants. Alain Mimoun termine deuxième à quarante-huit secondes. Le Tchécoslovaque remporte son premier titre olympique.

Au sein de la délégation française, Mimoun n'est pas considéré comme les autres coureurs. Le masseur de l'équipe de France refuse de le masser (avant sa médaille d'argent) à cause de ses origines algériennes. Un affront pour celui qui est fier de défendre les couleurs de la France, parfois au prix de quelques bagarres et quelques insultes. Sa rivalité avec Emil Zatopek sera à la hauteur de sa personnalité : pleine de chaleur et de générosité. Mais contrairement à Mimoun, le Tchécoslovaque n'en a pas fini avec les podiums et les honneurs à Londres, lors de ces Jeux olympiques de 1948. Quelques jours plus tard, sous une pluie battante qui rend la piste impraticable, et en finale du 5 000 m, Zatopek est devancé d'une petite longueur par le Belge Gaston Reiffe, mais repart avec la médaille d'argent. Double médaillé olympique, Emil Zatopek devient un symbole de réussite de l'autre côté du rideau de fer. Comme Alain Mimoun, son statut change dans son pays. Une image précieuse pour assurer la propagande du régime communiste en Tchécoslovaquie.

L'athlétisme n'est pas encore un sport professionnel où les champions s'opposent régulièrement lors de très lucratifs meetings. Les rencontres entre les champions s'effectuent à distance, à travers les records du monde. Zatopek livre un combat à distance sur 10 000 m avec le Suédois Viljo Heino durant les saisons 1949 et 1950. Lors de cette année 1950, « *La Locomotive Tchèque* » domine par deux fois Alain Mimoun aux championnats d'Europe de Bruxelles. Sur 5 000 m et 10 000 m, le Français doit se contenter de la médaille d'argent derrière son meilleur ennemi. En 1952, le Tchécoslovaque devient une légende lors des Jeux olympiques d'Helsinki en Finlande. Pourtant, les tensions qui l'opposent aux plus hauts dignitaires de son pays auraient pu le priver de ces Jeux. Afin de défendre la participation d'un autre coureur tchécoslovaque sur 1 500 m dont le père est un opposant au régime communiste, le champion menace de ne pas se rendre en Finlande si celui-ci n'est pas réintégré dans les rangs de l'équipe nationale. Zatopek est devenu une icône influente qui gagne ce bras de fer. Arrivé à Helsinki, Zatopek annonce qu'il disputera le 5 000 m et le 10 000 m, mais aussi le marathon. C'est une grande surprise pour l'ensemble des observateurs, mais aussi pour ses propres responsables qui sont sceptiques quant à sa capacité à performer sur les trois distances. D'autant qu'il n'a jamais couru de marathon en compétition.

Zatopek livre un combat à distance sur 10 000 m avec le Suédois Viljo Heino durant les saisons 1949 et 1950. Lors de cette année 1950, « la locomotive Tchèque » domine par deux fois Alain Mimoun aux championnats d'Europe de Bruxelles.

Le 22 juillet 1952, devant cinquante-mille spectateurs, Zatopek prend le départ du 10 000 m en compagnie de Mimoun. Malgré la fatigue provoquée par une récente bronchite, Emil Zatopek lâche tous ses adversaires, excepté Alain Mimoun qui rend finalement les armes aux 8 000 m. Le Tchécoslovaque procède par petites accélérations pour désarmer tous les autres concurrents. Il remporte le titre olympique avec cent-vingt mètres d'avance sur le Français, en 29'17". Sa moisson de médailles d'or n'est pas achevée.

Sur 5 000 m, c'est le même résultat. Alain Mimoun ne parvient pas à contrarier la domination de son ami Zatopek et termine une nouvelle fois deuxième. Une nouvelle médaille d'argent olympique pour le Français en forme de victoire. « *Je m'étais dit : logiquement, tu dois terminer derrière Zatopek et Shade, mais l'Allemand se ressentira peut-être de son effort en série. Au fond, j'espérais bien terminer deuxième mais je ne voulais pas me l'avouer...* » Pour Emil Zatopek, c'est un deuxième titre olympique dans la même semaine. La rivalité entre les deux hommes tourne une nouvelle fois en faveur du Tchécoslovaque qui devient la bête noire amicale du Français. Lors du marathon, Zatopek parachève son œuvre et prend le meilleur sur son plus grand concurrent, le Britannique Jim Peters. Le Tchécoslovaque domine la course et se permet de blaguer avec les voitures suiveuses.

Vainqueur en 2h23'02'', le Tchécoslovaque remporte une troisième médaille d'or, la quatrième en deux participations aux Jeux olympiques. Emil Zatopek est accueilli en héros à son retour au pays. Il n'en finit plus de courir après les honneurs. Alain Mimoun, lui, entre dans le cœur des Français par sa gentillesse et sa générosité. Zatopek est promu au grade de commandant de l'armée tchécoslovaque. Il est devenu un outil de propagande que l'on exhibe à travers tout le pays. Il fait le tour des usines à la rencontre de la masse prolétarienne tchécoslovaque. Il se consacre ensuite à des tentatives pour battre le maximum de records du monde. Le 30 mai 1954, il bat le record du monde du 5 000 m à Colombes, au stade Yves-du-Manoir. Zatopek détiendra huit records du monde en même temps. Un exploit impossible aujourd'hui !

Quelques semaines plus tard, il est battu lors des championnats d'Europe. Le début du déclin. En 1955, Zatopek multiplie les défaites. La forme semble décliner à mesure qu'il se rapproche des Jeux olympiques de Melbourne en 1956. Opéré d'une hernie juste avant les Jeux, il ne s'aligne que sur l'épreuve du marathon en Australie. Il est enfin battu par Alain Mimoun qui remporte sa seule médaille d'or olympique après plusieurs tentatives. Papa d'une petite Olympe depuis la veille, Mimoun célèbre cette paternité en remportant la course de sa vie. Avec le dossard numéro treize et une course débutée, selon la légende, à 15h13, le Français domine très vite cette course de 42,195 kilomètres. Ses adversaires sont victimes de défaillance les uns après les autres et s'éliminent, laissant seul le coureur français. « *Je n'avais pas porté mon attaque. C'étaient les autres qui décrochaient. J'aurais eu tort de ne pas continuer à mon rythme. Je me demandais seulement si je ne connaîtrais pas la défaillance plus tard, à mon tour, tandis que je sentais monter la douleur dans mes jambes. Mais aussi la pensée de la victoire me donnait des ailes.* » Devant une foule digne des arrivées du Tour de France cycliste aujourd'hui, Alain Mimoun refuse de s'arrêter pour se ravitailler. Il est frappé par la défaillance après le trentième kilomètre. Loin derrière, les autres concurrents souffrent le martyre. Lors d'une interview sur Europe 1 diffusée en 2014, le champion français est revenu sur l'apothéose de sa carrière sportive. « *À cinq kilomètres de l'arrivée, il se passe comme un déclic. C'est pareil. La défaillance qui commence à partir d'un coup. Je me sentais libéré. Il me semblait qu'il y avait un parfum. Je vous assure qu'il existe le parfum de la victoire. C'était quelque chose qui allait m'arriver de fantastique. Et les motards qui m'encourageaient. "Very good !" J'allais plus vite qu'au départ. J'ai fini les derniers cinq kilomètres plus vite que les cinq premiers. Je rentre dans le stade. Alors ce stade ! Cent-vingt-mille personnes : une bombe atomique. Une explosion ! Fantastique ! Je n'ai jamais vu une explosion comme celle-là ! Les gens attendaient le numéro treize. Ils ne disaient pas les noms. Et puis il y avait des milliers de Français. Ils n'y croyaient pas. Et puis ils ont vu mon maillot bleu. Savez-vous que le dernier tour de Melbourne, les quatre-cents derniers* mètres, *je les ai parcourus en 1'06''. C'était le dernier tour le plus rapide de tous les temps sur un marathon. J'avais encore des ressources. Mais ce n'est que dans le stade que je me suis retourné. Il me semblait que je ne touchais pas terre. Je croyais que j'avais des ailes.* »

C'EST ÇA LE SPORT, COMME AU TEMPS DES GRECS ET DE L'OLYMPISME. ON N'ÉTAIT PAS DES ADVERSAIRES. ON COURAIT L'UN CONTRE L'AUTRE, ET DÈS LA COURSE FINIE, ON MONTAIT SUR LA PELOUSE ET ON S'EMBRASSAIT COMME DEUX MEMBRES DE LA MÊME FAMILLE.

Après avoir passé la ligne d'arrivée en vainqueur, Alain Mimoun attend son ami Zatopek qui n'arrive pas. Il croyait que le Tchécoslovaque était deuxième. Mais

Zatopek ne termine que sixième. « *Je lui ai dit : Emil, c'est moi qui suis champion olympique. Tu ne me félicites pas. Il semblait se réveiller. Il s'est mis au garde à vous. Il a enlevé sa petite casquette et il m'a donné l'accolade. C'était la récompense de trois Jeux olympiques* ». La légende Zatopek vient de rendre les armes à trente-quatre ans. Il termine épuisé à plus de quatre minutes de son ami Alain Mimoun. Entrée dans la légende, cette rivalité amicale et chaleureuse entre Mimoun et Zatopek est le meilleur modèle possible pour défendre les valeurs de l'olympisme, de fraternité et de la solidarité. Mimoun qui remporta trente-deux titres de champion de France entre 1947 et 1966 est entré dans la légende du sport français en vivant comme un honneur d'être devancé durant plusieurs années par un champion comme Emil Zatopek. Le Tchèque connaîtra la déchéance au sein du régime communiste pour avoir soutenu le célèbre « Printemps de Prague » en 1968. Six années à travailler dans les mines d'uranium, puis des années à récupérer les déchets de la ville de Prague comme éboueur. Il deviendra ensuite archiviste au ministère des sports jusqu'à sa retraite en 1975. Alain Mimoun disputera encore le marathon des Jeux olympiques de 1960 à Rome mais il ne terminera que trente-quatrième. Il ne s'arrêtera jamais de courir et décrochera un titre de champion de France sur le marathon en 1966, âgé de quarante-cinq ans.

Emil Zatopek décède le 22 novembre 2000 à soixante-dix-huit ans. Alain Mimoun éprouvera une grande tristesse à l'annonce de la mort de son ami : « *Ça fait vraiment de la peine. Plus qu'un membre de ma famille. Parce que c'était vraiment un frère. C'est ça le sport, comme au temps des Grecs et de l'olympisme. On n'était pas des adversaires. On courait l'un contre l'autre, et dès la course finie, on montait sur la pelouse et on s'embrassait comme deux membres de la même famille. On était programmés tous les deux pour se connaître. Zatopek et Mimoun étaient champions olympiques dans le ventre de leur maman ! Voilà un gars comme moi qui était très pauvre. Si Zatopek n'avait pas existé, peut-être que je n'aurais pas existé. Je n'aurais pas été aussi populaire, si je n'avais pas eu un adversaire comme Zatopek. Avec une bagarre comme ça, il fallait la mériter. Il fallait en baver pour y arriver ! Ce sont des moments impérissables ça !* » Emil Zatopek devance ainsi une dernière fois Alain Mimoun dans ce dernier voyage. Le Français décède le 27 juin 2013, à l'âge de quatre-vingt-douze ans.

EMIL ZATOPEK (À GAUCHE) ET ALAIN MIMOUN (À DROITE) À L'ARRIVÉE DU 5 000 M DES JEUX OLYMPIQUES DE 1952 À HELSINKI

Hongrie versus URSS

Certains racontent que l'eau du bassin est devenue rouge à cause du sang versé par les joueurs. La violence n'est pas l'apanage des sports de combat voire de quelques sports collectifs. Comment imaginer qu'un match de water-polo puisse devenir un véritable pugilat entre les joueurs de deux équipes ? Lors des Jeux olympiques de Melbourne en 1956, les équipes de Hongrie et d'URSS disputent l'un des matchs internationaux les plus violents de l'histoire de ce sport. « Le bain de sang de Melbourne », c'est le surnom donné à cette rencontre au sommet.

Ce match de water-polo n'est autre que l'expression d'un contexte politique brûlant entre la Hongrie et l'URSS. Une rencontre sportive devenue explosive à la suite de l'intervention brutale de l'armée soviétique en Hongrie, quelques jours avant l'ouverture de ces Jeux olympiques. Pourtant, dans un contexte de Guerre Froide, la Hongrie est considérée comme un pays satellite de l'URSS. Le rideau de fer qui sépare l'Europe depuis la fin de la Seconde Guerre Mondiale a rapproché ces deux pays communistes. Mais un vent insurrectionnel balaye cette apparente sérénité au cœur du bloc de l'est. En octobre 1956, des émeutes éclatent à Budapest. Une révolte étudiante est réprimée dans le sang par le pouvoir hongrois. Cette révolte devient une révolution. Le gouvernement est renversé et remplacé. Imre Nagy devient le nouveau Premier Ministre et veut instituer une démocratie parlementaire. Il promet de quitter le Pacte de Varsovie, le pacte militaire qui lie l'URSS et ses pays satellites, et tente de négocier un nouveau statut auprès de Moscou. Le 4 novembre 1956, les chars russes entrent en Hongrie et noient dans le sang ce vent de liberté. Nagy est renversé. Les espoirs de liberté d'une grande partie du peuple hongrois sont balayés.

Entre le 23 octobre et le 10 novembre 1956, environ deux-mille-cinq-cents Hongrois sont tués durant cette répression des troupes de l'URSS, et près de treize-mille personnes sont blessées contre sept-cents Soviétiques. Des arrestations seront organisées plusieurs mois après le retour au calme pour écarter, voire éliminer, les opposants au pouvoir soviétique.

Au sein du village olympique, l'ambiance est pesante lorsque les Jeux débutent le 22 novembre. La Hongrie bénéficie d'un capital sympathie auprès des autres délégations et remporte vingt-six médailles, dont neuf d'or. Si les organisateurs australiens prennent toutes les précautions afin d'éviter les interactions entre les deux délégations, ils sont impuissants face à la logique sportive. Le 6 décembre 1956, la Hongrie doit affronter l'URSS en water-polo. Une équipe soviétique qui a déjà essuyé un revers 2 buts à 1 face à la Yougoslavie. Pour conserver ses chances de remporter la médaille d'or, l'URSS doit absolument gagner face à ses adversaires hongrois. Lors de cette phase finale à trois équipes, tout est encore possible pour le titre. Les Hongrois sont champions olympiques en titre et peuvent s'appuyer sur de grands noms de la discipline comme Gyarmati, Markovitz, Boros, Kanizsa, Szivos ou encore Karpati pour cicatriser les blessures de leur pays et prendre une revanche sportive sur leurs adversaires russes. L'espace de quelques instants, en noyant les espoirs de médaille d'or de leurs grands rivaux soviétiques.

Dans un climat très lourd, les deux équipes se présentent dans la piscine olympique pour un match qui dépasse largement le cadre du sport. Dès les premiers instants, le match est viril. Les Hongrois veulent prendre leur revanche sur le terrain sportif. Le capitaine hongrois donne un coup de poing à un adversaire russe, puis la rencontre s'envenime. La Hongrie inscrit les deux premiers buts, profitant de la fébrilité de ses adversaires en attaque ainsi que de l'efficacité de son propre gardien de but. Soutenus par un large public composé

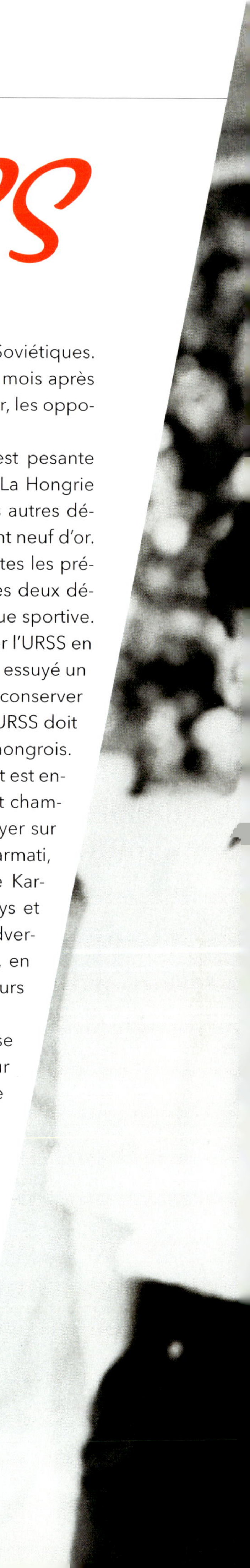

LE HONGROIS ERVIN ZADOR À L'ISSUE DU MATCH HONGRIE-URSS EN 1956. LE MATCH DE LA HONTE.

de huit mille personnes hostiles à l'équipe d'URSS, les Hongrois inscrivent deux nouveaux buts en seconde période pour s'envoler au score : 4 buts à 0. Le public s'embrase mais demeure contenu par la police australienne. Les Hongrois semblent évoluer à domicile tant le public témoigne son soutien aux joueurs magyars en sifflant copieusement leurs adversaires dès qu'ils récupèrent le ballon. La rencontre est électrique. Face aux invectives des joueurs hongrois, les Soviétiques répondent par les coups. Le match devient violent à cinq minutes de la fin du temps réglementaire. Le Soviétique Valentin Prokopov assène un violent coup de coude au Hongrois Zádor et lui ouvre l'arcade sourcilière. L'image du joueur hongrois en sang fera le tour du monde. Une photo qui fait partie intégrante de l'histoire des Jeux olympiques de Melbourne. Un symbole qui rappelle le sang versé par le peuple hongrois et de son espoir de liberté réprimé par la violence russe. Le match devient incontrôlable et la violence inonde les eaux du bassin olympique. L'arbitre l'interrompt définitivement et les joueurs soviétiques sont pris à partie par le public. La Hongrie est déclarée vainqueur de ce match au sommet. Sa victoire face à la Yougoslavie 2 buts à 1 lui offrira le titre olympique alors que l'URSS ne partira de Melbourne qu'avec la médaille de bronze.

L'équipe hongroise tient sa revanche sur l'URSS grâce à ce succès après avoir exprimé son opposition lors de la cérémonie d'ouverture. En effet, la délégation hongroise arborait un drapeau magyar barré d'une crêpe noire afin de rappeler que l'équipe olympique hongroise était en deuil suite à la répression soviétique sur son sol. Après les titres de 1932, 1936 et 1952, la Hongrie peut se réjouir en remportant un nouveau titre olympique en water-polo. Ce tournoi de 1956 marque la victoire de l'opprimé sur l'oppresseur, selon les observateurs. À l'issue de ces Jeux, aucun joueur hongrois ne retournera dans son pays. Un certain Ervin Zádor parviendra à s'exiler aux États-Unis où il deviendra, entre autres, l'entraîneur de l'Allemand Mark Spitz, héros des Jeux olympiques de 1972 à Munich.

CE TOURNOI DE 1956 MARQUE LA VICTOIRE DE L'OPPRESSÉ SUR L'OPPRESSEUR, SELON LES OBSERVATEURS. À L'ISSUE DE CES JEUX, AUCUN JOUEUR HONGROIS NE RETOURNERA DANS SON PAYS.

LES CHAMPIONS OLYMPIQUES HONGROIS EN 1956 À MELBOURNE À L'ISSUE DE LEUR VICTOIRE DANS LE TOURNOI OLYMPIQUE.

France versus Nouvelle-Zélande

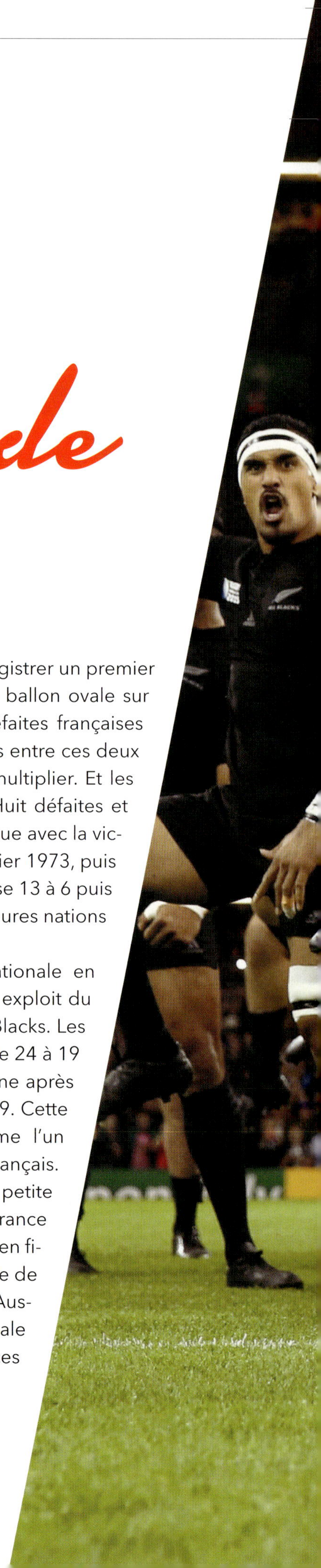

Difficile de parler de rivalité entre la France et la Nouvelle-Zélande lorsque l'on examine le bilan des rencontres entre les deux nations. Car les All Blacks gagnent très régulièrement face aux Bleus. Entre 1906 et 2018, les Néo-Zélandais l'ont emporté cinquante-et-une fois pour seulement douze défaites. Il faut le reconnaître : une victoire de la France face à la Nouvelle-Zélande est considérée comme un authentique exploit. Alors pourquoi placer le XV de France au même niveau que l'équipe de Nouvelle-Zélande ? Tout simplement parce qu'une rivalité entre ces deux grandes nations du rugby est réellement née depuis la création de la Coupe du monde de rugby en 1987. Car avant la finale du mondial en 1987, les deux équipes ne s'étaient affrontées qu'à l'occasion de tests matchs sans réel enjeu.

Lorsque les deux nations se rencontrent pour la première fois le 1er janvier 1906 à Paris sur la pelouse de l'ancien Parc des Princes, le match tourne vite en faveur des joueurs de l'hémisphère sud qui l'emportent sur le score sans appel de 38 à 8. Les All Blacks sont en tournée dans les Îles Britanniques et n'ont concédé qu'une seule défaite en trente-deux rencontres. Ils dominent déjà la planète rugby. Les Français doivent attendre quarante-huit longues années pour enregistrer un premier succès face à ces extraterrestres du ballon ovale sur la marque de 3 à 0. Après trois défaites françaises en près de cinquante ans, les matchs entre ces deux grandes nations de rugby vont se multiplier. Et les revers s'accumuler pour les Bleus. Huit défaites et dix-neuf ans plus tard, la France renoue avec la victoire face aux Néo-Zélandais. En février 1973, puis en novembre 1977, la France s'impose 13 à 6 puis 18 à 13 face à l'une des toutes meilleures nations du monde.

Le 14 juillet 1979, c'est la fête nationale en France. C'est aussi le premier grand exploit du XV de France sur les terres des All Blacks. Les Français l'emportent sur la marque de 24 à 19 à l'Eden Park d'Auckland, une semaine après avoir été battus à Christchurch 23 à 9. Cette victoire est alors considérée comme l'un des plus beaux exploits du rugby français. Sept matchs plus tard et une seule petite victoire à Nantes 16 à 3 en 1986, la France et la Nouvelle-Zélande se retrouvent en finale de la première Coupe du monde de rugby de l'histoire. Organisée par l'Australie et la Nouvelle-Zélande, la finale prévoit déjà une opposition entre ces

LE HAKA DES ALL BLACKS FACE AU XV DE FRANCE EN 2015 EN COUPE DU MONDE. VICTOIRE 62-13 DES NÉO-ZÉLANDAIS.

deux grandes nations du ballon ovale. Si les All Blacks se qualifient sans difficultés pour ce match programmé à l'Eden Park d'Auckland, la France va jouer les trublions dans cette compétition internationale. Première de son groupe de qualification avec l'Écosse, les Bleus s'imposent en quarts de finale face aux Îles Fidji. Les joueurs français affrontent ensuite l'Australie en demi-finale pour un match qui deviendra l'un des plus beaux matchs de l'histoire du rugby tricolore. Grâce à un autre essai « du bout du monde » inscrit par Serge Blanco durant la prolongation, le XV de France crée la surprise et l'emporte face à l'Australie à Sydney sur le score de 30 à 24. En finale, les Bleus émoussés sont incapables de rééditer cet exploit et s'inclinent 29 à 9 face à la Nouvelle-Zélande.

Si le XV de France remporte ses deux tests matchs disputés en Nouvelle-Zélande lors de sa tournée d'été en 1994, un exploit encore plus retentissant se produit le 31 octobre 1999 lors de la demi-finale de la Coupe du monde organisée conjointement en France, en Angleterre, en Irlande, en Écosse et au Pays de Galles. Ce 31 octobre 1999, les Français doivent affronter les All Blacks à Londres. Une demi-finale mondiale entre deux équipes en grande forme qui ne laisse que peu de suspense quant à son issue. La Nouvelle-Zélande a écrasé la France 54 à 7 lors de leur dernière opposition à Wellington cinq mois plus tôt, le 26 juin. Comment imaginer une victoire de la France alors que les Bleus ont perdu de quarante-sept points peu de temps auparavant ? La réponse explique la rivalité qui existe entre la France et la Nouvelle-Zélande dans le monde sans pitié du rugby. Les matchs entre ces deux pays échappent bien souvent à toute rationalité. Selon les observateurs néo-zélandais, la France est imprévisible ! C'est même sa plus grande force. Les Bleus sont capables de l'emporter face à n'importe quel adversaire, s'ils sont dans un grand jour. Surtout s'ils n'ont rien à perdre. Ils peuvent aussi offrir un piteux spectacle la semaine suivante.

Menés 14 à 10 à la mi-temps, les Français encaissent un nouvel essai au retour des vestiaires et son menés 24 à 10. L'ouvreur tricolore Christophe Lamaison remet son équipe sur les rails en transformant deux pénalités et en passant deux drops. La France revient à 24 à 22. Christophe Dominici, puis Richard Dourthe, inscrivent ensuite deux essais de légende pour le XV de France à la suite de passes au pied au rebond chanceux de Fabien Galthié puis de Christophe Lamaison. La France s'envole au panneau d'affichage 36 à 24. Les Bleus portent le coup de grâce à leurs adversaires avec un essai de Philippe Bernat-Salles. La France mène alors 43 à 24. Un dernier essai néo-zélandais pour l'honneur valide le ticket des Bleus pour la finale de la Coupe du monde 1999. Un exploit historique pour le XV de France. Une manière d'alimenter la légende d'une équipe imprévisible. En finale, les Bleus s'inclinent face à l'Australie sur le score de 35 à 12. Difficile d'enchaîner les exploits. Surtout lorsque l'équipe de France n'a pas le temps d'apprécier ses matchs hors normes.

Les All Blacks prendront leur revanche lors de la petite finale de la Coupe du monde 2003 en l'emportant 40 à 13. Une maigre consolation pour une nation de l'hémisphère sud incapable de remporter une nouvelle Coupe du monde après celle gagnée en 1987 face à la France. Vingt ans après, les deux nations se retrouvent en quarts de finale de la Coupe du monde 2007. Un match disputé à Cardiff au Pays de Galles car les Bleus ont laissé la première place de leur groupe de qualification à l'Argentine. Des Argentins qui gagnent le droit de disputer leur quart de finale au Stade de France à Saint-Denis alors que la France est expulsée vers Cardiff. Battus 61 à 10 en Nouvelle-Zélande cinq mois plus tôt, les Français semblent incapables de rééditer l'exploit face aux favoris de la compétition, le 6 octobre 2007. Lors de ce quart de finale devenu historique, les Bleus veulent défier les All Blacks. Pendant le Haka des Néo-Zélandais, les joueurs français, serrés les uns contre les autres, bras dessus, bras dessous, offrent une image forte à la planète rugby en se rapprochant de leurs adversaires. Ils approchent de la ligne médiane en défiant les Blacks du regard. Menés 13 à 0, les Français manquent deux pénalités et un drop. Ils sont fébriles et ne concrétisent pas les opportunités qui s'offrent à eux. Lionel Beauxis ouvre enfin le compteur des Bleus juste avant la mi-temps sur une pénalité. Score à la pause : 13 à 3.

Une nouvelle pénalité de Beauxis, puis un essai de Thierry

Pendant le Haka des Néo-Zélandais, les joueurs français, serrés les uns contre les autres, bras dessus, bras dessous, offrent une image forte à la planète rugby en se rapprochant de leurs adversaires. Ils approchent de la ligne médiane en défiant les Blacks du regard.

Dusautoir, permettent à la France de revenir à la hauteur de leurs adversaires 13 à 13. Puis les Néo-Zélandais reprennent l'avantage grâce à un essai non transformé de So'oialo, 18 à 13. Des Français héroïques, emmenés par Sébastien Chabal, inscrivent ensuite l'essai de la victoire par l'intermédiaire de Yannick Jauzion. 20 à 18, la France passe en tête et ne sera pas reprise au score. La défense héroïque et disciplinée de l'équipe de France prive les All Blacks des points nécessaires à la victoire et à la qualification. La fin de match est étouffante. Les Néo-Zélandais attendent la faute française qui leur offrira une pénalité face aux poteaux tricolores. En vain ! Une fois de plus, les Bleus éliminent la meilleure équipe du monde et déjouent tous les pronostics. Et pour la première fois de l'histoire du rugby, la Nouvelle-Zélande n'accède pas aux demi-finales d'une Coupe du monde. Des demi-finales qui seront fatales aux Français battus par l'Angleterre de Jonny Wilkinson 24 à 7, puis par l'Argentine pour la place de troisième. En marge des affrontements en Coupe du monde, les Bleus continuent de défier les Blacks lors des tournées d'été dans l'hémisphère sud ou à l'occasion des tournées d'automne à domicile. Vainqueurs en Nouvelle-Zélande en juin 2009 sur le score de 27 à 22 dans le cadre d'un test match, la France enchaîne ensuite deux défaites face aux All Blacks. Les Bleus retrouvent les joueurs de l'hémisphère sud dès les matchs de poule de la Coupe du monde 2011. Les All Blacks s'imposent alors très facilement 37 à 17. Une victoire sans suspense de vingt points qui offre la première place du groupe aux Néo-Zélandais. La France perd ses esprits et s'incline aussi face aux Îles Tonga lors du dernier match de poule. Un XV de France au bord du gouffre qui renaît de ses cendres et surprend le monde du rugby en quarts de finale en l'emportant face à l'Angleterre, 19 à 12, puis en demi-finale face au Pays de Galles 9 à 8. Privé de Sam Warburton à la suite de son expulsion à la 19e minute de jeu et handicapé par le manque de réussite de son buteur, James Hook, le Pays de Galles offre une place en finale de Coupe du monde à l'équipe de France face à la Nouvelle-Zélande. Moribonde durant une grande partie de cette Coupe du monde 2011, la France accède à la finale avec beaucoup de réussite. Car les Bleus emmenés par Thierry Dusautoir n'ont convaincu personne. Ils sont même parvenus en finale en ne rencontrant aucune équipe de l'hémisphère sud en quarts ou en demi-finale. La planète rugby espère une victoire à domicile de la Nouvelle-Zélande. Cette fois, les Néo-Zélandais vont trembler jusqu'à la dernière seconde. Menés 5 à 0 à la mi-temps, puis 8 à 0 à la 46e minute, les Français reviennent au score grâce à un essai de leur capitaine Dusautoir, transformé par François Trinh-Duc. 8 à 7 pour la Nouvelle-Zélande. Les All Blacks remportent une nouvelle Coupe du monde à domicile, aidés par l'arbitre de la rencontre, Craig Joubert, qui aurait dû siffler une pénalité bien placée en toute fin de match pour les Français. Mais le Sud-Africain n'a pas eu le courage de priver la Nouvelle-Zélande d'un succès à domicile. C'est ce que l'on appelle l'arbitrage à la maison. De plus, les All Blacks sont parvenus à mettre K.-O. le demi de mêlée et buteur français Morgan Parra dès la première mi-temps sur un coup volontaire lors d'un regroupement. Il faut parfois user de tous les moyens possibles lorsque l'on cherche à prendre le meilleur sur son rival. La France est aussi coutumière du fait. Encore une fois, les Bleus chutent en finale de la Coupe du monde. Une troisième occasion manquée qui laisse l'Angleterre la seule nation européenne à avoir remporté une Coupe du monde de rugby.

Une fois de plus, les Bleus éliminent la meilleure équipe du monde et déjouent tous les pronostics. Et pour la première fois de l'histoire du rugby, la Nouvelle-Zélande n'accède pas aux demi-finales d'une Coupe du monde.

Faut-il évoquer la dernière rencontre de Coupe du monde disputée entre la France et la Nouvelle-Zélande ? Lors des quarts de finale de l'édition 2015, la France retrouve la Nouvelle-Zélande à Cardiff avec l'espoir de créer la surprise, comme à son habitude. Malheureusement, le XV de France explose et encaisse neuf essais. La France s'incline 62 à 13. Une catastrophe pour le rugby français. Une belle victoire des All Blacks qui remportent la Coupe du monde 2015 et qui prennent l'avantage sur le XV de France dans cette rivalité un peu déséquilibrée. À l'image de la tournée du XV de France en Nouvelle-Zélande en 2018, les Bleus sont très loin de prétendre à nouveau à la victoire face aux Blacks. Même si, avec les Bleus, une surprise et un exploit sont toujours possibles.

L'ÉQUIPE DE FRANCE À L'ISSUE DE SA VICTOIRE FACE À LA NOUVELLE-ZÉLANDE EN 1999. L'UNE DES PLUS BELLES VICTOIRES DU XV DE FRANCE FACE AUX ALL BLACKS 43-31.

Oxford *versus* Cambridge

Près de 200 000 spectateurs se pressent chaque année le long des berges de la Tamise, à l'ouest de Londres. Plus que pour un match de football au sommet de la Premier League. Plusieurs dizaines de milliers de personnes pour une simple course amateur d'aviron. « The Boat Race », « la course de bateaux » en Français, est l'un des événements les plus suivis au monde, au même titre que la finale du Super Bowl qui désigne la meilleure équipe de NFL, la ligue américaine de Football. Retransmise dans près de deux-cents pays à travers le monde, cette course d'aviron entre les universités d'Oxford et de Cambridge passionne les foules par son caractère historique. C'est l'une des plus grandes rivalités de l'histoire du sport. Un club très fermé composé de deux universités prestigieuses qui s'affrontent depuis 1829. Cette course fait partie du patrimoine britannique. C'est un privilège pour les rameurs sélectionnés d'y participer.

En 2018, les universités d'Oxford, les bleu foncé, et de Cambridge, les bleu ciel, ont disputé la 164e course de cette rivalité mythique. Sur une distance de 6 770 mètres entre Putney et Mortlake, chaque « huit avec barreur » s'élance pour remporter la course la plus importante de l'année. Composées d'étudiants, chaque embarcation s'entraîne durant de nombreux mois pour relever un défi dont la première édition date du 10 juin 1829. Une opposition qui relève d'un pari entre deux étudiants en 1823. Charles Merivale, alors étudiant à Cambridge, lança un pari à son ami Charles Wordworth, étudiant à Oxford. En 164 courses, le bilan est très serré. L'université de Cambridge mène 83 victoires à 80 pour l'université d'Oxford. En 1877, un match nul est prononcé entre les deux bateaux. La photo finish n'ayant pas encore été inventée à cette époque, il est impossible de distinguer le bateau vainqueur de la course. En près de deux siècles de rivalité, de nombreuses péripéties se sont produites. Comme la collision qui provoqua l'abandon des deux embarcations en 1912. Reprogrammée le lundi, la course fut finalement remportée par Oxford. En 1987, la moitié de l'équipage d'Oxford se mutine contre l'entraîneur juste avant la course. Quatre rameurs américains mécontents refusent de participer à la course et ne prennent finalement pas le départ. Ils sont remplacés au dernier moment. Une mini-crise qui n'empêcha pas Oxford de l'emporter. En 2003, le bateau de Cambridge est percuté par une vedette durant l'entraînement. Un rameur blessé au poignet cède sa place à Ben Smith, un remplaçant. Ben Smith affronte ainsi son frère, Matt Smith, qui rame pour Oxford. Cette année-là, la victoire revient à l'équipage d'Oxford.
Cette course est loin d'être purement amateur. Les rameurs alignés lors de ce défi légendaire sont souvent des athlètes de niveau international. C'est le cas du seul Français à avoir participé à la course et avoir remporté ce défi. En 2006, Bastien Ripoll intègre le huit de l'université d'Oxford. Le « *Frenchie* » n'est pas un simple rameur de niveau amateur. Bastien Ripoll a déjà participé à des Jeux olympiques, à Athènes en 1984. Cette année-là, l'équipe d'Oxford

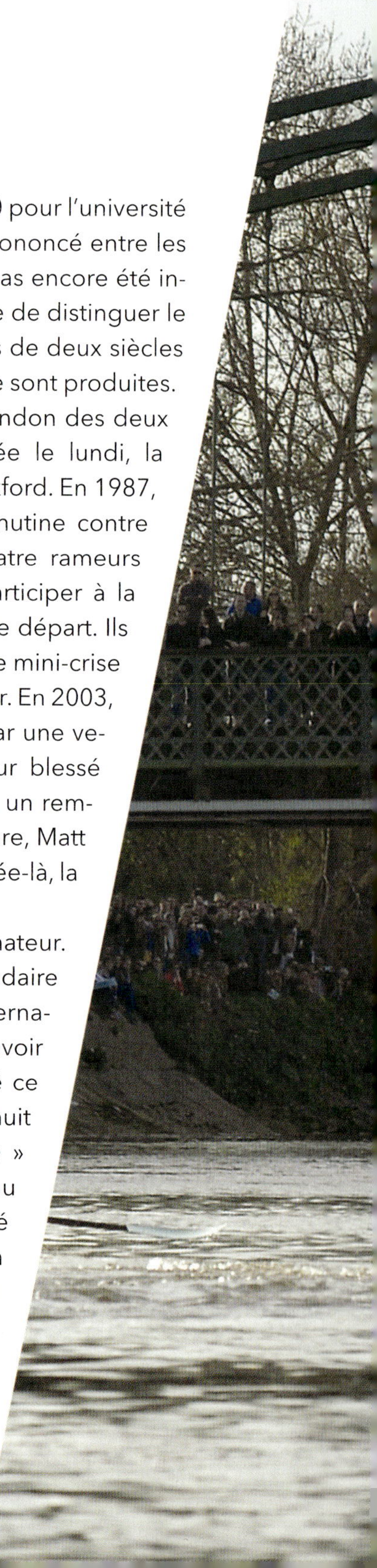

OXFORD-CAMBRIDGE : L'UN DES PLUS GRANDS ÉVÉNEMENTS SPORTIFS DE LA PLANÈTE

est composée de sept rameurs ayant participé à des Jeux olympiques ou à des championnats du monde d'aviron. De très nombreux médaillés olympiques ont participé à la course, laissant planer le doute sur les raisons réelles de leur intégration au sein de ces prestigieuses universités. Chaque année, « *The Boat Race* » est l'un des grands objectifs des deux universités. Durant six mois, une vingtaine de rameurs s'entraînent six jours par semaine pour prétendre à une sélection parmi le huit majeur. En décembre, une course de sélection est organisée pour chaque université sur le tracé du parcours afin de déterminer les titulaires et les remplaçants. Ces rameurs sont animés d'une volonté hors du commun pour ne pas craquer en course face à la difficulté physique inhérente à ce défi sportif. En 2002, un rameur de Cambridge à bout de force cause la défaite de son embarcation. La préparation physique et psychologique est au cœur du projet. 4 000 kilomètres d'entraînement et de nombreuses séances de musculation sont nécessaires lors de la préparation physique digne d'une compétition olympique. Pour gagner la course, il faut être capable de boucler la distance en dix-huit minutes. Un tirage au sort permet de définir l'embarcation qui occupera le côté sud ou le côté nord de la Tamise. Chaque équipage doit gérer son effort pour être prêt à disputer le sprint final en conservant des ressources si les deux embarcations sont au coude à coude pour la victoire. Lorsqu'un bateau prend une longueur d'avance, le huit placé en deuxième position ne doit pas flancher mentalement, car placés dos à l'arrivée, les rameurs ne voient alors plus leurs adversaires.

Parallèlement à l'effort physique, cette course se gagne sur le plan tactique et psychologique. Les six dernières minutes amènent les rameurs au paroxysme de l'effort.
Chaque université a connu, dans l'histoire, sa période faste et sa période de disette. Si Oxford a gagné la première édition en 1829, c'est ensuite Cambridge qui enchaîne les succès dès 1836, lors de la deuxième édition. Oxford remporte la première longue série de victoires avec neuf succès d'affilée entre 1861 et 1869, puis entre 1890 et 1898. Entre 1924 et 1936, Cambridge aligne treize victoires consécutives. Entre 1924 et 1958, elle remporte vingt-quatre victoires contre quatre petits succès pour Oxford.
Ces dernières années, le bilan est équilibré même si Oxford a remporté quatre des six dernières éditions. Depuis 1829, cette course est exclusivement masculine ou presque. En 1981, Susan Brown devient la première femme à intégrer l'un des bateaux en course. Barreuse de l'équipe d'Oxford, elle est aussi la première femme à remporter ce défi mythique en 1981 et 1982. Depuis, une course exclusivement féminine est organisée chaque année. En 2016, la dijonnaise Myriam Goudet devient la première Française à participer à la course parmi le huit de Cambridge. Dans des conditions climatiques hostiles, la tricolore et ses coéquipières s'inclinent lourdement, mais elles remporteront la course l'année suivante, en 2017. Par tous les temps, les deux universités s'affrontent. Car rien n'arrête « *The Boat Race* » qui n'a jamais été annulée. Sauf durant les deux guerres mondiales.

OXFORD CONTRE CAMBRIDGE EN 2017. VICTOIRE D'OXFORD.

Roumanie versus URSS

Trente-cinq minutes d'une interminable attente. Nous sommes à Moscou lors des Jeux olympiques de 1980 et le « match » entre la Roumanie et l'URSS est diffusé sur presque toutes les télévisions de la planète. Les juges délibèrent à la suite du passage à la poutre de la grande Nadia Comaneci. La Roumaine est toujours en course pour gagner la médaille d'or du concours général individuel de gymnastique. Pour remporter le titre olympique pour la seconde fois après Montréal en 1976, Nadia doit obtenir un 9.95. Les juges parlementent entre eux avant de dévoiler leur note. Ont-ils peur de donner la médaille d'or à Nadia Comaneci à Moscou, au détriment de la Soviétique Yelena Davydova ? Au terme d'une très longue attente, le verdict tombe. Les juges donnent un 9.85 à Nadia Comaneci et choisissent d'offrir le titre à l'URSS.

Plus encore que les autres sports : la gymnastique est une discipline majeure dans l'histoire du sport soviétique. Elle l'est encore dans le paysage du sport russe aujourd'hui, suite à l'effondrement du bloc soviétique à la fin des années 1980. Ce sport est entré dans la tradition de ce grand pays. Dans les années 1970, la Roumanie est devenue l'une des principales concurrentes de l'équipe d'URSS. Plus encore que les États-Unis ou la Chine qui ne sont venues troubler cette rivalité qu'un peu plus tard. Tous ces pays ont construit leur école de gymnastique en s'inspirant du modèle soviétique.

Chez les garçons, l'URSS a longtemps été confrontée à une rivalité avec l'équipe du Japon. Entre 1954 et 1983, ces deux nations se livrent une lutte sans merci pour accéder à la plus haute marche du podium lors des différents championnats du monde. Si les gymnastes de Moscou remportent régulièrement le concours général individuel chez les hommes, ils doivent très souvent partager le podium du concours général par équipes et laisser la première place à leurs rivaux japonais. Durant cette période, l'URSS remporte à quatre reprises le concours général par équipes contre cinq victoires pour le Japon. Pire encore, lors des différents Jeux olympiques, le Japon remporte cinq titres par équipes entre 1956 et 1980 contre deux pour l'URSS.

Chez les filles, la rivalité entre l'URSS et la Roumanie est encore plus exacerbée. Entre 1954 et 2003, l'URSS, puis la Russie, et la Roumanie se sont réparties les titres mondiaux par équipes, excepté une petite parenthèse en 1966 avec la victoire de la Tchécoslovaquie. Paradoxalement, lors des différents Jeux olympiques, la Roumanie est souvent placée sur le podium par équipes mais pas assez talentueuse pour contrarier l'hégémonie de sa grande rivale entre 1956 et 1980. En 1984, la Roumanie remporte enfin le titre olympique par équipes après des décennies d'attente. La Guerre Froide a coupé l'Europe en deux parties : les pays alliés aux États-Unis et les pays affiliés à l'URSS. Rares sont les nations indépendantes. Une proximité politique et diplomatique qui n'était pas synonyme de soumission sportive au pouvoir centralisé à Moscou.

La rivalité entre l'URSS et la Roumanie est marquée par les grands noms des gymnastes russes qui éclaboussent les compétitions de leur talent comme Larissa Latynina, Ludmilla Tourischeva ou encore Olga Bicherova. Si l'une d'elles se blesse avant une grande compétition, l'URSS est capable de la remplacer par une autre championne. Le réservoir de talents est sans limite au sein de l'école soviétique. D'ailleurs,

NADIA COMANECI (AU PREMIER PLAN) ET L'ÉQUIPE DE ROUMANIE EN 1980. MÉDAILLE D'ARGENT PAR ÉQUIPE DU CONCOURS GÉNÉRAL.

les podiums internationaux sont souvent trustés par des gymnastes originaires de l'Union Soviétique. Le secret de cette école est simple : beaucoup de travail et une pincée de danse dans l'entraînement des gymnastes pour rajouter un peu de grâce dans leur gestuelle. La gymnastique, comme l'ensemble du sport, est un outil de propagande. Le modèle soviétique doit être l'exemple à suivre même sur une poutre ou sur des barres asymétriques. Mais la Roumanie peut se réjouir d'avoir offert au monde entier celle qui est encore considérée aujourd'hui comme la plus grande gymnaste de tous les temps : la grande Nadia Comaneci.

Dans le contexte politique où certains pays satellites de l'URSS tentent de prouver qu'il existe une vie en dehors du Kremlin, les rivalités sportives se développent sur ce moule d'émancipation. Nadia Comaneci en sera le modèle. En 1972, la petite Roumaine regarde le sacre de la Russe Ludmilla Tourischeva et rêve d'égaler son idole. Elle va même parvenir à la dépasser dans la légende de la gymnastique mondiale. Lors des Jeux olympiques de Montréal en 1976, Nadia Comaneci étouffe complétement sa rivale soviétique Nellie Kim qui sera championne du monde deux ans plus tard. La jeune Roumaine de quatorze ans se voit attribuer la note maximale de 10/10 aux barres asymétriques. C'est la première fois dans l'histoire de la gymnastique mondiale qu'une athlète remporte la note maximale. Comaneci reçoit cette note à sept reprises. Le concours général dépasse tous les espoirs. La Soviétique Nellie Kim obtient aussi un 10/10 au saut de cheval, mais semble écrasée par cette jeune Roumaine qui n'est encore qu'une enfant. Comaneci réalise des prouesses que les Soviétiques plus âgées ne parviennent plus à produire. Son talent éclate aux yeux du monde. Agée de quatorze ans et demi, cette petite merveille, qui ne sourit jamais, mesure 1,55 mètre et pèse trente-huit kilos. Nadia est le pur produit de l'école de gymnastique roumaine. Une école menée par un couple d'entraîneurs, Bela et Marta Karolyi. Au prix d'un entraînement difficile, six jours sur sept et quatre heures par jour, qui peut paraître démesuré pour une enfant, ce couple perpétue la tradition roumaine. Championne de Roumanie à neuf ans, puis championne d'Europe à treize ans, Nadia devient « la petite fée de Montréal » en 1976. Un caillou dans la chaussure de l'URSS et de son pouvoir autoritaire. Nadia Comaneci devance Nellie Kim et Ludmilla Tourischeva sur les podiums olympiques. Les gymnastes soviétiques se sentent volées par cette petite Roumaine mais se rattrapent en remportant le concours général par équipes. Une maigre consolation face à la razzia en individuel de la jeune Nadia.

DANS LE CONTEXTE POLITIQUE OÙ CERTAINS PAYS SATELLITES DE L'URSS TENTENT DE PROUVER QU'IL EXISTE UNE VIE EN DEHORS DU KREMLIN, LES RIVALITÉS SPORTIVES SE DÉVELOPPENT SUR CE MOULE D'ÉMANCIPATION. NADIA COMANECI EN SERA LE MODÈLE.

Quatre ans plus tard, durant les Jeux olympiques de 1980 à Moscou, c'est la revanche entre la Roumanie et l'URSS. Emmenée par Nadia Comaneci, l'équipe roumaine espère remporter l'or olympique par équipes. La satisfaction serait d'autant plus grande de gagner cette compétition sur le sol moscovite. Mais la grande Comaneci n'est plus la jeune princesse de Montréal. Son parcours depuis quatre ans ne lui a pas permis de confirmer son immense talent. Le divorce de ses parents, plusieurs changements d'entraîneur et quelques péripéties comme une intoxication alimentaire lors des championnats du monde de 1979, l'ont freinée dans sa quête de confirmation. Deux fois championne d'Europe du concours général, elle ne remporte qu'une médaille d'or mondiale en 1978 à Strasbourg. Séparée de ses entraîneurs Bela et Marta Karolyi sur la décision arbitraire du président roumain Nicolae Ceausescu, Nadia ne les retrouve que cinq semaines seulement avant ces championnats du monde. Trop tard ! La Roumaine est décevante dans la capitale alsacienne. Elle chute aux barres asymétriques. Nadia obtient malgré tout la médaille d'argent au concours général et des médailles d'or à la poutre et aux exercices au sol. Depuis Montréal 1976, la légende vivante roumaine a grandi de cinq centimètres et s'est alourdi de dix kilos. Elle a perdu une partie de ses atouts. À travers elle, la rivalité entre les gymnastes roumaines et soviétiques offre un autre visage. Celui d'une étoile.

La rivalité entre ces deux nations se poursuit après les Jeux olympiques de Los Angeles en 1984. Des Jeux boycottés par l'URSS mais pas par la Roumanie qui remporte le concours général par équipes devant les États-Unis de Mary Lou Retton, une gymnaste américaine victorieuse du concours général individuel et entraînée par Bela et Marta Karolyi qui ont fui le régime communiste en 1981. L'URSS prendra sa revanche en 1988 lors de Jeux de Seoul en Corée du Sud. Depuis la chute du régime communiste, la Roumanie et la Russie poursuivent leur lutte au sommet avec d'autres nations comme la Chine et les États-Unis.

LE PODIUM DES JEUX OLYMPIQUES DE SEOUL EN 1988. LA ROUMANIE DERRIÈRE L'ÉQUIPE D'URSS.

50 RIVALITÉS SPORTIVES

QUI ONT MARQUÉ L'HISTOIRE

Ces rivalités auraient pu être surnommées les « éphémères ». Des affrontements qui basculent brutalement sur le sort, sur un coup de tête, sur une main divine, à cause d'une blessure. Ces duels exceptionnels restent ancrés dans l'esprit des passionnés de sport.

LES EXCEPTIONNELLES

Laurent Fignon versus Greg LeMond

Huit secondes pour une éternité. Huit petites secondes, ce sont les poussières de temps qui ont permis à l'Américain Greg LeMond de remporter le Tour de France en 1989 au détriment du Français Laurent Fignon. Deux légendes du cyclisme qui se sont affrontées l'espace d'un été sur la Grande Boucle et qui ont offert, un dimanche de juillet, à Paris sur les Champs Élysées, un dénouement exceptionnel.

Durant trois semaines, les deux anciens coéquipiers se livrent une lutte sans merci pour gagner la plus belle course cycliste au monde. Les deux rivaux passent les trois semaines de course à se tester et à se marquer de près. Entre les étapes de Rennes et de Gap, les deux hommes ne seront pas séparés par plus de sept secondes, à l'avantage de l'Américain ou à l'avantage du Français.

Vainqueur du Tour de France en 1986 sous le maillot de La Vie Claire et sous la direction de Bernard Tapie, Greg LeMond revient en 1989 sur les routes du Tour. L'Américain a échappé à la mort à la suite d'un terrible accident de chasse survenu en avril 1987, où il a eu l'abdomen et la poitrine criblés de grenaille de plombs. Il est écarté du cyclisme durant deux ans. Pour son grand retour sur la Grande Boucle, Greg LeMond n'est pas favori. Il doit affronter le vainqueur de l'édition précédente, Pedro Delgado. Mais l'Espagnol s'élimine de lui-même dès le Prologue de cette édition 1989 en prenant le départ avec plus de deux minutes de retard. Le coureur originaire de Ségovie ne s'est pas rendu compte de l'heure et prend le départ en urgence. Il a déjà perdu le Tour avant même de donner le premier coup de pédale.

LAURENT FIGNON À L'ARRIVÉE DU TOUR DE FRANCE EN 1989. UNE DÉFAITE POUR 8 PETITES SECONDES.

Une erreur hallucinante pour un champion de ce calibre. De son côté, Laurent Fignon est l'autre grand favori de ce Tour 1989. Vainqueur des éditions 1983 et 1984, l'homme au look d'étudiant avec ses cheveux longs et ses petites lunettes est l'un des plus grands coureurs de sa génération. Le Français vient de remporter Milan-San-Remo et le Tour d'Italie. Au sommet de sa carrière, il semble en mesure de réaliser le doublé Giro-Tour la même année, comme avant lui Fausto Coppi en 1949 et 1952, Jacques Anquetil en 1964, Eddy Merckx en 1970, 1972 et 1974 ou encore Bernard Hinault en 1982 et 1985.

Laurent Fignon et Greg LeMond se connaissent bien mais s'apprécient peu. Ils ont été coéquipiers au sein de l'équipe Renault avant que l'Américain ne rejoigne l'équipe de Bernard Tapie avec Bernard Hinault. Lorsque Fignon remporte son second Tour de France en 1984, LeMond l'accompagne sur le podium et prend la troisième place derrière Hinault. Mais l'Américain veut devenir le leader d'une équipe ambitieuse. Il part chez La Vie Claire avec l'objectif de prendre la succession de son leader Bernard Hinault. Il y parvient en 1986 en s'imposant sur le Tour de France comme un véritable champion.

Les deux hommes se retrouvent sur les routes du Tour à la tête de leur équipe respective. Laurent Fignon avec l'équipe Système U et Greg LeMond avec l'équipe ADR-Agrigel. Si les deux coureurs terminent le Prologue du Tour 1989 dans la même seconde, la rivalité entre LeMond et Fignon va débuter après les premières étapes réservées aux rouleurs et aux sprinteurs. À l'issue de la cinquième étape entre Dinard et Rennes, le maillot jaune ne quittera plus les épaules de l'un de ces deux champions. Vainqueur de ce contre-la-montre de soixante-treize kilomètres avec 56″ d'avance sur Fignon, LeMond prend la tête du classement général avec 5″ de moins que le Français.

Les deux hommes se neutralisent jusqu'à la dixième étape durant laquelle LeMond concède 12″ à Fignon. Le Français reprend alors le maillot jaune pour 7″. Lors de la quinzième étape et du contre-la-montre entre Gap et Orcières-Merlette, Greg LeMond reprend l'avantage en terminant cinquième à 57″ du Néerlandais Steven Rooks et avec 47″ d'avance sur Laurent Fignon, dixième de l'étape. Greg LeMond enfile le maillot jaune avec 40″ d'avance sur son grand rival. Le lendemain, Fignon perd à nouveau 13″ sur LeMond à l'arrivée à Briançon. Son retard est alors de 53″ au classement général. La 17e étape entre Briançon et l'Alpe d'Huez sera le terrain d'un véritable coup de théâtre. Troisième de l'étape derrière le Hollandais Gert-Jan Theunisse, Laurent Fignon fausse compagnie à Greg LeMond et arrive en haut de l'Alpe d'Huez avec 1′19″ d'avance sur le leader du classement général. Le Français fait coup double et reprend le maillot jaune avec 26″ d'avance sur l'Américain. Le lendemain, entre Le Bourg-d'Oisans et Villard-de-Lans, le maillot jaune remporte l'étape et relègue son dauphin à 24″. Fignon est au sommet de son art. Il prend tous les risques et semble avoir mis fin au suspense avant le contre-la-montre du dimanche à Paris. Avec un avantage de 50″ à trois jours de l'arrivée sur les Champs-Élysées, Laurent Fignon devient le grand favori de ce Tour de France. La victoire de Greg LeMond lors de l'étape qui conduit les coureurs à Aix-les-Bains ne change rien au classement général. Les deux rivaux abordent la dernière étape sur les Champs-Élysées avec un écart stable de 50″ à l'avantage de Laurent Fignon.

Laurent Fignon et Greg LeMond se connaissent bien mais s'apprécient peu. Ils ont été coéquipiers au sein de l'équipe Renault avant que l'Américain ne rejoigne l'équipe de Bernard Tapie avec Bernard Hinault.

Originalité du parcours en 1989 : la dernière étape est le théâtre d'un contre-la-montre final de 24,5 kilomètres entre Versailles et Paris. C'est sur ce parcours que va se jouer l'un des plus grands rebondissements de l'histoire du Tour de France cycliste. Fort de ses 50″ d'avance à l'entame de cette ultime étape, Laurent Fignon ne peut pas perdre ce Tour. Les observateurs et les spécialistes sont unanimes : Fignon va remporter son troisième Tour de France car, même si Greg LeMond a dominé le Français sur les deux exercices chronométrés depuis le début de la Grande Boucle, excepté sur le Prologue, il est inconcevable que Fignon au sommet de sa forme puisse perdre plus de 50″ en 24,5 kilomètres. Les pronostics le voient vainqueur à 90%. Il est l'un des meilleurs coureurs du peloton et classé numéro un mondial. Greg LeMond est le seul à croire en son étoile : « *Et si je vous dis que je peux le battre d'une ou deux secondes aux Champs-Élysées, qu'est-ce que vous me répondrez ?* » demande-t-il à quelques journalistes. Il ajoute à ces journalistes étonnés par tant d'optimisme : « *Ce sera probablement un dernier acte à la dimension de ce Tour pas comme les autres. Me sentant de mieux en mieux, je compte bien réussir le gros coup que mes partisans espèrent. Mais c'est évidemment Fignon qui détient la clé de l'énigme.* » Le coureur américain a raison d'y croire. C'est dans l'ADN des grands champions de ne jamais déposer les armes. Une information est gardée secrète au sein de l'équipe Système U. Un secret qui pourrait bouleverser l'épilogue de cette dernière étape du Tour de France 1989. Laurent Fignon est blessé à la selle. Un handicap qui le gêne pour être performant sur un vélo. Le matin de ce dimanche qui va devenir historique, le champion français ne sait pas comment il va pouvoir monter sur sa machine pour défendre ses chances de victoire. Il y parviendra malgré tout au prix d'un effort surhumain pour défier la douleur. La journée de Fignon s'annonce orageuse malgré le soleil radieux qui inonde la capitale. D'autant que Greg LeMond traverse ce dernier contre-la-montre comme un avion. Équipé d'un casque profilé, d'un vélo adapté à l'exercice, et surtout d'un guidon de triathlète très innovant, l'Américain réalise une réelle performance en bouclant la distance en 26'57". Parti deux minutes derrière LeMond, Fignon sait qu'il ne doit pas dépasser les 27'47" pour inscrire un troisième Tour de France à son palmarès. Diffusé en direct devant les télévisions du monde entier, le Français semble souffrir sur son vélo. Il boucle la distance en 27 minutes et 55 secondes, soit 58 secondes de plus que son adversaire. Coup de tonnerre dans le monde du sport ! Fignon vient de perdre le Tour de France. Greg LeMond n'en revient pas. En direct devant les caméras d'Antenne 2, il exulte : « *Incroyable. Je suis choqué ! C'était possible. Rien n'est fait avant l'arrivée et c'est la preuve aujourd'hui. Je n'avais rien à perdre. J'ai couru à bloc depuis le départ. J'ai demandé à ne pas connaître les écarts intermédiaires car cela casse la concentration.* »

De son côté, Laurent Fignon est ravagé par ce désastre personnel : « *J'ai pédalé tout le temps de travers. Je ne pouvais pas forcer des deux jambes. Je ne pouvais pas emmener le braquet comme il faut. Cela fait trois jours que j'ai mal. Ce matin, je ne pensais même pas que je pourrais faire le contre-la-montre tellement j'avais mal.* » Il tente de surmonter la douleur extrême qui le handicape. Il confie aux journalistes venus écouter un homme détruit en conférence de presse à l'issue de ce final extraordinaire : « *Je ne crois pas que c'est sur les Champs-Élysées que je perds, même si les pavés m'ont fait mal. Ces dix secondes, je devais les prendre ailleurs. Il y a mille endroits où je l'ai perdu. Et aussi mille endroits où Greg a gagné. Je n'en veux pas à Greg. Si, je lui en veux d'avoir été plus fort* ».

« JE NE CROIS PAS QUE C'EST SUR LES CHAMPS-ÉLYSÉES QUE JE PERDS, MÊME SI LES PAVÉS M'ONT FAIT MAL. CES DIX SECONDES, JE DEVAIS LES PRENDRE AILLEURS. IL Y A MILLE ENDROITS OÙ JE L'AI PERDU. ET AUSSI MILLE ENDROITS OÙ GREG A GAGNÉ. JE N'EN VEUX PAS À GREG. SI, JE LUI EN VEUX D'AVOIR ÉTÉ PLUS FORT ».

Greg LeMond remportera un troisième Tour de France en 1990. Laurent Fignon ne sera plus jamais en mesure de gagner cette course mythique. C'est le final du Tour de France le plus extraordinaire de l'histoire. Depuis 1989, aucun Tour de France ne s'est terminé sur les Champs-Élysées par un exercice individuel chronométré. Et aucun français n'a inscrit son nom au palmarès de la Grande Boucle, le plus grand événement sportif après les Jeux olympiques et la Coupe du monde de football.

Lors du dernier tour sur les Champs-Élysées, au niveau de la Concorde, Laurent Fignon possédait encore deux secondes d'avance au général sur LeMond. La montée des Champs-Élysées aura été fatale à son espoir de consécration.

Nalini

LE PODIUM DU TOUR DE FRANCE EN 1989 : LAURENT FIGNON (À GAUCHE), GREG LEMOND (AU CENTRE) ET PEDRO DELGADO (À DROITE).

John Isner *versus* Nicolas Mahut

Rentrer dans la légende de son sport, c'est l'objectif de tous les athlètes. Le but ultime de tous ceux qui consacrent leur vie à atteindre les sommets de leur discipline. Pour devenir l'égal chez les hommes d'un Carl Lewis en sprint, d'un Martin Fourcade en biathlon ou encore d'un Teddy Riner en judo, d'une Lindsey Vonn en ski ou d'une Laure Manaudou en natation.
Lorsque les tennismen Nicolas Mahut et John Isner se sont lancés dans leur carrière de joueur professionnel, nul doute qu'ils ont pensé, l'espace de quelques instants, remporter de grands tournois comme des tournois du Grand Chelem ou encore intégrer le Top 10 mondial. Les tennismen professionnels nourrissent souvent le rêve fou de prendre la relève de Roger Federer ou de Rafael Nadal dans la légende de leur sport. Le chemin est souvent très long et semé d'embûches pour atteindre le sommet planétaire du tennis.

Le Français Nicolas Mahut et l'Américain John Isner n'ont rien en commun, si ce n'est ce rêve fou de marquer l'histoire du tennis mondial. Très vite, ils ont compris qu'ils ne parviendraient jamais à devenir numéro un mondial en simple. Et puis réaliser une belle carrière, même en double, les comblerait de bonheur. Né en 1982, Nicolas Mahut rencontre des difficultés à briller en simple sur le circuit ATP. S'il parvient à intégrer le Top 100 du classement mondial, puis le Top 50, il comprend très vite que son avenir est en double. Il devient d'ailleurs numéro un mondial en double le 6 juin 2016 et 37e en simple en mai 2014. Avec trois titres du Grand Chelem en double à Wimbledon, à l'US Open et à Roland-Garros en 2018, et deux finales perdues en Australie et à Roland-Garros, le Français remporte également la Coupe Davis en 2017 avec l'équipe de France. Capable de belles performances en simple, Mahut ne parvient pas à performer dans la durée. En juin 2010, il est 148e mondial et a dû passer par l'épreuve des qualifications pour intégrer le tableau final du tournoi de Wimbledon. Il connaît bien le gazon londonien pour avoir remporté le tournoi junior en 2000. C'est son tournoi préféré sur le circuit professionnel. À Wimbledon, Mahut a le sentiment de pouvoir battre n'importe quel adversaire. Mais le match du premier tour de Wimbledon 2010 face à John Isner, programmé le 22 juin, va changer sa vie.

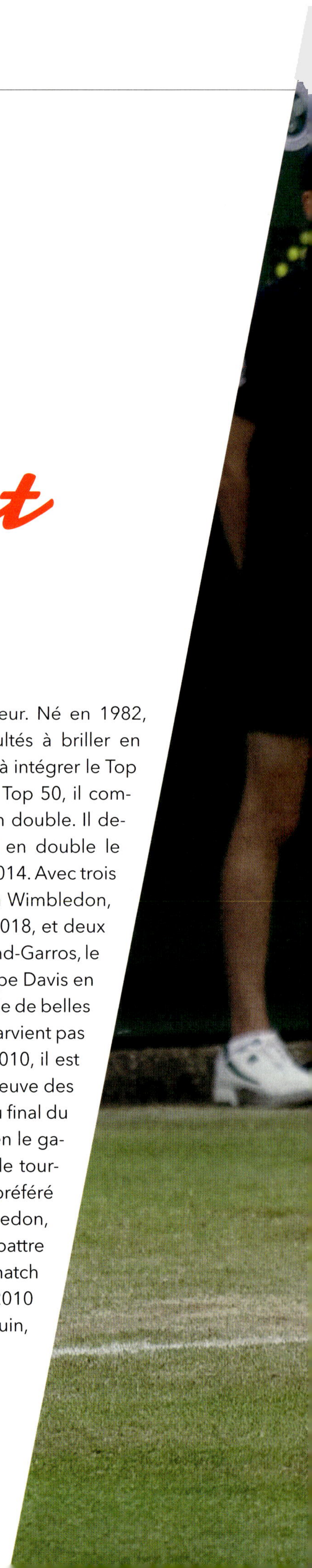

JOHN ISNER REMPORTE LE MATCH LE PLUS LONG DE L'HISTOIRE DU TENNIS EN 2010 FACE À NICOLAS MAHUT.

Dix-neuvième mondial, l'Américain est l'un des plus grands joueurs du circuit par la taille. Isner mesure 2,06 mètres. C'est un véritable joueur de simple considéré comme la relève d'un tennis américain moribond. Sa grande taille lui offre un service performant. Le gazon de Wimbledon est une surface parfaite pour ce profil de joueur.

Ce 22 juin 2010, c'est dans un grand anonymat que les deux joueurs entrent sur le court numéro dix-huit des Internationaux de Grande-Bretagne. Dans deux jours, ce match va entrer dans la légende du tennis et attirer l'attention du monde entier.

Leur seule confrontation directe avait déjà eu lieu sur herbe au Queens en 2008. Mahut l'avait emporté en deux sets. Deux ans plus tard, les deux hommes se retrouvent. Mahut est contraint de passer trois tours pour entrer dans le tableau final. Lors de ces qualifications, ce marathonien des courts doit batailler face au Canadien Dancevic et surtout durant quatre heures face au Britannique Alex Bogdanovic. Le troisième et dernier set disputé face à l'Anglais dure 2h51' avec quarante-six jeux disputés sur le score de 24 à 22. Enfin, lors du troisième tour des qualifications, Nicolas Mahut doit batailler durant 3h58' pour se débarrasser en cinq sets de l'Autrichien Stefan Koubek après avoir été mené deux sets à rien.

LORSQU'IL JOUE LA PREMIÈRE BALLE DU MATCH FACE À JOHN ISNER, NICOLAS MAHUT A DÉJÀ DISPUTÉ CENT-QUINZE JEUX LORS DES DEUX PRÉCÉDENTS TOURS DE QUALIFICATIONS. C'EST UN MIRACULÉ. FACE À ISNER, IL VA EN JOUER CENT-QUATRE-VINGT-TROIS !

Lorsqu'il joue la première balle du match face à John Isner, Nicolas Mahut a déjà disputé cent-quinze jeux lors des deux précédents tours de qualifications. C'est un miraculé. Face à Isner, il va en jouer cent-quatre-vingt-trois ! Quatre sets sont joués le 22 juin 2010 avant que la nuit ne vienne interrompre les débats. John Isner remporte le premier set 6 jeux à 4 mais concède le deuxième, 6 jeux à 3. Nicolas Mahut parvient dans cette manche à prendre le service de son adversaire. Cela sera la seule fois du match. Très performant dans leur mise en jeu, Mahut et Isner se neutralisent et atteignent le tie-break dans les deux manches suivantes. Le Français sauve une balle de set et parvient à enlever cette troisième manche lors du jeu décisif sur le score de 9 points à 7. Nicolas Mahut mène ainsi deux sets à un et peut encore l'emporter avant la tombée de la nuit. Dans le tie-break du quatrième set, le Français mène 3 à 1 mais concède à son adversaire les six points suivants et perd le jeu décisif 7 à 3. Le score entre les deux hommes est donc de deux manches partout. Le match est alors interrompu par l'arbitre à cause de la nuit et il reprend le lendemain, sur le même court, en second match de la journée.

Le 23 juin, Nicolas Mahut s'entraîne juste avant de reprendre le match comme si cette rencontre ne pouvait durer. C'est une habitude pour tout joueur professionnel de tennis. Il faut être prêt dès le premier point afin de défendre ses chances de victoire. Le cinquième set débute par le service de John Isner, ce qui impose à Nicolas Mahut de remporter le sien à chaque fois pour égaliser et recoller au score. Et c'est ce qui va se produire à soixante-huit reprises. Comme il n'y a pas de tie-break dans un cinquième set à Wimbledon, les joueurs sont contraints de jouer jusqu'à ce que l'un des protagonistes perde son service et offre deux jeux d'avance à son adversaire. Deux grands serveurs vont s'affronter durant de nombreuses heures. Deux joueurs qui ne parviennent pas à prendre la mesure du service adverse avec leur retour. Les aces se multiplient ainsi que les enchaînements service-volée. Mahut et Isner abordent chaque point comme si c'était le dernier, le seul. À 10 jeux à 9, Isner se voit offrir une balle de match à la suite de deux doubles fautes de Mahut. Mais le Français corrige son erreur par son trente-huitième ace de la partie. À 32/32, le match atteint les 6h34' de jeu et devient le match le plus long de l'histoire du tennis moderne. Plus long que le match entre Fabrice Santoro et Arnaud Clément en 2004 à Roland-Garros. John Isner ne compte pas battre davantage ce record et se procure deux nouvelles balles de match sur le service de Mahut à 33/32, 15/40. Deux balles de match sauvées par le Français. L'aventure continue et les tribunes du stade sont noires de monde afin d'assister à ce moment d'histoire voire de légende. Le match attire toutes les attentions. Le public, mais aussi les autres joueurs, se passionnent pour cette rencontre. Le match devient aussi une guerre psychologique entre les deux hommes pour masquer la fatigue ou les doutes. Aucun des deux joueurs ne veut abandonner. À 37-37, Isner bat le record du nombre d'aces réussis sur un match grâce à un 79e ace. À 47 partout, le panneau d'affichage se bloque, puis s'éteint. À 50/50, 15/40, Mahut se procure deux balles de break pour la première fois depuis le début du cinquième set. Une vraie performance tant Isner est impérial au service et ne commet que peu de fautes. Des balles de break sauvées par l'Américain. À 58/58, les deux joueurs regagnent les vestiaires pour une courte « pause toilettes ». Au retour des vestiaires à 59/58, Isner croit toucher à la victoire avec une nouvelle balle de match sur le service de Mahut. Mais le Français réalise un 95e ace pour écarter l'Américain. Ce match est interminable !

À 59/59, la partie est encore interrompue faute de luminosité. Ce cinquième set a duré plus de sept heures, soit davantage que le match le plus long répertorié avant cette rencontre. Nicolas Mahut se plaint du manque de lumière alors qu'Isner souhaite poursuivre. Les deux hommes sont pressés d'en finir. Au soir de ce deuxième jour, John Isner semble plus fatigué que Nicolas Mahut. Selon son staff, il était incohérent et ne pouvait plus parler car trop fatigué. « *Je tremblais. Mon corps était épuisé. Mon système nerveux s'effondrait* », reconnaîtra par la suite le tennisman américain. Le 24 juin 2010, le match reprend son cours. Une petite frayeur pour le Français qui a très mal aux abdominaux lors de l'échauffement et qui se sent incapable de servir. Isner ne met même pas un pied sur le terrain d'entraînement. Il est sans énergie. Les deux joueurs se retrouvent le matin dans les vestiaires et échangent quelques mots. Ils se font une confidence : ils n'ont pas beaucoup dormi la nuit précédente. Isner et Mahut reprennent le chemin du court et traversent une foule digne d'un concert des Rolling Stones. Ils sont devenus des Rock Stars ! Devant les sept-cent-quatre-vingt-deux spectateurs du court dix-huit, les deux joueurs semblent éprouvés au moment de retrouver le gazon pour le troisième jour de ce match. Cette rencontre au début anonyme soulève une ferveur sans précédent. Une rivalité nouvelle qui est devenue une rivalité éphémère.

Durant l'échauffement, Isner et Mahut retrouvent de l'énergie en prenant conscience de l'engouement suscité par leur affrontement. L'adrénaline produit ses effets pour entrer dans l'histoire du tennis mondial en qualité de vainqueur. À 15h40, le match reprend. Chaque joueur remporte son service jusqu'au score de 68 à 68. Mahut est alors à deux points du match en menant 0/30 sur le service de son adversaire. Mais l'Américain le bombarde d'aces pour remporter son jeu de service et mener 69 à 68. Dans le 138e jeu disputé, Isner s'offre une cinquième balle de match. Sur un passing de revers, l'Américain met fin aux débats et remporte le match le plus long de l'histoire du tennis sur le score de 70 à 68 dans le dernier set. Ce match interminable est enfin terminé !

Les deux joueurs se saluent au filet. Mahut est effondré. Malgré le sentiment d'invulnérabilité qui animait le Français durant ces trois jours, il a perdu le match de sa vie. Il pensait que rien ne pouvait l'atteindre. Les deux joueurs sont célébrés comme des héros dès la fin du match. Mais Nicolas Mahut semble dévasté. Dans les vestiaires, le Français est tétanisé et perd la conscience de ce qui s'est passé pendant ces trois jours d'une belle rivalité. Ce match de tous les records aura duré 11h05' sur trois jours. Douze records ont été battus durant cette rencontre. Au tour suivant, John Isner est battu par le Hollandais de Bakker en trois petits sets : 6/0 6/3 6-2. Cinq petits jeux remportés pour une défaite anecdotique. Nicolas Mahut, lui, est éliminé dès le premier tour du tournoi de double, associé à Arnaud Clément.

MAIS NICOLAS MAHUT SEMBLE DÉVASTÉ. DANS LES VESTIAIRES, LE FRANÇAIS EST TÉTANISÉ ET PERD LA CONSCIENCE DE CE QUI S'EST PASSÉ PENDANT CES TROIS JOURS D'UNE BELLE RIVALITÉ. CE MATCH DE TOUS LES RECORDS AURA DURÉ 11H05' SUR TROIS JOURS.

Ironie du sort : un an plus tard, lors du premier tour de Wimbledon version 2011, le tirage au sort désigne un certain John Isner comme adversaire de Nicolas Mahut. L'histoire semble trop belle. L'Américain s'impose cette fois en trois sets 7/6 6/2 7/6.

Un succès expéditif. Une déception pour les amateurs de tennis, passionnés par les matchs de légende. En 2018, l'histoire aurait pu se prolonger pour John Isner qui est passé tout près de disputer une première finale en simple à Wimbledon. Battu en demi-finale par le sud-Africain Kevin Anderson en cinq sets, 26-24 dans la dernière manche et 6h35 de match. Le deuxième match le plus long de l'histoire du tennis, cette fois sans Nicolas Mahut.

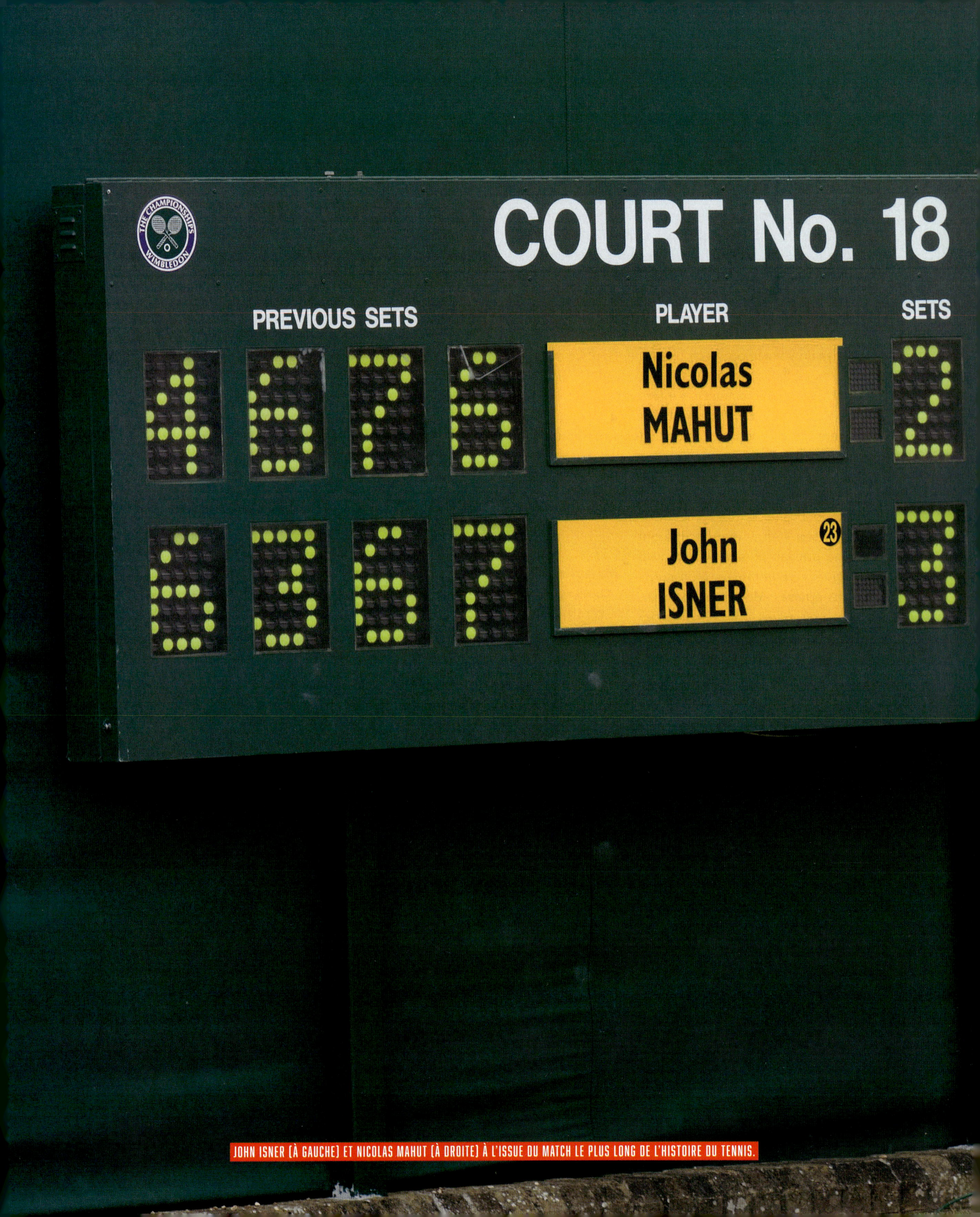

JOHN ISNER (À GAUCHE) ET NICOLAS MAHUT (À DROITE) À L'ISSUE DU MATCH LE PLUS LONG DE L'HISTOIRE DU TENNIS.

THE CHAMPIONSHIPS
WIMBLEDON
GAMES

Evander Holyfield versus Mike Tyson et Riddick Bowe

Fait unique dans l'histoire des rivalités sportives : celle qui a opposé Mike Tyson et Evander Holyfield a laissé des traces sur le corps de ce dernier. Il est en effet très rare de perdre des morceaux d'oreille lors d'un combat de boxe. Depuis le 27 janvier 1997, Evander Holyfield sait que les corps-à-corps recèlent des surprises que les spécialistes de boxe ne peuvent même pas soupçonner. Les images de Tyson recrachant un morceau d'oreille appartenant à Holyfield ont fait le tour du monde. Si Mike Tyson a marqué l'histoire de la boxe mondiale, il convient de réhabiliter la mémoire d'Evander Holyfield. Avant de rencontrer Iron Mike à deux reprises sur un ring, Evander Holyfield a été contraint de vivre une autre grande rivalité face à un autre Américain, Riddick Bowe. Trois combats exceptionnels entre deux immenses champions.

Le 13 novembre 1992 à Las Vegas, Riddick Bowe remporte le premier combat aux points pour les titres mondiaux IBF, WBC et WBA. Un combat de très haut niveau élu « combat de l'année » par le magazine *The Ring*. Un an plus tard, Holyfield prend sa revanche, toujours aux points et à Las Vegas, pour les titres mondiaux IBF et WBA. L'histoire de la boxe se nourrit de ces séries de combats qui alignent les victoires, les revanches et les belles. Les porte-monnaie des promoteurs se réjouissent lorsqu'ils peuvent programmer des combats aussi attractifs et lucratifs. Le 4 novembre 1995, la troisième manche entre Riddick Bowe et Evander Holyfield dépasse toutes les attentes. Sur le ring du *Caesars Palace* de Las Vegas, les deux hommes se retrouvent pour la belle, sans l'enjeu d'un titre mondial, car Holyfield a perdu ses ceintures planétaires en avril 1994 face à Michael Moorer. Une belle qui n'aurait pas dû avoir lieu. Evander Holyfield avait provisoirement mis fin à sa carrière

EVANDER HOLYFIELD (À GAUCHE) FACE À MIKE TYSON (À DROITE) EN 1997 LORS DE L'UN DES PLUS GRANDS COMBATS DE L'HISTOIRE DE LA BOXE.

pour des raisons médicales. Battu de justesse aux points par Moorer, le champion américain prend sa retraite sportive de manière forcée car il souffre d'un problème cardiaque. Quelques mois plus tard, Evander Holyfield semble guéri et reprend la boxe. Il inflige sa première défaite à l'invaincu Michael Moorer, puis annonce qu'il est prêt à retrouver Riddick Bowe pour une belle. Riddick Bowe, trente-sept victoires pour une défaite, et Holyfield, trente-et-une victoires pour deux défaites, se retrouvent sur un ring et se livrent un combat équilibré lors des cinq premières reprises. Dans le sixième round, Bowe est envoyé au tapis pour la première fois de sa carrière, à la suite d'une série de trois crochets du gauche infligée par Holyfield. Riddick Bowe parvient à survivre malgré une pluie de coups assénés par son adversaire. Il boucle ce sixième round et récupère un peu ses esprits durant le repos. À la fin du septième round, les juges donnent, malgré cela, un avantage d'un point 66 à 65 en faveur de Bowe. Lors de la huitième reprise, le choc des titans se poursuit et s'achève. Les deux hommes se livrent complètement et recherchent le K.-O. À ce petit jeu d'une extrême violence, Bowe l'emporte par arrêt de l'arbitre dans la huitième reprise. Sur un contre et un crochet du droit à la mâchoire, Riddick Bowe renverse la situation et envoie son adversaire au tapis. L'arbitre du combat compte Holyfield, puis le renvoie au combat pour le sauver après quelques nouveaux coups. Ces deux boxeurs, qui se respectent beaucoup, se quittent sur cet ultime chef d'œuvre.

À la suite de cette défaite, Evander Holyfield doit relancer sa carrière. L'occasion lui est donnée face à Mike Tyson le 9 novembre 1996 pour une autre rivalité. Cette série de combats aurait pu ne jamais avoir lieu. Entre Mike Tyson, champion du monde unifié des poids lourds et Evander Holyfield, champion du monde unifié dans la catégorie des lourds-légers, rien ne prédisposait les deux boxeurs américains à se retrouver un jour sur le même ring. Rien, si ce n'est le désir d'Holyfield de prendre la place de Mike Tyson au sommet de la boxe mondiale, chez les lourds. Car cette rivalité est d'abord celle des rendez-vous manqués entre les deux hommes. Elle va pourtant avoir lieu lors de deux combats entrés dans la légende. En 1988, Evander Holyfield remporte une dix-huitième victoire professionnelle face à Carlos de Leon par arrêt de l'arbitre dans la huitième reprise. Il devient, grâce à ce succès, le meilleur boxeur de la catégorie des lourds-légers et le détenteur des ceintures de champion du monde WBC, WBA et IBF. Un parcours sans faille et sans échec qui le conduit à briguer une ceinture mondiale, cette fois dans la catégorie reine, les poids lourds. Rares sont les boxeurs à avoir brillé chez les lourds après une carrière dans la catégorie de poids inférieure. Seuls Archie Moore, Bob Foster ou Michael Spinks y sont parvenus.

Depuis le 1er août 1988, la catégorie des lourds est archi-dominée par un certain Mike Tyson, détenteur des trois ceintures de champion du monde. Un boxeur américain devenu, en novembre 1986, le plus jeune champion du monde des poids lourds à seulement vingt ans et cinq mois, en terrassant le Jamaïcain Trevor Berbick pour la ceinture WBC. Quatre mois plus tard, en mars 1987, Tyson remporte la ceinture WBA en battant aux points l'Américain James Smith. Puis en août de la même année, il remporte la ceinture IBF aux points face à l'invaincu Tony Tucker.

EN NEUF MOIS, MIKE TYSON EST PARVENU À ÉCRASER LA CONCURRENCE AU SOMMET DE LA BOXE MONDIALE EN REMPORTANT TOUTES LES CEINTURES DANS LA CATÉGORIE DES LOURDS, PUIS EN EXÉCUTANT PAR K.-O. CEUX QUI TENTAIENT DE CONTESTER LA SUPRÉMATIE DU JEUNE LOUP.

En neuf mois, Mike Tyson est parvenu à écraser la concurrence au sommet de la boxe mondiale en remportant toutes les ceintures dans la catégorie des lourds, puis en exécutant par K.-O. ceux qui tentaient de contester la suprématie du jeune loup. Comme le célèbre Larry Holmes exécuté par un K.-O. terrible dans la quatrième reprise ou encore Michael Spinks battu dès le premier round au bout de quatre-vingt-onze secondes dans l'un des championnats du monde des lourds les plus rapides de l'histoire de la boxe. Mike Tyson est riche et célèbre. Il enchaîne les victoires expéditives face au Britannique Franck Bruno, puis face à l'Américain Carl Williams.

Le 18 juin 1990, Iron Mike doit rencontrer son challenger officiel, un dénommé Evander Holyfield. Mais avant de disputer cette rencontre au sommet, le jeune champion américain doit écarter, quelques mois plus tôt, un certain James Buster Douglas, à Tokyo au Japon. Ce combat sera le tournant de la carrière de Mike Tyson. Perturbé par des problèmes conjugaux mais aussi par ses propres démons, Tyson monte sur le ring, le 11 février 1990, mal préparé et peu concentré. Il s'incline à la stupeur générale face à ce modeste James Buster Douglas par K.-O. à la dixième reprise. Si cette victoire est sans contestation possible, elle suscite une véritable polémique. Envoyé à terre dans la huitième reprise, Douglas est compté par l'arbitre pendant quatorze secondes. Une éternité qui permet au challenger de reprendre ses esprits au lieu d'être déclaré K.-O.

Une revanche entre Tyson et Douglas, réunis par le même promoteur en la personne de Don King, est ensuite programmée afin de permettre à Tyson de retrouver ses ceintures de champion du monde. Mais Douglas et son clan préférèrent rencontrer Evander Holyfield avant de retrouver Tyson sur un ring. Un moyen de faire fructifier ses ceintures mondiales avant de se confronter à la colère revancharde de Tyson. Le 25 octobre, Evander Holyfield entre dans la légende. En trois rounds, il expédie James Buster Douglas aux oubliettes et remporte le titre unifié de champion du monde des lourds à vingt-huit ans. Après une première défense victorieuse face au vétéran George Foreman, Evander Holyfield accepte d'affronter Mike Tyson, le 8 novembre 1991 à Las Vegas. Depuis sa défaite face à James Buster Douglas, Tyson a repris du service pour remporter quatre victoires dont trois par K.-O. Durant cette période, Tyson affronte à deux reprises Donovan Ruddock et remporte deux précieuses victoires. Toutefois, Evander Holyfield voit son futur adversaire être inculpé pour viol, puis condamné et incarcéré. La bourse de trente millions de dollars qui lui était promise s'envole. Mike Tyson ne reprendra sa carrière qu'en août 1995, soit quatre années plus tard. Le combat entre les deux Américains est enfin signé. Face à Holyfield, le 9 novembre 1995, Tyson réalise un combat très sérieux et fait vaciller son adversaire au début de l'affrontement. Mais la septième reprise est décisive. Holyfield ouvre l'arcade de Tyson sur un coup de tête involontaire. Puis lors de la dixième reprise, Tyson est sonné par un crochet du droit et ne parvient pas à récupérer. Il est arrêté dans le onzième round. Iron Mike encaisse une deuxième défaite dans sa carrière et perd son titre de champion du monde WBC qu'il avait récupéré face au Britannique Franck Bruno. Le 27 juin 1997, c'est la revanche entre Tyson et Holyfield. Un combat dont personne ne pouvait prévoir l'issue.

LES BLESSURES À L'OREILLE NE SONT PAS CONSIDÉRÉES COMME GRAVES PAR LE RÈGLEMENT. IRON MIKE N'EST DONC PAS DISQUALIÉ.

Au bout de trois rounds équilibrés, c'est le coup de théâtre. Excédé par les coups de tête donnés par son adversaire lors des corps-à-corps, Mike Tyson croque l'oreille droite de son adversaire. Il arrache, avec ses dents, un morceau d'oreille d'Holyfield lors d'un accrochage et le recrache sur le ring. Holyfield ressent une vive douleur et se plaint auprès de l'arbitre. Tyson est alors pénalisé de deux points. Les blessures à l'oreille ne sont pas considérées comme graves par le règlement. Iron Mike n'est donc pas disqualifié. Quelques instants plus tard, Tyson récidive, cette fois à l'oreille gauche. L'arbitre prend alors la décision d'arrêter définitivement le combat et de disqualifier Mike Tyson. Le combat se termine dans un chaos total. Tyson, survolté et refusant le verdict de l'arbitre, s'en prend à Holyfield et à son entourage. Il sera sanctionné par la suite. Après six combats sans défaite, Tyson sera mis K.-O. par Lennox Lewis en juin 2002, puis par Danny Williams en juillet 2004 et enfin par Kevin Mc Bride en juin 2005. Iron Mike n'est plus que l'ombre de l'immense champion qu'il a été. Une fin de carrière décevante pour celui qui fut l'un des plus grands champions de l'histoire. Holyfield poursuivra sa carrière au plus haut niveau jusqu'en mai 2011, sans refuser les meilleurs de sa catégorie, et concédera sept défaites en vingt combats.

HOLYFIEL
PHIL 4:13

EVANDER HOLYFIELD (À GAUCHE) FACE À RIDDICK BOWE (À DROITE) EN 1997 LORS DE L'UN DES PLUS GRANDS COMBATS DE L'HISTOIRE DE LA BOXE.

Tonya Harding versus Nancy Kerrigan

C'est l'histoire d'un regrettable fait divers. Une histoire pathétique qui devait, tôt ou tard, inspirer les scénaristes d'Hollywood. En 2017, sortait aux États-Unis le film intitulé « I, Tonya » (« Moi, Tonya » en Français). Un film dont le scénario relate une histoire vraie. Il raconte la terrible erreur de la patineuse américaine Tonya Harding, et surtout de son entourage, en 1994, à quelques semaines des Jeux olympiques de Lillehammer.

Revenons quelques années auparavant. Tonya Harding est une jeune patineuse artistique américaine prometteuse. Loin de la grâce et de l'élégance de l'Allemande Katarina Witt, l'Américaine est parvenue à se hisser au sommet de la hiérarchie nationale du patinage artistique. Dans un contexte familial instable et violent, la jeune fille originaire de Portland remporte les championnats des États-Unis en 1991, puis se classe deuxième des championnats du monde derrière une autre Américaine, Kristi Yamaguchi. Lors de ces championnats du monde de Munich, elle devance, sur le podium, une certaine Nancy Kerrigan. Tonya Harding doit donc s'entraîner de manière acharnée pour progresser dans la hiérarchie mondiale et pour pouvoir viser l'or. Durant cette saison 1991, Harding devient la première patineuse américaine à réaliser le triple axel. Une prouesse technique qui la hisse en haut de la hiérarchie planétaire. Malheureusement, la jeune Tonya ne parvient pas à se maintenir à un tel niveau. L'année suivante, elle ne remporte que le bronze lors des championnats des États-Unis et elle ne se classe que sixième des championnats du monde. Une compétition dominée par ses grandes rivales : Kristi Yamaguchi devant Nancy Kerrigan. Pire encore : lors des Jeux olympiques d'hiver à Albertville en 1992, Tonya Harding échoue au pied du podium et ne prend que la quatrième place. Si le titre olympique revient une nouvelle fois à Kristi Yamaguchi, la médaille de bronze est remportée par Nancy Kerrigan. Encore elle ! Les Américaines dominent alors le patinage artistique, mais Tonya Harding semble stagner alors que ses concurrentes progressent.

En 1993, l'élégante Nancy Kerrigan remporte le titre de championne des États-Unis et se présente comme l'une des grandes favorites pour le titre olympique de Lillehammer en Norvège en

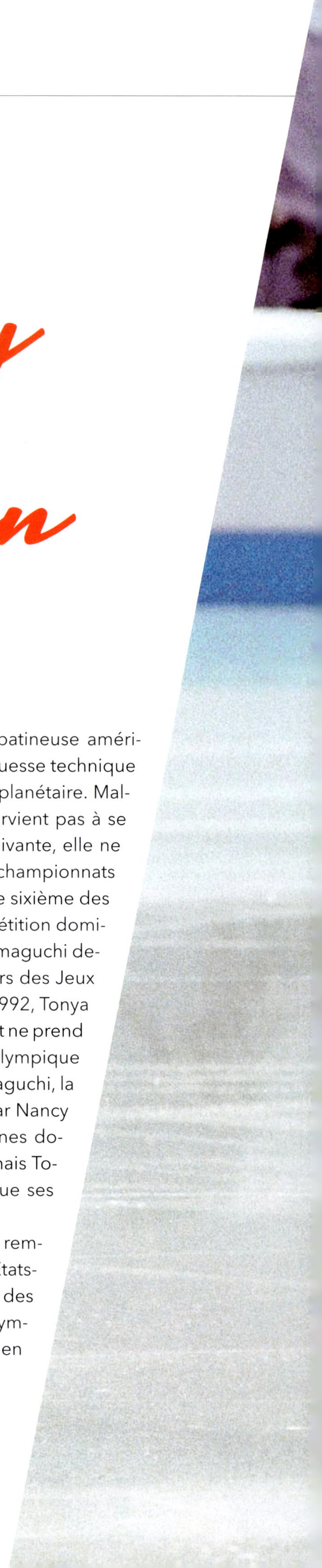

NANCY KERRIGAN (EN BLANC) ET TONYA HARDING AUX JEUX OLYMPIQUES DE 1994 À LILLEHAMMER LORS D'UN ÉCHAUFFEMENT.

1994, après la retraite sportive de Kristi Yamaguchi. Tonya Harding ne se classe que quatrième de cette compétition nationale. La concurrence entre Harding et Kerrigan semble déséquilibrée. Tonya Harding n'est plus l'unique rivale de Nancy Kerrigan. Pourtant, le 6 janvier 1994, alors qu'elle vient de terminer son entraînement sur la glace de la Cobo Arena de Detroit, Nancy Kerrigan est agressée violemment par un inconnu au niveau des jambes ! Sa jambe d'appui est blessée. C'est la stupeur et l'incompréhension ! Pourquoi s'attaquer à l'une des plus grandes championnes du sport américain ? L'agresseur prend la fuite. Il demeure introuvable. L'affaire fait la une des médias du monde entier. Qui aurait intérêt à agresser et à blesser la gracieuse Nancy Kerrigan, considérée comme la fiancée des États-Unis ?

Nancy Kerrigan absente, c'est Tonya Harding qui remporte pour la deuxième fois de sa carrière le titre de championne des États-Unis, quelques semaines plus tard. Kerrigan se lance alors dans une course poursuite pour être rétablie à temps et participer aux Jeux olympiques de Lillehammer avec pour objectif de décrocher le titre. Les jours passent et l'enquête du FBI se rapproche de l'entourage de Tonya Harding. Aidé par les informations d'un étrange corbeau, les enquêteurs parviennent à faire parler un certain Jeff Gillooly qui n'est autre que l'ex-mari mais aussi l'actuel compagnon de Tonya. Un autre protagoniste a participé à cette agression : il s'agit de Shawn Eckhardt, le propre garde du corps de la championne. Gillooly aurait payé un certain Shane Stant, un petit délinquant sans envergure, afin de perpétrer cette agression. Il devait sectionner le tendon d'Achille droit de Nancy Kerrigan contre la somme de deux-mille dollars. L'agression était programmée à Boston. Mais Shane Stant accumule les erreurs et les bêtises. Il perd sa carte de crédit bancaire à Portland, manque Nancy Kerrigan à Boston, puis doit prendre un bus pendant vingt heures afin de rejoindre Detroit. Dès le 20 janvier 1994, les trois larrons sont arrêtés et placés derrière les barreaux. La police soupçonne Tonya Harding d'avoir été informée de l'objectif de cette association de malfaiteurs. Comment imaginer un seul instant que la championne n'ait pas été associée à ce plan macabre ? Elle nie toute implication dans l'agression. Qualifiée pour les Jeux olympiques de Lillehammer, elle craint de ne pas pouvoir défendre ses chances de médaille. Pire encore, elle menace la fédération américaine de patinage artistique de l'attaquer en justice et de demander la somme de vingt millions de dollars si elle ne part pas en Norvège pour défendre les couleurs américaines aux Jeux olympiques. Celle qui fut présentée comme l'autre petite fiancée de l'Amérique, issue d'une famille très modeste, est désormais placée sous le feu des projecteurs pour des raisons moins honorables. Tonya Harding a malheureusement connu une vie chaotique depuis sa plus tendre enfance, subissant l'autoritarisme abusif d'une mère alcoolique, une serveuse de bar mariée six fois, et d'un père qui affirmait ne plus avoir les moyens de financer la carrière de sa fille (il ne vivait que de petits boulots). Sa mère la battait et son grand frère tenta un jour de la violer. Un parcours difficile qui a ému l'Amérique. Mais Tonya n'est plus un modèle face aux accusations. À qui pouvait profiter ce crime ? L'absence de Nancy Kerrigan aux Jeux olympiques de Lillehammer aurait essentiellement profité à Tonya Harding. Car parallèlement à leur grande rivalité sur la glace, Tonya Harding se sent frustrée face aux contrats publicitaires lucratifs qui facilitent la carrière de Kerrigan. Harding ne possède pas la même élégance mais nourrit un intérêt marqué pour l'argent. Une raison de plus qui conduit l'opinion publique à incriminer Harding dans ce plan scabreux. La championne continue de nier tout en bloc face à la police. Elle demeure de marbre lors d'un long interrogatoire de dix heures. Harding affirme ne pas avoir été informée du stratagème de son compagnon et de son garde du corps. Le FBI n'a pas assez de preuves pour l'inculper de complicité. Elle peut donc s'envoler pour la Norvège malgré ce fait divers mené par son entourage proche. Un plan qui a échoué car Nancy Kerrigan guérit vite de sa blessure et intègre l'équipe des États-Unis pour les Jeux de Lillehammer. Nancy est tout le contraire de Tonya. C'est l'enfant d'un couple solidaire qui s'est battu pour lui payer ses cours de patinage. Le moyen de lui offrir un avenir qu'ils n'envisagent même pas pour eux-mêmes. Sa mère est presque aveugle et

Pourtant, le 6 janvier 1994, alors qu'elle vient de terminer son entraînement sur la glace de la Cobo Arena de Detroit, Nancy Kerrigan est agressée violemment par un inconnu au niveau des jambes ! Sa jambe d'appui est blessée. C'est la stupeur et l'incompréhension !

suit les prouesses de sa fille le nez collé à la télévision. La fédération américaine prend la décision de la sélectionner bien qu'elle n'ait pas participé aux championnats des États-Unis à cause de cette agression. Il est assez particulier d'imaginer l'ambiance qui devait régner entre les deux championnes lors du rassemblement des sélectionnées américaines. Condamnées à se côtoyer quotidiennement en Norvège, elles s'évitent autant que possible. Kerrigan et Harding sont parvenues à ne pas prendre le même avion pour rejoindre la Norvège, mais les deux championnes sont obligées de se croiser sur la glace lors des entraînements ainsi que dans le village olympique. Pas un regard et pas un mot ne sont échangés entre les deux jeunes femmes. En dehors du cadre sportif, la couverture médiatique de cette affaire est mondiale. Des centaines de journalistes et de photographes suivent les deux Américaines. Pneus crevés, boîte mail piratée, la pression des médias est permanente sur Tonya Harding. Les moindres faits et gestes des deux championnes sont épiés.

Les journalistes remarquent lors d'un entraînement que Kerrigan arbore la robe blanche qu'elle portrait lorsqu'elle a été agressée. Un message destiné à Harding. Le 24 février 1994, les Jeux olympiques de Lillehammer touchent à leur fin. La compétition de patinage artistique peut débuter. Lors du programme court, Tonya Harding semble tendue et ne prend que la dixième place. Elle s'écroule le lendemain lors du programme libre. Alors que Tonya doit se présenter sur la glace, elle est absente. Pendant un temps, le public et les juges pensent qu'elle ne se représentera pas sur la glace. Harding se fait attendre et ne répond pas aux appels répétés du speaker. La championne américaine a oublié ses lacets à Portland et doit trouver des lacets en dernière minute. À six secondes de la disqualification, elle arrive sur la glace complètement déconcentrée et désorientée. Devant les caméras du monde entier, Harding interrompt son programme en pleurs, alors qu'elle vient de manquer un triple lutz. Elle se relève et se dirige vers le président du jury. Tonya demande à changer ses lacets qu'elle juge trop courts. Une scène hallucinante ! La patineuse américaine est effondrée. Les juges acceptent cette requête. Harding parvient à se remobiliser pour remonter sur la glace et réaliser son programme. Elle sait que le podium s'est éloigné. Sa prestation est loin de ses capacités et de son talent. Elle retrouve le sourire lors de l'annonce des notes décernées par les juges. Elle termine huitième de la compétition qui devait la célébrer au sommet du patinage artistique mondial. Juste derrière la très grande Katarina Witt qui tentait un come-back pour le plaisir de retrouver les lumières de la glace. Cette compétition planétaire devait ouvrir à Harding les portes de la gloire et des contrats publicitaires juteux. La gloire et l'argent comme revanche sur une vie médiocre. C'est le contraire qui se produit. Sa grande rivale, Nancy Kerrigan, réalise un programme éblouissant qui lui permet de prendre la deuxième place du classement général derrière l'Ukrainienne Oksana Baiul. À l'issue d'un programme parfait, l'Américaine pensait pouvoir remporter l'or olympique, mais elle est devancée par une toute jeune patineuse. Une médaille d'argent méritée. Un happy end à la mesure de ce fait divers. Elle met ensuite fin à sa carrière sportive après une tournée de gala décevante et, quelques mois plus tard, se marie avec son agent. Après les Jeux olympiques de Lillehammer, Tonya Harding ne reconnaît toujours pas son implication directe dans l'agression de Nancy Kerrigan mais seulement avoir reçu la confirmation de l'implication de son entourage après les faits, sans prévenir la police. La justice lui inflige une amende de cent-dix mille dollars et une peine de cinq-cents heures de travaux d'intérêt général. Elle avait plaidé l'entrave à la justice pour éviter de comparaître lors d'un procès. Pour payer l'amende, la championne déchue a l'idée de vendre la sextape de sa nuit de noces à un magazine pour la somme de deux-cents mille dollars. Elle sera bannie à vie par la fédération américaine de patinage artistique et se lancera dans une carrière éphémère de boxeuse. Un destin qui méritait mieux que ce pathétique fait divers mené par une équipe de pieds nickelés.

À L'ISSUE D'UN PROGRAMME PARFAIT, L'AMÉRICAINE PENSAIT POUVOIR REMPORTER L'OR OLYMPIQUE, MAIS ELLE EST DEVANCÉE PAR UNE TOUTE JEUNE PATINEUSE. UNE MÉDAILLE D'ARGENT MÉRITÉE. UN HAPPY END À LA MESURE DE CE FAIT DIVERS.

CONFÉRENCE DE PRESSE DE NANCY KERRIGAN EN 1994 À L'ISSUE DE L'AGRESSION DONT ELLE A ÉTÉ VICTIME.

Ari Vatanen *versus* Jacky Ickx

Il est arrivé que le destin du monde se joue sur un coup de dés. Alors pourquoi l'issue d'une course automobile ne se jouerait-elle pas à pile ou face ? L'édition 1989 du Rallye Paris-Dakar se résume à l'image d'une pièce de dix francs. Une pièce de monnaie qui va décider de l'issue de la rivalité de très grands pilotes. Engagés dans la même équipe Peugeot, le Finlandais Ari Vatanen et le Belge Jacky Ickx sont les grands favoris de la onzième édition de ce célèbre rallye-raid. Si Jacky Ickx a déjà remporté la course en 1983 associé au comédien Claude Brasseur sur Mercedes Benz, le Belge n'a jamais pu retrouver le chemin de la victoire à Dakar. Aligné sur une Peugeot 405 Turbo 16, il espère renouer avec le succès au volant de la voiture la plus performante de la compétition, associé à Christian Tarin. C'est la première fois qu'il court pour Peugeot.

La victoire au général à Dakar, le Finlandais Ari Vatanen a déjà connu le plaisir de la vivre. C'était en 1987, avec le journaliste Bernard Giroux, au volant de la fameuse Peugeot 205. Vatanen est un pilote Peugeot depuis de très nombreuses années, d'abord en championnat du monde des Rallyes dès 1984. Un championnat qu'il avait remporté avec une Ford Escort en 1981. En 1988, la victoire sur le Paris-Dakar lui était promise. Alors qu'il semblait pouvoir réaliser le doublé, le pilote finlandais avait eu la mauvaise surprise de se faire voler sa 405 Turbo 16 au matin de la quatorzième étape. Après quelques recherches, la voiture de Vatanen avait été retrouvée mais le Finlandais avait pris le départ de cette spéciale avec trente minutes de retard. Mis hors course par la pure et inexpliquée application du règlement, Ari Vatanen avait été contraint de laisser la victoire finale à un autre Finlandais nommé Juha Kankkunen. Quelque peu revanchard, Vatanen, associé au Suédois Bruno Berglund, se lance en janvier 1989 à l'assaut de ce onzième Paris-Dakar avec le désir d'effacer les mésaventures de l'édition précédente. Dès le prologue de cette édition 1989, le Finlandais fait preuve de fébrilité. Une erreur de pilotage le contraint à faire un tonneau après seulement trois-cents mètres d'épreuve chronométrée. Sa voiture semble lourdement détériorée. Il parvient malgré tout à repartir pour rallier l'arrivée. Cela commence mal pour Vatanen. Plus de peur que de mal pour la Peugeot du Finlandais qui va écraser la course dès les trois premières spéciales. Petite nouveauté dans cette course prestigieuse : Vatanen n'est pas seul. Après ces trois premières spéciales, il compte deux heures d'avance sur les autres concurrents. Mais pas sur Jacky Ickx. Le Belge accompagne Vatanen en tête du classement. Ickx prend même la tête du général dès la première spéciale. Vatanen ne ménage pas ses efforts pour revenir

ARI VATANEN (À GAUCHE) ET JACKY ICKX (ÀDROITE) SUR LE RALLYE PARIS-DAKAR EN 1989. LE SORT A DÉSIGNÉ LE FINLANDAIS POUR LA VICTOIRE FINALE.

progressivement sur son concurrent à la victoire finale. Sauf accident ou problème mécanique, la victoire ne peut échapper à l'un des deux pilotes Peugeot. Après plus de sept-mille kilomètres, les deux Peugeot 405 turbo 16 ne sont séparées que de deux minutes et les deux pilotes sont prêts à prendre tous les risques pour remporter un deuxième succès sur le Paris-Dakar. Jacky Ickx se contente de gérer son avance. Lors de l'étape qui mène de Gao à Niamey, les deux pilotes se lancent dans un *mano a mano* sans concession. La fougue de Vatanen lui fait perdre quelque peu la tête. Un esprit de gagneur qui le place dans des situations plus que limites. Des têtes à queue, plusieurs tonneaux, le pilote finlandais est au bord de la rupture pour reprendre les commandes de la course. Victime de plusieurs tonneaux lors d'une spéciale, il est même sauvé par des concurrents en moto qui l'aident à redresser sa voiture. À l'issue de cette étape, sa voiture est dans un état déplorable. Le team manager de l'écurie Peugeot, Jean Todt, lui demande comment il a pu détériorer ainsi sa voiture. Vatanen lui rétorque qu'il est passé sous un arbre pour justifier que son pare-brise soit explosé et son toit enfoncé. Todt n'est pas dupe. Il sait que son pilote prend tous les risques pour devancer son principal concurrent. Le Finlandais vient de gagner cinq petites minutes sur Ickx mais à quel prix... Sa voiture est chaque soir remise en état par les mécaniciens du team Peugeot. De son côté, Jacky Ickx prend également de très nombreux risques. Il avoue à Jean Todt avoir failli faire un tonneau par l'avant lors d'une spéciale. Depuis plusieurs étapes, les deux 405 Turbo 16 risquent de provoquer la défaite finale de l'écurie Peugeot en cas d'accident. Comment envisager que ces deux bolides soient mis hors d'état de courir parce que les deux équipages tentent l'impossible pour écraser leurs principaux concurrents ? Surtout au sein de la même écurie. Pour mettre fin à cette bagarre entre ses deux voitures, Jean Todt prend une grande décision. C'est lui qui désignera le vainqueur du Rallye Paris-Dakar 1989. Plus précisément, c'est le sort qui va prendre cette décision. Il a décidé de tirer à pile ou face. Les deux pilotes acceptent le principe, conscients que leur fougue pourrait leur faire perdre la course. Lorsque la pièce flirte avec les airs, puis redescend pour donner son verdict, la tension est à son comble. La pièce de dix francs indique pile et donne la victoire à Ari Vatanen. Très gentleman, Jacky Ickx accepte le verdict et témoigne sa loyauté envers son équipe. Au contraire de son co-pilote qui refuse cette défaite et prend la décision de quitter la course. Furieux de devoir laisser filer une possible victoire sur l'une des plus belles courses automobiles au monde, Christian Tarin ne veut pas poursuivre dans ses conditions. Après une longue discussion avec son pilote, Tarin se ravise et accepte de poursuivre pour terminer deuxième.

COMMENT ENVISAGER QUE CES DEUX BOLIDES SOIENT MIS HORS D'ÉTAT DE COURIR PARCE QUE LES DEUX ÉQUIPAGES TENTENT L'IMPOSSIBLE POUR ÉCRASER LEURS PRINCIPAUX CONCURRENTS ? SURTOUT AU SEIN DE LA MÊME ÉCURIE.

Jacky Ickx éprouve ensuite quelques difficultés à laisser passer Ari Vatanen. Toujours en tête du rallye, il roule très vite lors de la spéciale suivante, puis ralentit au bout de deux cents kilomètres pour laisser les commandes à Vatanen. Le tandem Ickx et Tarin espère en secret que le Finlandais rencontre un souci mécanique qui lui donnerait la victoire finale. C'est d'ailleurs ce qui se produit lors de l'avant-dernière étape. Vatanen commet une erreur de pilotage qui lui fait perdre du temps. Pensant que le Finlandais se trouve à quelques centaines de mètres, Jacky Ickx poursuit sa course, reprend 5'51" à Ari Vatanen et se retrouve en tête du classement général. Stupeur chez Vatanen ! Furieux, le Finlandais est persuadé que le Belge a poursuivi sciemment sa course et n'a pas respecté sa parole. Pourtant Ickx se défend : « *Ari est convaincu que j'ai roulé vite, mais c'est faux, je l'assure. Il a pris une mauvaise piste à la sortie d'un village, mais je ne pensais pas avoir une telle avance sur lui. Je n'ai aucune intention d'aller contre les consignes de Jean Todt et je serai respectueux envers notre accord de Gao.* » Lors de la dernière étape, Jacky Ickx s'arrête à deux cents mètres de l'arrivée finale sur la plage du Lac Rose à Dakar pour laisser passer Ari Vatanen et lui donner la victoire finale dans ce Paris-Dakar 1989 avec 3'44" minutes d'avance. Une rivalité pleine de respect et de déontologie. Si Vatanen remportera les éditions 1990 et 1991 du Paris-Dakar, Jacky Ickx mettra sa carrière de pilote entre parenthèses après un parcours prestigieux ponctué par six victoires lors des 24 heures du Mans et huit victoires en grand prix de Formule 1.

ARI VATANEN ET SON ÉQUIPE EN 1990 SUR LE RALLYE PARIS-DAKAR.

France *versus* Espagne

ILS AURAIENT PU RENONCER, ABANDONNER L'ESPOIR DE REMPORTER UNE RENCONTRE QUI LEUR SEMBLAIT HORS DE PORTÉE. DURANT QUELQUES INSTANTS, LES BASKETTEURS FRANÇAIS ONT RENDU LES ARMES. EN PREMIÈRE MI-TEMPS DE LA DEMI-FINALE DE L'EURO 2013, L'ÉQUIPE DE FRANCE BALBUTIE SON BASKET FACE À DES ESPAGNOLS QUI SE VOIENT DÉJÀ EN FINALE DE CETTE PRESTIGIEUSE COMPÉTITION CONTINENTALE. FACE À LEUR BÊTE NOIRE HISPANIQUE, LES FRANÇAIS SONT INEXISTANTS. DÉFAITS LORS DES HUIT MATCHS PRÉCÉDENTS FACE À L'ESPAGNE DE PAU GASOL, LES BLEUS SONT MENÉS DE QUATORZE POINTS : 34 À 20. UNE PREMIÈRE PÉRIODE CATASTROPHIQUE QUI LAISSE ENTREVOIR UNE FACILE QUALIFICATION ESPAGNOLE POUR LA FINALE DE L'EURO.

À l'exception de Tony Parker, l'équipe de France manque de réussite aux tirs avec un faible 3/20. Dans le vestiaire tricolore, le capitaine des Bleus, Tony Parker, prend la parole. « *Franchement, on joue comme si on avait peur. Moi, je ne parle pas de l'attaque. C'est la défense. On dit des trucs qu'il faut faire. (…) On les laisse shooter à 3 points. On ne va pas au rebond. Ils nous agressent, on ne peut même pas mettre la balle en jeu. Il faut que l'on joue plus physique que ça ! Contre la Slovénie, on a joué physique. Là, on ne joue pas physique. Ils nous dominent parce qu'ils pensent que l'on est de la merde. Et cela se voit sur leurs visages. Ils nous prennent pour de la merde. Je m'en fous de ce qui arrive en deuxième mi-temps, même si on perd, au moins on joue avec notre fierté. On joue dur. Après, si on perd, c'est pas grave, c'est la vie ! Je préfère perdre en me battant. Pas comme ça ! On se fait défoncer là !* » Tony Parker voulait trouver les mots justes pour toucher ses partenaires dans leur fierté.

Il est vrai que les deux pays se retrouvent très régulièrement lors des phases finales de compétitions internationales. La carrière de Tony Parker en équipe de France est rythmée par les matchs France-Espagne. Une histoire qui débute bien puisque les Bleus remportent la médaille de bronze des championnats d'Europe en 2005 en écrasant l'Espagne lors de la petite finale 98 à 68. Les problèmes des Français face à leurs ennemis ibériques débutent en 2009 lors des championnats d'Europe organisés en Pologne. Les Bleus sont battus lourdement de vingt points 86 à 66 par les futurs champions d'Europe qui avaient réalisé l'exploit, deux années auparavant, de remporter la Coupe du monde de basket-ball. Les deux sélections se retrouvent en 2011 en finale des championnats d'Europe organisés en Lituanie. Une fois encore, la Roja impose sa loi et poursuit sa belle série de victoires au plus haut niveau par un succès sur l'équipe de France sur le score de 98 à 85. L'Espagne est devenue la bête noire de la France. Pau Gasol et les siens sont le cauchemar de Tony Parker et de ses coéquipiers. Deux générations dorées qui s'affrontent. Malheureusement, la génération espagnole brille davantage que la génération des internationaux français.

Finalistes des Jeux olympiques de Londres en 2012 face aux États-Unis, les Espagnols des frères Gasol mais aussi

TONY PARKER (AU CENTRE) LORS DU MATCH FRANCE-ESPAGNE EN 2015. L'UNE DES PLUS GRANDES RIVALITÉS DU BASKET-BALL EUROPÉEN.

des Navarro, Rodriguez et de Rudy Fernandez éliminent encore les Bleus en quarts de finale de la compétition sur le score de 66 à 52. Au coude à coude jusque dans le dernier quart temps, les basketteurs français avaient complétement déjoué durant les dix dernières minutes du match en n'inscrivant que six points. En toute fin de rencontre, les esprits s'étaient même échauffés à la suite d'un mauvais coup asséné par Nicolas Batum sur le meneur Ibérique Juan Carlos Navarro. Un incident qui créa une vive altercation entre les joueurs français et espagnols, et une fin de match houleuse. Les Français qui n'avaient plus d'espoir dans ce match et qui savaient qu'ils étaient éliminés à quelques secondes de la fin de la rencontre, soupçonnaient les joueurs espagnols d'avoir fait exprès de perdre face au Brésil en match de poule afin d'éviter les États-Unis jusqu'en finale. Un regret exprimé sur Twitter par Nicolas Batum. Le joueur de Portland regrettera son attitude de la fin du match et ses déclarations, par l'intermédiaire de ce réseau de micro-blogging : « *Désolé d'avoir montré une image comme ça du basket et de la France. La frustration et la rage m'ont envahi, je n'ai pas d'excuse. Ne retenez pas mon geste stupide à la fin mais la performance collective durant le tournoi d'une équipe fière de se battre pour son pays.* »

Lors de la deuxième mi-temps de la demi-finale continentale de 2013 face à la Roja, championne d'Europe en titre, la bande à Parker a en mémoire tous les échecs passés. Ils n'ont plus rien à perdre et retrouvent leur efficacité aux tirs. La France refait progressivement son retard. À la vingt-quatrième minute de jeu, Antoine Diot rentre un panier à 3 points pour ramener les bleus à 35/26. C'est le premier panier longue distance réussi en dix tentatives. À la vingt-huitième minute de jeu, la France revient à trois points des Espagnols 44/41. L'Espagne reprend ensuite un peu d'air en bouclant le troisième quart temps avec un avantage de six points 49 à 43. Durant les dix dernières minutes, la France retrouve son basket et grappille son retard pour égaliser à la trente-septième minute de jeu : 61 à 61. La suite du match est un *mano a mano* entre deux équipes rivales. À l'issue du temps réglementaire, le score est de 65 à 65. Les deux équipes sont donc invitées à disputer les prolongations. Alors que la tension est à son comble, la France parvient à s'imposer 75 à 72. Les Bleus réalisent l'exploit face à la meilleure équipe du monde après les États-Unis et ses stars de la NBA. Auteur de trente-deux points, Tony Parker prend une revanche sur son grand rival espagnol Pau Gasol. Le meilleur joueur français de l'histoire, vainqueur du Championnat NBA à trois reprises en 2003, 2005, 2007 (il remportera un nouveau titre NBA en 2014) avec les Spurs de San Antonio permet à l'équipe de France de se qualifier pour la finale de l'Euro à disputer face à la Lituanie que les Bleus vont battre 80 à 66. L'équipe de France de Tony Parker devient championne d'Europe.

Un an plus tard, l'Espagne organise la Coupe du monde et espère atteindre la finale pour défier l'équipe des États-Unis, grande favorite de la compétition. Pau Gasol et ses partenaires retrouvent les Bleus de Tony Parker en quarts de finale. La France s'impose 65 à 52 et prive les Espagnols d'une place dans le dernier carré de leur Coupe du monde. La rivalité entre les deux nations s'équilibre un peu.

En marge de cette rivalité sous les paniers, Pau Gasol et Tony Parker ont toujours éprouvé, l'un pour l'autre, un profond respect, voire une grande amitié.

En 2015, l'Espagne prend sa revanche durant l'Euro, organisé en partie en France, en éliminant les Français en demi-finale, 80 À 75 après prolongations. Les Espagnols imitent les Français en remportant le titre européen en finale face à la Lituanie. En 2016, les frères ennemis du basket-ball européen se retrouvent en quarts de finale des Jeux olympiques de Rio au Brésil. L'équipe de France s'incline lourdement face aux Ibériques sur le score sans appel de 92 à 67. Débordés dès le début de la rencontre, les Français se noient face à la facilité déconcertante des Espagnols. Tony Parker tire sa révérence et prend sa retraite internationale à l'issue de cette rencontre. Battue en demi-finale par les États-Unis, l'Espagne remportera la médaille de bronze lors de la petite finale en prenant le meilleur sur l'Australie.

En marge de cette rivalité sous les paniers, Pau Gasol et Tony Parker ont toujours éprouvé, l'un pour l'autre, un profond respect, voire une grande amitié. En 2016, Pau Gasol signe chez les Spurs de San Antonio et rejoint Tony Parker. Rivaux sur la scène internationale, les deux joueurs européens qui ont marqué cette dernière décennie de NBA, se retrouvent pour briller, enfin sous le même maillot.

TONY PARKER (EN BLANC) FACE À MARC GASOL LORS DES JEUX OLYMPIQUES DE LONDRES EN 2012.

France versus Allemagne

GARY LINKER, MEILLEUR BUTEUR DE LA COUPE DU MONDE 1986 AVEC L'ÉQUIPE D'ANGLETERRE, EST SOUVENT CITÉ LORSQUE L'ON ABORDE LA FORCE DE FRAPPE ET LE PALMARÈS DE L'ÉQUIPE D'ALLEMAGNE DE FOOTBALL. POUR LUI « *LE FOOTBALL EST UN JEU SIMPLE AVEC VINGT-DEUX HOMMES QUI COURENT APRÈS UN BALLON DURANT QUATRE-VINGT-DIX MINUTES, ET À LA FIN, LES ALLEMANDS GAGNENT TOUJOURS.* » GARY LINEKER VENAIT DE PERDRE EN DEMI-FINALE DE LA COUPE DU MONDE 1990 FACE... À L'EX-ALLEMAGNE DE L'OUEST LORSQU'IL A PRONONCÉ CES QUELQUES MOTS.

Cette affirmation pourrait s'appliquer aux différents matchs qui ont opposé l'équipe de France à l'équipe d'Allemagne lors des dernières grandes compétitions internationales. C'est le cas notamment lors des dernières coupes du monde. Il est même possible d'affirmer que l'Allemagne est davantage la rivale de la France que le contraire. Une rivalité naissante, en 1958, lors de la Coupe du monde de football disputée en Suède. Éliminée en demi-finale par le Brésil de Pelé, l'équipe de France et son grand buteur Just Fontaine retrouvent la République Fédérale d'Allemagne pour la petite finale, le match qui détermine le troisième et le quatrième de cette prestigieuse compétition. Dans l'autre demi-finale, les Allemands de l'Ouest ont été battus par la Suède. Rien ne pouvait laisser présager, en 1958, que les Allemands seraient les principaux fournisseurs de larmes des supporters français durant plusieurs décennies en Coupe du monde. Car en Suède, la France s'impose face aux Allemands de l'Ouest sur le score de 6 buts à 3. Durant cette rencontre, Just Fontaine inscrit quatre buts et devient, peut-être à jamais, le meilleur buteur de l'histoire des coupes du monde avec treize buts. Un record qui tient encore aujourd'hui et qui ne sera peut-être jamais battu. Sauf lorsque la Coupe du monde sera disputée par quarante-deux équipes, à partir de 2026, sur le continent américain.
Troisième de cette Coupe du monde suédoise, la France réalise sa meilleure performance au niveau international. L'équipe de France devra attendre l'édition 1982 en Espagne, pour atteindre de nouveau une demi-finale de Coupe du

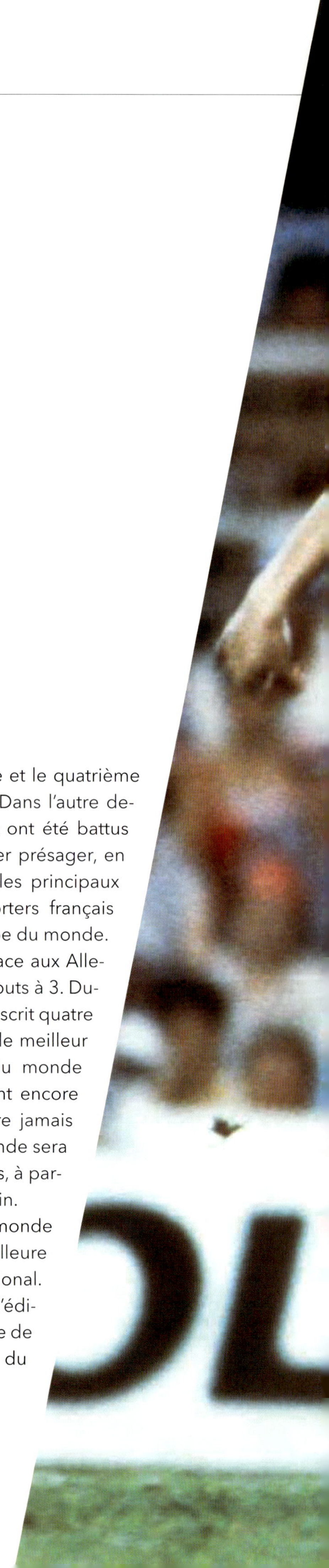

MICHEL PLATINI FACE À LA RFA EN 1982 À SÉVILLE LORS DE LA DEMI-FINALE DE LA COUPE DU MONDE. LE MATCH LE PLUS SOMBRE DE L'HISTOIRE DU FOOTBALL FRANÇAIS.

monde. Une longue période d'absence tout en haut de la hiérarchie mondiale du football qui prend fin par une qualification en demi-finale de Coupe du monde face à la RFA, la République Fédérale d'Allemagne. Vainqueur de la Coupe du monde en 1954 à la surprise générale face à la grande Tchécoslovaquie de Puskas, la RFA, puis l'Allemagne réunifiée va s'installer durablement tout en haut de la hiérarchie mondiale du football. Entre 1958 et 1982, les hommes de la Mannschaft flirtent avec le gotha mondial du ballon rond. Une finale de Coupe du monde perdue face à l'Angleterre en 1966, une demi-finale en 1970 perdue face à l'Italie, puis un deuxième titre de champion du monde en 1974. Sur le plan continental, la RFA remporte le Championnat d'Europe des Nations en 1972 et 1980, et perd en finale en 1976 face à la Tchécoslovaquie. Dans le concert international du football, les grands rivaux de la RFA sont les Pays-Bas, le Brésil ou encore l'Italie. Lorsque les Français de Michel Platini rencontrent la RFA de Karl-Heinz Rummenigge, à Séville, le 8 juillet 1982 au Stade Sanchez Pizjuan, ils ne savent pas qu'ils vont vivre le match le plus douloureux de l'histoire du football français avant le fameux France-Bulgarie de novembre 1993. Une rencontre dont les blessures ne sont toujours pas cicatrisées, plusieurs décennies plus tard.

Qualifiées dans le dernier carré après un parcours chaotique, les deux sélections se retrouvent pour tenter d'accéder à la finale de cette Coupe du monde espagnole contre l'Italie victorieuse de la Pologne 2 à 0 en demi-finale. Face à la France, la RFA ouvre la marque par Pierre Littbarski à la dix-septième minute de jeu. Dix minutes plus tard, Bernd Förster commet une grossière faute sur Dominique Rocheteau dans la surface de réparation. L'arbitre de la rencontre, Charles Corver, siffle un pénalty pour les Bleus transformé par Michel Platini. Un but partout, les Français se relancent.

À la mi-temps, Patrick Battiston remplace Bernard Genghini, sorti sur blessure à une cheville. Un but de Dominique Rocheteau est refusé pour une faute peu évidente sur Forster à la cinquante-troisième minute, puis Battiston est victime d'une véritable agression de la part du gardien de but allemand, Harald Schumacher. Lancé en profondeur par Michel Platini, Patrick Battiston a juste le temps de lober Schumacher avant d'être littéralement agressé par le portier de la Mannschaft. Si la faute paraît volontaire, Schumacher nie depuis ce fameux 8 juillet le caractère intentionnel de son intervention brutale. Sa hanche heurte la tête de l'international français extrêmement violemment. Le lob de Battiston passe à côté du but et le joueur français ne se relèvera pas. Il est évacué sur une civière, accompagné par son ami Michel Platini qui lui prend la main devant les caméras du monde entier pour rassurer la famille du blessé qui craignait pour sa vie. Face aux images du choc, certains observateurs ont cru que Battiston était décédé sur l'impact avec Schumacher. Même le médecin de l'équipe de France ne parvient pas à trouver son pouls. L'arbitre de la rencontre ne siffle pas la moindre faute sur cette action. Les Français sont révoltés. Ils vont dominer les minutes suivantes. Manuel Amoros place une frappe qui s'écrase sur la barre transversale allemande à la dernière minute de jeu du temps réglementaire puis c'est au tour de la RFA de se montrer dangereuse dans les toutes dernières secondes. Aucun but n'est inscrit : place aux prolongations.

Le lob de Battiston passe à côté du but et le joueur français ne se relèvera pas. Il est évacué sur une civière, accompagné par son ami Michel Platini qui lui prend la main devant les caméras du monde entier pour rassurer la famille du blessé qui craignait pour sa vie.

Durant ces trente minutes supplémentaires, la France prend l'avantage grâce à un premier but de Marius Trésor, puis un deuxième but signé Alain Giresse. « *La France est en finale* » semble crier le Bordelais lorsqu'il inscrit le troisième but des Bleus.

3 buts à 1, rien ne peut empêcher l'équipe de France d'accéder à la première finale de Coupe du monde de son histoire. Rien, excepté le réalisme d'une nation habituée aux grands rendez-vous. À la surprise générale, Rummenigge et Fisher redonnent vie à la Mannschaft. La RFA égalise et reprend espoir dans cette demi-finale extraordinaire. La France et la RFA sont condamnées à s'affronter lors d'une ultime épreuve : celle des tirs au but. La loterie du football. Après les réalisations de Giresse, Amoros et Rocheteau pour la France contre Kaltz et Breitner pour la RFA, les Bleus mènent 3 buts à 2 au moment où Ulrich Stielike manque son tir au but. Les portes de la finale s'entrouvrent de nouveau pour la France. Malheureusement, Didier Six, puis Maxime Bossis échouent à leur tour face à Schumacher, alors que

Horst Hrubesch qualifie la RFA pour la finale. La France tout entière est en pleurs. Un pays meurtri par un match de football, le fameux match de Séville en 1982 ancré à jamais dans l'esprit des Français.

Alain Giresse reconnaîtra que cette défaite l'a poursuivi depuis : « *Dès la fin de la séance des tirs au but, nous sommes devenus des zombies. Tout ce que nous avons fait, nous l'avons fait machinalement, en attendant simplement que le temps passe. Notre seul souci était de partir pour oublier, mais c'était une illusion parce que l'oubli n'est jamais venu. Tu t'aperçois avec le temps que c'est impossible. On ne s'en remet pas. On vit avec. Ça ne te quitte plus. Et si tu veux oublier, les gens t'en empêchent en te rappelant sans cesse ton but.* » Il faudra du temps pour permettre aux Bleus de panser leurs plaies à l'issue de cette rencontre. Les joueurs de Michel Hidalgo perdent ensuite le match pour la troisième place sur le score de 3 buts à 2 face à la Pologne de Boniek. La RFA tombe en finale face à l'Italie 3 buts à 1. Il y a peut-être une justice sur la planète football.

Victorieux de l'Euro 1984 grâce à Michel Platini au sommet de son art et auteur de neuf buts en cinq matchs, les Bleus retrouvent la RFA en 1986 en demi-finale de la Coupe du monde organisée par le Mexique. Après avoir éliminé l'Italie en huitièmes de finale, puis le Brésil en quarts au terme de l'un des plus beaux matchs de ces dernières décennies, la France retrouve les Allemands de l'Ouest en demi-finale, le 25 juin 1986 à Guadalajara. Contrairement à la demi-finale de 1982 à Séville, la France est favorite pour affronter l'Argentine en finale. Éprouvés par leur long quart de finale disputé quelques jours auparavant face au Brésil, les footballeurs français vont encore subir la domination de leurs meilleurs ennemis. Un but de Andreas Brehme sur coup franc dès la neuvième minute de jeu refroidit les espoirs français. Dominateurs, les partenaires de Michel Platini sont incapables de tromper la vigilance de la défense allemande et de son gardien de but, le désormais célèbre Harald Schumacher. À la quatre-vingt-neuvième minute de jeu, l'excellent renard des surfaces allemand, Rudi Völler, inscrit le deuxième but de la RFA et crucifie l'équipe de France. Les Bleus s'inclinent 2 à 0 face à leurs plus grands rivaux. Les médias français commencent à parler de malédiction. Troisième de cette Coupe du monde au Mexique après une dernière victoire face à la Belgique 4 buts à 3, l'équipe de France ne retrouvera l'équipe d'Allemagne qu'en 2014 en quarts de finale de la Coupe du monde au Brésil.

À la quatre-vingt-neuvième minute de jeu, l'excellent renard des surfaces allemand, Rudi Völler, inscrit le deuxième but de la RFA et crucifie l'équipe de France. Les Bleus s'inclinent 2 à 0 face à leurs plus grands rivaux. Les médias français commencent à parler de malédiction.

Entre le 25 juin 1986 et le 4 juillet 2014, les deux sélections ne se rencontrent qu'à l'occasion de matchs amicaux. Sur les huit matchs disputés par la France et la RFA, qui deviendra ensuite l'Allemagne, les Bleus remportent cinq rencontres pour deux défaites et un nul. Rien ne sert, pour une équipe, de remporter les matchs amicaux si elle perd les matchs à enjeux dans les grandes compétitions internationales. En 2014 à Rio de Janeiro au Brésil, la France s'incline encore en Coupe du monde face à l'Allemagne sur le score de 1 à 0 grâce à un but de Hummels. Depuis 1958, l'équipe de France chute en compétition face à l'Allemagne. La Mannschaft est devenue sa bête noire. Une équipe d'Allemagne qui infligera ensuite une véritable humiliation au Brésil en demi-finale en l'emportant 7 buts à 1 puis en remportant la finale 1 à 0 face à l'Argentine.

En 2016, les Bleus parviennent à mettre fin à cette malédiction sportive en demi-finale de l'Euro à Marseille. Malmenés en première période, les Bleus rentrent aux vestiaires avec un avantage d'un but grâce à Antoine Griezmann. L'attaquant de l'équipe de France double la mise à la soixante-douzième minute de jeu. Les Français éliminent les Allemands, champions du monde en titre, en demi-finale d'une grande compétition internationale ! En finale, les Bleus s'inclinent face au Portugal 1 à 0, après prolongations. À l'inverse, cette défaite de l'équipe de France face au Portugal met fin à une longue série de défaites du Portugal face à la France, lors des grandes compétitions internationales. Entre 1984 et 2016, les Portugais s'étaient toujours inclinés face aux Bleus en Coupe du monde ou lors des championnats d'Europe des nations. Si l'Allemagne n'est plus la bête noire de la France, les Bleus ont aussi perdu leur statut de bête noire du Portugal. La roue tourne.

COLA
JVC

LA JOIE D'ALAIN GIRESSE (À GAUCHE) ET DE DIDIER SIX FACE À LA RFA EN 1982. LA FRANCE MÈNE ALORS 3-1 ET PENSE ÊTRE QUALIFIÉE POUR LA FINALE FACE À L'ITALIE.

Grant Dalton versus Peter Blake

Ce sont deux légendes de la voile. Deux grands navigateurs néo-zélandais qui ont inscrit leur nom dans l'histoire de leur discipline. Peter Blake et Grant Dalton ont marqué de leur empreinte l'une des courses les plus prestigieuses au monde : la Whitbread Round The World Race aujourd'hui appelée la Volvo Ocean Race, une course autour du monde par étapes et en équipage. Une épreuve très éprouvante considérée comme l'une des courses les plus difficiles au monde. Les conditions climatiques extrêmes rencontrées sur cette course éprouvent les équipages et les bateaux.

En 1989 et 1990, l'édition de la Whitbread est le théâtre d'une lutte sans merci entre Peter Blake et Grant Dalton, entre le flegme et l'autorité. Deux hommes que tout oppose sauf la passion pour la mer et un profond respect mutuel. Peter Blake est un marin professionnel élégant et charismatique qui a l'expérience de cette course pour y avoir participé par le passé comme équipier. Grant Dalton est un homme de défi, un homme autoritaire. Les deux hommes se connaissent bien et leurs relations n'ont pas toujours été cordiales.
En 1981, Peter Blake refuse de s'associer à Grant Dalton lors de la troisième édition de la Whitbread. Une humiliation pour Dalton qui embarque finalement sur un bateau hollandais nommé *Flyer II*. Un bateau qui avait remporté la précédente édition et qui s'impose une nouvelle fois dans cette course. Peter Blake termine onzième au classement général sur *Ceramco* à cause d'une contre-performance lors de la première étape. Finalement Peter Blake embauche Grant Dalton en 1985 comme chef de quart sur *Lion New Zealand* lors de la quatrième édition de la Whitbread. Une participation sans victoire pour les deux Néo-Zélandais qui terminent septièmes du classement général.
Mais pendant qu'il court avec Peter Blake, Grant Dalton prépare son propre projet pour l'édition 1989 de la Whitbread sur son propre bateau *Fisher et Paykel.* Une manière de partager la Nouvelle-Zélande en deux, ainsi que le public et les sponsors. Une rivalité est née. Les deux néo-zélandais sont persuadés d'être les meilleurs navigateurs de cette course de trente-trois-mille miles marins et cinq continents à parcourir en neuf mois. L'un a raison. Les deux bateaux et leurs quinze membres d'équipage doivent supporter de nombreux mois de course et surtout la pression.
En 1989, les bateaux prennent le large avec la ferme intention de remporter cette course. Lors de la première manche vers l'Amérique du Sud, les deux rivaux peuvent enfin tester leur bateau en conditions réelles de navigation. Peter Blake sur *Steinlager II* utilise ses tactiques de régate pour prendre le large et devancer ses concurrents. De son côté, Grant Dalton rencontre un problème technique dès le départ de cette première étape. Blake remporte la première manche à Punta Del Este en Uruguay. Une demi-journée plus tard, Grant Dalton rallie l'arrivée avec un bateau endommagé et des problèmes d'équipage. C'est le jour et la nuit entre Peter Blake, victorieux et confiant, et Grant Dalton, déstabilisé par une première étape durant laquelle

PETER BLAKE EN 2002 LORS DE LA WHITBREAD CUP.

rien n'a fonctionné. La deuxième étape est l'une des courses les plus difficiles au monde. Considérée comme l'Everest des courses océaniques entre Punta Del Este et Freemantle en Australie, sept-mille-six-cent-cinquante-six miles et environ quatre semaines de course dans des conditions extrêmes, cette manche oblige les équipages à naviguer à la limite de la survie. Grant Dalton décide de descendre vers le sud et l'Océan Austral, aidé par un front de hautes pressions. Il prend la tête de la course et creuse l'écart. Avec peu de sommeil, de la neige sur le pont pendant au moins deux semaines, dans un froid intense et des conditions extrêmes qui ne laissent la place à aucune possibilité de survie en cas de chute d'un membre de l'équipage dans les eaux mouvementées, les embarcations poursuivent leur chemin sans droit à l'erreur.

Le bateau britannique *Creightons Naturally* perd un équipier qui ne peut être réanimé à la suite de sa chute dans les eaux. Le grand sud est très dangereux avec ses vagues immenses face à des bateaux poussés à l'extrême pour aller le plus vite possible. Chaque erreur technique peut être fatale. Fort de son avance, Grant Dalton remonte trop tôt vers le nord et se confronte à des vents plus calmes. Peter Blake profite du mauvais choix de son concurrent. Il rattrape son retard et passe en tête pour remporter la deuxième manche de la Whitbread. Grant Dalton ne prend que la quatrième place de cette course.

Lors de la troisième manche entre Freemantle et Auckland en Nouvelle-Zélande, les deux navigateurs néo-zélandais veulent remporter cette étape qui les conduit sur leurs terres. Cette troisième course offre un duel épique entre deux bateaux au coude à coude qui luttent coque contre coque, parfois à moins de dix mètres de distance. Grant Dalton et Peter Blake prennent successivement la tête de la course à de nombreuses reprises. Un duel hors du commun. Mais une avarie technique coûte la victoire à Grant Dalton. Peter Blake et son équipage remportent une troisième victoire dans le port d'Auckland avec seulement six minutes d'avance sur Dalton.

Cette troisième course offre un duel épique entre deux bateaux au coude à coude qui luttent coque contre coque, parfois à moins de dix mètres de distance. Grant Dalton et Peter Blake prennent successivement la tête de la course à de nombreuses reprises. Un duel hors du commun.

La quatrième manche de plus de six-mille miles renvoie les embarcations vers Punta Del Este, dans le froid de l'Océan Austral, autour du Cap Horn. Les deux Néo-Zélandais prennent une solide avance dès le départ. De retour dans l'Océan Austral à la rencontre des baleines et des albatros, les deux voiliers mènent la course en tête. Grant Dalton vire vers le sud à travers les icebergs en espérant éviter la banquise. Les dangers sont permanents. À l'approche du Cap Horn, les eaux sont exceptionnellement calmes alors que c'est l'un des endroits les plus dangereux de la planète. Peter Blake et ses équipiers remportent cette quatrième manche avec vingt-et-une minutes d'avance sur Grant Dalton. Ce dernier est résigné. Il ne peut rien contre la domination de Blake. Il se prépare alors à lutter pour conserver la deuxième place au classement général.

Lors de la cinquième manche vers Fort Lauderdale en Floride, les conditions climatiques sont meilleures avec un passage dans les eaux des Caraïbes. Dans la chaleur, Grant Dalton prend la tête de la course avant d'être rattrapé par Peter Blake qui remporte une nouvelle victoire avec seulement trente-quatre minutes d'avance sur Grant Dalton. Vers Southampton en Angleterre, Peter Blake et son équipage passe tout près de la catastrophe mais parviennent à remporter cette sixième manche. Après quatre tentatives sans réussite, Peter Blake remporte la Whitbread à bord de son ketch avec ses quinze équipiers devant Grant Dalton qui a réalisé une course extraordinaire.

Cinq années plus tard, Peter Blake, l'un des plus grands navigateurs de l'histoire, permettra à la Nouvelle-Zélande de remporter la prestigieuse Coupe de l'America. Un trophée qu'il gagne une nouvelle fois en 1999, cette fois en qualité de « Defender ». Il décède en décembre 2001, à cinquante-trois ans, tué par des pirates dans l'estuaire de l'Amazone. Il avait décidé de changer de vie pour se consacrer à des missions environnementales.

Grant Dalton parvient à remporter la Whitbread en 1994 et se classe deuxième en 1998, puis troisième en 2002. En 2007, il remporte la Coupe Louis Vuitton et gagne le droit d'affronter *Alinghi* lors de la Coupe de l'America. Le défi néo-zélandais échoue ensuite face au défi suisse.

GRANT DALTON EN 1998 LORS DE LA WHITBREAD CUP.

Lance Armstrong *versus* Alberto Contador

Comment peut-on autant dominer un sport pour finalement être ensuite expulsé du Panthéon du sport mondial ? Comme un virus que l'on tente d'éradiquer d'un organisme vivant. Difficile de parler du palmarès de Lance Armstrong. Depuis ses aveux de dopage, le 17 janvier 2013, sur le plateau d'une célèbre émission de télévision américaine, puis devant les plus hautes instances du cyclisme mondial, les performances de l'un des plus grands coureurs de l'histoire ont été effacées. Plus de traces dans les tablettes du champion originaire du Texas après le 1er août 1998. Si elle n'existe plus dans les palmarès, la grande rivalité qui a opposé Lance Armstrong à l'Espagnol Alberto Contador a bien eu lieu lors de la saison 2009 et plus précisément lors de la Grande Boucle.

Vainqueur du Tour de France en 2007, puis du Tour d'Italie et du Tour d'Espagne en 2008, Alberto Contador est l'un des grands favoris du Tour en 2009. D'autant qu'« *El Pistolero* » est le leader de l'équipe Astana, l'une des meilleures équipes du peloton. Alors, lorsqu'en septembre 2008, Lance Armstrong, trente-sept ans, décide de sortir de sa retraite sportive, le ciel d'Alberto Contador, vingt-six ans, se remplit de nuages. Les orages ne sont plus très loin. Contador menace de partir à l'annonce du retour de l'homme aux sept victoires dans le Tour de France et de son arrivée au sein de l'équipe Astana. Mais l'Espagnol se ravise : le staff lui assure qu'il sera le leader de l'équipe sur les grandes courses de la saison. Et puis, il est sous contrat avec l'équipe de Johan

LANCE ARMSTRONG DEVANT SON « LEADER » EN JAUNE, ALBERTO CONTADOR, LORS DU TOUR DE FRANCE 2009.

Bruyneel. Peut-être espère-t-il être agréablement surpris par la loyauté de Lance Armstrong ? Même si Johan Bruyneel, le manager d'origine belge, est le mentor de l'Américain. Celui qui détient tous les secrets de la réussite d'Armstrong. Contador ne fait pas le poids face à Lance Armstrong. Il doit se résigner à partager le leadership de son équipe. Et puis Gino Bartali a bien travaillé en fin de carrière pour Fausto Coppi. Pourquoi pas Armstrong pour Contador ? Tout simplement parce que Armstrong dans la même équipe que Contador, c'est comme si deux lions vivaient dans la même cage. Il faut juste espérer qu'aucun des deux fauves n'agresse l'autre. Et Armstrong ne peut se laisser faire ! Il a une âme de leader. Un tempérament destructeur lorsqu'il entrevoit la possibilité de toucher les étoiles. Avec parfois le goût du sang dans la bouche.

D'autant que les deux champions ont le même objectif : remporter un nouveau Tour de France, en 2009. C'est lors d'un stage organisé sur l'île de Tenerife en janvier que les deux hommes se retrouvent officiellement au milieu des vingt-six autres coureurs de l'équipe. Mais aussi devant plus d'une centaine de journalistes venus constater l'association la plus improbable de l'histoire du cyclisme. Les deux hommes s'évitent durant la saison pour finalement se retrouver au départ de la Grande Boucle en juillet. Dans un contexte rendu difficile par des problèmes financiers et des salaires impayés, les coureurs de l'équipe Astana prennent le départ de la Grande Boucle sans grande sérénité. Au départ de Monaco, les deux rivaux sont discrets. Armstrong tente une opération de séduction en répondant aux sollicitations du public et des médias mais refuse de parler d'Alberto Contador. L'Espagnol, quant à lui, ne s'interdit pas de parler en public de son grand rival. « *Nous ne sommes pas les meilleurs amis du monde, mais on peut dire que cela n'est pas trop mal ! Ce qui est sûr, c'est que nous sommes tous les deux là pour gagner le Tour.* » Le bras de fer peut commencer sur les routes du Tour même si le leader de l'équipe demeure, officiellement, Alberto Contador. Lance Armstrong est considéré comme un équipier. Qui peut réellement croire que le champion américain peut prendre le départ d'une course qu'il a gagnée sept fois comme un simple équipier. Lors de la troisième étape, Armstrong tente un coup d'état tactique en profitant des conditions climatiques. Lorsque le peloton approche de La Grande-Motte, quelques équipes, dont la formation Astana, provoquent une bordure, c'est-à-dire une cassure accentuée par un vent important. Une tactique consiste alors à rouler très vite, en profitant du vent qui souffle fort de côté pour étirer le peloton et empêcher les coureurs à l'arrière du groupe de se protéger du vent. En appliquant cette stratégie, Lance Armstrong, bien placé en tête de peloton, lâche les favoris, dont Alberto Contador, son coéquipier. Troisième au classement général à quarante secondes du Suisse Fabian Cancellara, l'Américain a réussi son coup. Il devance Contador de dix-neuf secondes et espère ainsi conserver un ascendant auprès des médias pour devenir le leader naturel de l'équipe. La guerre est déclarée entre les deux hommes qui ne s'adressent plus la parole. Une guerre sur la route mais aussi une guerre psychologique en coulisses. Armstrong tente d'écraser son rival en l'isolant dans l'équipe. Il est facile d'imaginer l'ambiance glaciale au sein de la formation Astana lors des rassemblements ou encore lors des collations. Alberto Contador ne se laisse pas perturber par la stratégie d'Armstrong. Il attend le bon moment pour porter ses banderilles. Le champion espagnol remporte la quinzième étape entre Pontarlier et Verbier en Suisse avec 1'35'' d'avance sur Armstrong. Il en profite pour s'emparer du maillot jaune avec 1'37'' d'avance sur son rival. Paradoxalement, sa situation au sein de

La guerre est déclarée entre les deux hommes qui ne s'adressent plus la parole. Une guerre sur la route mais aussi une guerre psychologique en coulisses. Armstrong tente d'écraser son rival en l'isolant dans l'équipe.

l'équipe se dégrade. «*El Pistolero*» se sent seul et peu épaulé par ses équipiers. La majorité d'entre eux ont choisi le camp d'Armstrong. La rivalité entre les deux champions prend de l'ampleur lors de la dix-neuvième étape entre Bourg-Saint-Maurice et le Grand-Bornand. Contador a décidé de jouer sa carte en solo. Lors de la dernière ascension de l'étape, dans le col de la Colombière, Contador est accompagné par les frères Andy et Franck Schleck mais aussi par son équipier, l'Allemand Andreas Klöden, bien placé au général pour monter sur le podium à Paris. Contrairement aux consignes des directeurs sportifs de l'équipe Astana, l'Espagnol prend la décision de porter une attaque, au risque de lâcher Klöden. C'est ce qui se produit ! Andreas Klöden « explose » et voit partir ses principaux concurrents pour le podium final.

Personne n'a compris pourquoi Contador avait provoqué délibérément l'élimination de Klöden, son équipier. À l'issue de l'étape, Armstrong a perdu le Tour de France et pointe à la quatrième place au classement général à 3'55" de l'Espagnol. Klöden est cinquième à 4'44" du maillot jaune. Trois coureurs Astana dans les cinq premiers du classement général, tout semble pourtant rouler pour l'équipe de Lance Armstrong et d'Alberto Contador. Toutefois la colère gronde. Levi Leipheimer, coureur d'Astana contraint à l'abandon quelques jours auparavant est en colère. C'est aussi un fidèle lieutenant de Lance Armstrong depuis plusieurs saisons. Leipheimer lâche sur Twitter : « *Si Andreas finit quatrième au classement final avec moins de deux secondes de retard sur le troisième, on saura où il les a perdues !* » *Lance* Armstrong relaie le message de son fidèle lieutenant. Et puis quelques minutes plus tard, le Texan accable un peu plus Alberto Contador sur Twitter : « *Tout le monde me demande pourquoi AC (Alberto Contador, ndlr) a attaqué et lâché Klöden. Je n'ai toujours pas compris* ». Armstrong est fou de rage. Malgré son entreprise de démolition au sein de l'équipe Astana, l'Américain ne parvient pas à éteindre le talent de son rival. Même son manager et ami Johan Bruyneel reconnaîtra plus tard ne jamais avoir eu d'affinités avec Alberto Contador. En trois semaines de course, les trahisons, les coups bas et les humiliations se sont multipliés au sein de la formation Astana. Alberto Contador devra même se rendre au départ d'une étape dans la voiture de son frère car tous les véhicules disponibles de l'équipe ont été réquisitionnés pour Lance Armstrong et sa famille. L'Américain a gagné le pouvoir dans l'équipe mais échoue sur le terrain purement sportif. «*El Pistolero*» remporte le contre-la-montre de la dix-huitième étape à Annecy avec 1'30" d'avance sur Armstrong. Malgré trois semaines éprouvantes de course sur le plan physique mais aussi moral, Alberto Contador remporte le Tour de France 2009 devant son grand rival qui termine troisième au classement général à 5'24". Il reconnaîtra, quelques semaines plus tard, la difficulté de remporter le Tour de France avec Lance Armstrong comme adversaire au sein de la même équipe. « *Ma relation avec Lance Armstrong a été inexistante. Bien que ce soit un très grand champion, je n'ai jamais eu d'admiration pour lui et je n'en aurai jamais.* » Armstrong quittera l'équipe Astana à l'issue de cette saison 2009 pour construire une nouvelle équipe autour de lui : l'équipe RadioShack. Alberto Contador remportera également la Grande Boucle en 2010, après être déchu de cette victoire à cause d'un contrôle positif au clenbuterol. Point commun avec Armstrong : il sera effacé du palmarès de ce Tour 2010.

ARMSTRONG EST FOU DE RAGE. MALGRÉ SON ENTREPRISE DE DÉMOLITION AU SEIN DE L'ÉQUIPE ASTANA, L'AMÉRICAIN NE PARVIENT PAS À ÉTEINDRE LE TALENT DE SON RIVAL. MÊME SON MANAGER ET AMI JOHAN BRUYNEEL RECONNAÎTRA PLUS TARD NE JAMAIS AVOIR EU D'AFFINITÉS AVEC ALBERTO CONTADOR.

LCL
LCL
le Tour de France 2009
ASTANA
CYCLING TEAM

ALBERTO CONTADOR EN JAUNE DEVANT LANCE ARMSTRONG EN 2009 AVANT LE DÉCLASSEMENT DE L'AMÉRICAIN POUR DOPAGE.

Argentine *versus* Angleterre

L'histoire de cette rivalité sportive, c'est d'abord une rancœur entre deux nations. Une rancune historique née d'un conflit armé survenu quelques années plus tôt. Une des rares guerres des années 1980 opposant deux grandes nations mondiales. Le 2 avril 1982, la guerre des Malouines éclate entre l'Argentine et le Royaume-Uni. Un conflit qui causera la mort de neuf-cent-sept personnes dont six-cent-quarante-neuf militaires britanniques en deux mois et douze jours. Cette guerre est déclarée à la suite de l'invasion des Îles Malouines par l'Argentine qui revendique sa souveraineté sur ce territoire. Une souveraineté contestée par l'Angleterre qui souhaite conserver ce territoire stratégique et pétrolifère. Une rancœur supplémentaire entre deux nations qui n'ont jamais été sur la même longueur d'ondes au regard de l'histoire. Les troupes britanniques écrasent l'armée argentine en deux mois et demi, et le Royaume-Uni peut ainsi réaffirmer sa souveraineté sur ces territoires éloignés de Londres.

Ce conflit débute le 14 juin 1982 en pleine Coupe du monde de football en Espagne. Fort heureusement, l'Argentine et l'Angleterre ne sont pas programmées pour se rencontrer en terre ibérique.
Mais quatre ans plus tard, lorsque la Coupe du monde 1986 décide d'opposer les équipes nationales de l'Argentine et de l'Angleterre en quarts de finale, les tensions rejaillissent entre les deux pays. C'est le match explosif de cette compétition prestigieuse disputée au Mexique. Le célèbre journal anglais *The Sun* se permet de titrer en une « *Et maintenant, on va se faire les Argies* ». «Argies» signifiant «Argentins» dans des termes péjoratifs. Le 22 juin 1986, dans un stade aztèque écrasé par la chaleur, les deux équipes nationales s'affrontent dans une atmosphère parfumée par la rancœur. L'Argentine est l'une des grandes favorites de cette Coupe du monde de football 1986, avec l'Allemagne de l'Ouest et la France de Michel Platini. Emmenée par sa star Diego Maradona au sommet de son art, l'Albiceleste présente l'une des meilleures équipes du monde. Lors de cette Coupe du monde mexicaine, elle réalise un premier tour assez tranquille ponctué par deux victoires face à la Corée du Sud et la Bulgarie mais aussi un match nul face à l'Italie. Deuxièmes de leur groupe derrière les Italiens, les Argentins éliminent ensuite l'Uruguay en huitièmes de finale.
L'Angleterre, quant à elle, n'est qu'un outsider parmi tant d'autres. Composée de grands joueurs comme Peter Shilton, Glenn Hoddle ou encore Chris Waddle, l'équipe anglaise s'appuie sur leur buteur Gary Lineker. L'Angleterre se qualifie pour les huitièmes de finale dans la douleur. Battus 1 à 0 dès leur entrée en lice par le Portugal, les Anglais concèdent le match nul 0 à 0 face au Maroc. Une victoire 3 à 0 face à la Pologne conjuguée à un succès du Maroc sur le Portugal propulse l'Angleterre vers le tour suivant et un match à sa portée face au Paraguay.
Les Anglais remportent facilement ce

DIEGO MARADONA FACE À L'ANGLETERRE EN 1986 POUR UNE VICTOIRE HISTORIQUE DE L'ARGENTINE.

match à élimination directe en huitièmes de finale sur le score de 3 à 0 grâce à un doublé signé Gary Lineker, encore lui ! Pour la première fois depuis le 13 mai 1980 et un match amical remporté 3 buts à 1 par les Anglais, l'Angleterre et l'Argentine se retrouvent sur un terrain de football. Les deux nations ne s'étaient pas rencontrées en Coupe du monde depuis 1966 et une compétition remportée par l'Angleterre à domicile. Depuis vingt ans, les Argentins n'ont pas oublié cette rencontre de Coupe du monde qu'ils ont toujours considérée comme le « vol du siècle ». Lors des quarts de finale disputés le 23 juillet 1966, les Anglais étaient parvenus à éliminer les Argentins 1 à 0 grâce à un but de Hurst considéré comme hors jeu. À la trente-cinquième minute, l'arbitre allemand de la rencontre avait pris la décision d'expulser le capitaine argentin, Antonio Rattin, sans raison. Le prétexte invoqué par l'arbitre : des insultes proférées par le joueur à son encontre. Ce qui a toujours été contesté par Rattin. Après le match, le manager anglais, Alf Ramsey, refusa même à ses joueurs le droit d'échanger leurs maillots avec les Argentins, en représailles du geste d'Antonio Rattin s'étant assis sur le tapis rouge réservé à la famille royale après son expulsion, injure suprême !

Lorsqu'en 1986, les deux équipes nationales se retrouvent en quarts de finale de la Coupe du monde, la tension est à son comble. Le match dépasse largement le simple cadre du sport. Après une première mi-temps ponctuée d'un score nul et vierge, l'un des buts les plus controversés de l'histoire du football est inscrit par le capitaine argentin. Une chevauchée de Diego Maradona au cœur de la défense anglaise se conclut par une tentative de « une-deux » avec Jorge Valdano. L'attaquant argentin manque son contrôle. Le défenseur anglais Steve Hodge, qui défendait en individuel sur Jorge Valdano, dégage maladroitement le ballon en cloche vers son but. Maradona poursuit son effort et s'élance dans les airs pour propulser le ballon de la main au-dessus du gardien anglais Peter Shilton. Le ballon vient alors mourir dans les buts. Les joueurs argentins ne bougent pas. Ils croient en l'annulation du but par l'arbitre de la rencontre, Ali Bennaceur. « *J'attendais que mes coéquipiers viennent m'embrasser et personne n'est venu* » confiera plus tard Maradona. « *Venez me prendre dans vos bras ou l'arbitre ne va pas valider.* » L'Argentine ouvre la marque et mène 1 à 0. Les Anglais protestent auprès de l'arbitre tunisien de la rencontre, en vain. Sur les cent-quinze-mille spectateurs de la rencontre, qui a vu la main de Diego Maradona ?

Quelques minutes après le match, « *El Pibe de Oro* » (« *Le Gamin en or* ») niera avoir triché : « *Mon but ? Un peu avec la tête de Maradona, un peu avec la main de Dieu.* » « *La main de Dieu* », une expression qui deviendra célèbre dans l'histoire du football. C'est en réalité un bras d'honneur adressé à l'Angleterre toute entière après l'humiliation subie par l'Argentine lors de la Guerre des Malouines. Trois minutes plus tard, Diego Maradona poursuit son entreprise de destruction, cette fois en inscrivant l'un des plus beaux buts de l'histoire du football. Parti de son camps, l'Argentin va une nouvelle fois humilier l'ensemble de l'équipe d'Angleterre. Sa rapidité, sa vivacité dans l'exécution des dribbles, sa vista et son réalisme lui permettent de parcourir près de cinquante-cinq mètres avec le ballon pour crucifier le gardien adverse, Peter Shilton. Près de onze secondes de chevauchée fantastique, cinq joueurs anglais effacés, deux autres joueurs qui ne parviennent pas à le rattraper, ni à le gêner pour l'un des buts qui marquent les esprits à jamais. L'Argentine fait le break et mène 2 à 0. À la quatre-vingt-quatrième minute de jeu, Gary Lineker réduit le score à 2 buts à 1. Un sixième but dans la compétition qui le portera en tête du classement des buteurs. L'Argentine remporte le match 2 à 1 et se qualifie pour les demi-finales. L'Angleterre est éliminée. L'Argentine poursuit ensuite son chemin vers la finale en éliminant la Belgique. En finale, les partenaires de Maradona retrouvent l'Allemagne de l'Ouest de Rudi Voller, victorieuse de la France en demi-finale.

QUELQUES MINUTES APRÈS LE MATCH, « *EL PIBE DE ORO* » (« *LE GAMIN EN OR* ») NIERA AVOIR TRICHÉ : « *MON BUT ? UN PEU AVEC LA TÊTE DE MARADONA, UN PEU AVEC LA MAIN DE DIEU.* »

Au terme d'un match extraordinaire, l'Argentine remporte cette treizième Coupe du monde de football 3 buts à 2. Dans cette grande rivalité entre l'Argentine et l'Angleterre, un petit bonhomme de 1,65 mètre fait vaciller une nation, un royaume tout entier pour entrer dans la légende. Une manière de redonner vie aux centaines de militaires argentins morts pour la patrie lors de la Guerre des Malouines.

LA « MAIN DE DIEU » DE DIEGO MARADONA EN 1986 FACE À L'ANGLETERRE DE PETER SHILTON LORS DE LA COUPE DU MONDE AU MEXIQUE.

À Estelle, Pauline et Émilie qui vivent une vraie passion pour le sport à travers mon regard et qui savent être à l'écoute de ma vie de passionné, à toute l'équipe d'Amphora pour l'énergie qu'elle déploie afin de faire vivre le sport dans de très beaux projets éditoriaux, à toutes les championnes et à tous les champions qui nous font vivre de grandes émotions. Un partage de grands moments sportifs, dans la victoire comme dans la défaite.

Crédits photos

p. 11 : Michael Steele/Getty Images Sport/Getty Images ; p. 14-15 : Vagelis Georgariou/Action Plus/Getty Images ; p. 17 : Jean-Marc LOUBAT/Gamma-Rapho/Getty Images ; p. 22-23 : Paul-Henri Cahier/Hulton Archive/Getty Images ; p. 25, 26-27, 67, 143, 225, 228-229 : Professional Sport/Popperfoto/Getty Images ; p. 29 : Stephen Pond - British Athletics/British Athletics/Getty Images ; p. 31 : Diarmuid Greene/Sportsfile/Getty Images ; p. 32 : ABC Photo Archives/Disney ABC Television Group/Getty Images ; p. 36-37 : Rolls Press/Popperfoto/Popperfoto/Getty Images ; p. 39 : Europa Press/Europa Press/Getty Images ; p. 44-45, 175, 251, 254-255, 269 : Bob Thomas/Bob Thomas Sports Photography/Getty Images ; p. 47 : Focus On Sport/Getty Images Sport Classic/Getty Images ; p. 49 : Andrew D. Bernstein/National Basketball Association/Getty Images ; p. 51 : The Asahi Shimbun/The Asahi Shimbun/Getty Images ; p. 54-55 : Dimitri Iundt/Corbis Sport/Getty Images ; p. 57 : Grand Prix Photo/Hulton Archive/Getty Images; p. 60-61 : Paul-Henri Cahier/Hulton Archive/Getty Images ; p. 63 : Alain Gadoffre/Icon Sport/Getty Images ; p. 65 : Frederic Stevens/Getty Images Sport/Getty Images ; p. 70-71, 85, 189, 190-191, 209, 213, 267 : Leo Mason/Popperfoto/Popperfoto/Getty Images ; p. 73 : ullstein bild Dtl./ullstein bild/Getty Images ; p. 77 : Keystone-France/Gamma-Keystone/Getty Images ; p. 79 : Elisabetta A. Villa/WireImage/Getty Images ; p. 82-83 : Quality Sport Images/Getty Images Sport/Getty Images ; p. 90-91, 99, 193, 199 : Bettmann/Bettmann/Getty Images ; p. 93 : Victor Carretero/Real Madrid/Getty Images ; p. 95 : Shaun Botterill – FIFA/FIFA/Getty Images ; p. 102-103, 158-159 : David Cannon/David Cannon Collection/Getty Images ; p. 105 : Mike Frey/Getty Images Sport/Getty Images ; p. 107 : Bob Martin/Sports Illustrated/Getty Images ; p. 109 : Christian Manzoni/NordicFocus/Getty Images Sport/Getty Images ; p. 111 : Nils Petter Nilsson/Getty Images Sport/Getty Images ; p. 113 : Gilbert Iundt; Jean-Yves Ruszniewski/Corbis Historical/Getty Images ; p. 115 : Ronald C. Modra/The LIFE Images Collection/Getty Images ; p. 117 : Eddy LEMAISTRE/Corbis Sport/Getty Images ; p. 119 : Dave Winter/Icon Sport/Getty Images ; p. 121 : MCT/Tribune News Service/ Getty Images ; p. 123 : Nolwenn Le Gouic/Icon Sport/Getty Images ; p. 125 : Nolwenn Le Gouic/Icon Sport/Getty Images ; p. 126-127 : David Finch/Getty Images Sport/Getty Images ; p. 129, 131 : David Madison/Getty Images Sport/Getty Images ; p. 133 : Paul Harris/Getty Images Sport/Getty Images ; p. 136-137 : Bloomberg/Bloomberg/Getty Images ; p. 139 : New York Daily News Archive/New York Daily News/Getty Images ; p. 141 : Gianni GIANSANTI/Gamma-Rapho/Getty Images ; p. 146-147 : Chris Smith/Popperfoto/Popperfoto/ Getty Images ; p. 151 : ullstein bild/ullstein bild/Getty Images ; p. 154-155 : Getty Images/Getty Images Sport/Getty Images ; p. 157 : Keyur Khamar/US PGA TOUR/Getty Images ; p. 161 : Miroslav Zajic/Corbis Historical/Getty Images ; p. 164-165 : Frank Peters/Bongarts/Getty Images ; p. 167 : Stu Forster/Getty Images Sport/Getty Images ; p. 169 : Kirby Lee/WireImage/Getty Images ; p. 171 : NCAA Photos/NCAA Photos/Getty Images ; p. 172-173 : NCAA Photos/NCAA Photos/Getty Images ; p. 178-179 : Christian Liewig – Corbis/Corbis Sport/Getty Images ; p. 181 : Hindustan Times/Hindustan Times/Getty Images ; p. 183 : Harry Trump-IDI/ICC/Getty Images ; p. 185 : B Bennett/Bruce Bennett/ Getty Images ; p. 187 : Focus On Sport/Getty Images Sport/Getty Images ; p. 196-197 : Keystone-France/ Gamma-Keystone/Getty Images ; p. 200-201: IOC Olympic Museum/Getty Images Sport/Getty Images ; p. 203 : Handout/World Rugby/Getty Images ; p. 206-207 : Popperfoto/Popperfoto/Getty Images ; p. 210-211 : Chris Williamson/Getty Images News/Getty Images ; p. 215 : Bob Martin/Getty Images Sport/Getty Images ; p. 219 : Jean-Yves Ruszniewski/Sygma/Getty Images ; p. 222-223 : Getty Images/Getty Images Sport/Getty Images ; p. 231: Focus On Sport/Focus on Sport/Getty Images ; p. 234-235 : Al Bello/Getty Images Sport/Getty Images ; p. 237 : The Asahi Shimbun/The Asahi Shimbun/Getty Images ; p. 240-241 : Boston Globe/Boston Globe/Getty Images ; p. 243 : Pool BENALI/SAMPERS/Gamma-Rapho/Getty Images ; p. 245 : Yves Forestier/Sygma/Getty Images ; p. 247 : Catherine Steenkeste/Getty Images Sport/Getty Images ; p. 249 : Jesse D. Garrabrant/National Basketball Association/Getty Images ; p. 257 : Nicolas LE CORRE/Gamma-Rapho/Getty Images ; p. 259 : Stephen Munday/Getty Images Sport/Getty Images ; p. 261 : Lars Ronbog/FrontzoneSport/Getty Images ; p. 264-265 : Alexandre MARCHI/Gamma-Rapho/Getty Images.

Éditrice : Candice Roger - Amphora
Couverture, maquette et mise en page : Thibault Panfili - Amphora
Relecture : Delphine Dubois - Amphora
Contrôle qualité : Mickael Four
Imprimé en Serbie par Publikum

ISBN 978-275-760-358-1